marebuch

Filme wie *Der rote Korsar*, *Piraten* oder *Fluch der Karibik* porträtieren Seeräuber als Helden vor exotischer Kulisse, und genau so stellen wir uns Piraten gerne vor. Aber was haben solch berühmte Seeräuber wie Klaus Störtebeker, Francis Drake oder Edward »Blackbeard« Teach mit den fiktiven Helden gemeinsam? Was waren das für Menschen, und wie haben sie eigentlich tatsächlich gelebt und »gearbeitet«? In Andreas Kammlers Buch erfahren wir, wer und wie die »ehrenwerten Gentlemen« wirklich waren.

ANDREAS KAMMLER, geb. 1964, ist Historiker mit den Schwerpunkten Wirtschafts- und Sozialgeschichte sowie Schifffahrtsgeschichte. Seit vielen Jahren ist er Küstenbewohner, und seine Interessen sind entsprechend maritim: Er hat sich eingehend mit dem Thema Kaperschifffahrt beschäftigt, und seine große Leidenschaft sind Piraten. Vielleicht ist er auch deswegen Lehrbeauftragter für Sicherheitspolitik an der Universität-Gesamthochschule Siegen. In seiner Freizeit ist Andreas Kammler Sporttaucher.

Unsere Adressen im Internet:
www.fischerverlage.de und www.mare.de

Andreas Kammler

Piraten!

DAS HANDBUCH DER UNBEKANNTEN
FAKTEN UND SCHÖNSTEN ANEKDOTEN

Fischer Taschenbuch Verlag
marebuchverlag

Originalausgabe

Veröffentlicht im Fischer Taschenbuch Verlag,
einem Unternehmen der S. Fischer Verlag GmbH,
Frankfurt am Main, Juni 2008

© S. Fischer Verlag GmbH, Frankfurt am Main 2008
und marebuchverlag GmbH & Co. KG, Hamburg 2008
Satz: Pinkuin Satz und Datentechnik, Berlin
Druck und Bindung: CPI – Clausen & Bosse, Leck
Printed in Germany
ISBN 978-3-596-17813-1

Inhalt

Einleitung

Piraten! – Wer sieht sie bei diesem Ausruf nicht förmlich vor sich, die wilden Gestalten mit Kopftuch, zerlumptem Hemd und zerrissenen Hosen, aus denen ein gebräuntes Bein und ein Holzstumpf hervorschauen? Männer mit wettergegerbtem Gesicht und stechendem Blick aus dem einen Auge und einer schwarzen Klappe über dem anderen, auf der Schulter einen Papagei und in der schwieligen Hand ein furchterregendes Entermesser. So oder ähnlich sind unsere Vorstellungen von Seeräubern und Kaperkapitänen, von Korsaren und Freibeutern. Die Bilder, die wir im Kopf haben, stammen aus Büchern und Filmen, in denen Männer wie Long John Silver oder Israel Hands über totenstille Decks schleichen oder in denen sich Burt Lancaster und Johnny Depp unter schmutzigweißen Segeln über die Planken von prächtigen Dreimastern schwingen. Autoren wie Robert Louis Stevenson, der mit seiner Erzählung *Die Schatzinsel* Literaturgeschichte schrieb, prägen das Piratenbild ganzer Generationen.

Doch wie war das Piratenleben wirklich? Waren die Männer und Frauen auf den Seeräuberschiffen tatsächlich alle verwegene Halsabschneider und lächelnde Draufgänger? Wie sahen

Piraten aus, woher kamen sie, was aßen sie, wie kämpften und wie starben sie? Schlummern auf irgendeiner gottverlassenen Insel tatsächlich vergrabene Schatztruhen? Welche der vielen Klischees stimmen, und welche sind nur Erfindungen?

Seeräuber waren fast immer Schattengestalten, deren Leben von keinem Geschichtsschreiber aufgezeichnet wurde. Sie hinterließen nach ihren Überfällen nichts als Angst und Schrecken und nach ihrem Verschwinden keinerlei eigene Berichte. Einige wenige Augenzeugen erzählen jedoch in ihren Erinnerungen von den Taten – oder Untaten – der Männer und Frauen unter der Totenkopfflagge.

Die meisten dieser Zeugnisse stammen aus der großen Zeit der karibischen Seeräuber im 17. und 18. Jahrhundert, doch Piraten gibt es, seit Schiffe auf den Meeren fahren, und die Seeräuberei war nie auf den relativ winzigen Seeraum der Karibik beschränkt. Im Gegenteil, so farbenprächtig diese Epoche der Geschichte auch war, andere Zeiten und Weltgegenden haben Episoden der Piraterie gesehen, die ebenso spannend und vielfältig sind wie die Abenteuer von Männern wie Henry Morgan oder »Blackbeard« Edward Teach. Viele kennen Klaus Störtebeker, aber wer hat schon einmal den Namen Paul Beneke gehört? Anne Bonny ist dem einen oder anderen möglicherweise ein Begriff, aber wer ist Cheng I Sao?

Dieses Buch entführt Sie in die Welt der Piraten von der Antike bis in die Gegenwart. Es berichtet von den Jagdgründen und Wirkungsstätten, den Meeren und Buchten, den Schlupfwinkeln und Hehlerhäfen. Es erzählt von den verwegensten, aber auch den merkwürdigsten Vertretern dieser »Outlaws«, von ihrem freien und gleichzeitig doch streng geregelten Leben als verschworene Gemeinschaft, ihrem Auftreten und ihrem Kampf um Beute. Es beschreibt die bekannten und weniger bekannten Überfälle, die Tricks und Finten und das Handwerkszeug der Piraten.

Doch wieso sprechen wir von der Seeräuberei in irgendwelchen exotischen Gegenden unseres Planeten eigentlich immer so, als wäre die Zeit der Freibeuter längst vergangen? Fast unbemerkt hat sich das wahrscheinlich zweitälteste Gewerbe der Welt in einigen Seegebieten wieder etabliert und erlebt am Beginn des 21. Jahrhunderts eine unerwartete Renaissance. Und wie ehemals William Kidd oder »Calico Jack« Rackam verbreiten die Piraten auch heute wieder Furcht unter den Seeleuten.

Die schillernden Epochen der großen Piraten mögen endgültig vorbei sein, die Geschichte der Piraterie ist es sicher nicht.

~1~

»Keine Beute, keine Bezahlung«
DIE WELT DER GESETZLOSEN

»Pirat von lateinisch pirata, griechisch peirates, zu peiraomei =
sich auf Abenteuern versuchen, sein Glück auf See suchen.«

ERNST WASSERZIEHER, *Woher? Ableitendes Wörterbuch,* Berlin 1918

Vom Schmuggler zum Pirat

Wie kam es eigentlich zur großen Zeit der Piraten in der Karibik und vor den Küsten Amerikas? Alles begann im Jahre 1494. Der Papst Alexander VI. hatte im Vertrag von Tordesillas (Spanien) die Welt in eine portugiesische Osthälfte und eine spanische Westhälfte geteilt. Die Demarkationslinie verlief 370 Meilen westlich der Kapverdischen Inseln im Atlantik. Damit waren alle anderen Länder vom Seehandel wie auch von der Eroberung ferner Gebiete ausgeschlossen. Für den Doppelkontinent Amerika bedeutete das, dass aus Sicht der spanischen Krone alle nichtspanischen Händler illegal und damit vogelfrei waren. Doch Holländer, Franzosen und Engländer drangen auf der Suche nach guten Geschäften immer weiter in das Gebiet des spanischen Handelsmonopols ein. Spanien bekämpfte diese »Schmuggler«, wie es die Leute offiziell bezeichnete, mit allen Mitteln, auch mit Gewalt. Die spanischen Gouverneure ließen festgenommene Händler grausam bestrafen, einigen wurden Ohren oder Hände abgeschnitten, andere wurden hingerichtet. Die Händler und Glücksritter zogen sich jedoch nicht zurück, die Profite aus dem verbotenen Handel und die Berichte über den Goldreichtum der neuen Länder waren zu verlockend. Die

Eindringlinge bewaffneten stattdessen ihre Schiffe und lieferten den Spaniern harte Kämpfe. Von der Verteidigung zum Angriff war es dann nur noch ein kleiner Schritt. Im 16. Jahrhundert entdeckten die Männer, dass die Überfälle auf spanische Handelsposten und Schiffe einträglicher waren als der illegale Handel und auch nicht gefährlicher. Aus den Schmugglern wurden die ersten Piraten.

Die Bukaniere Westindiens

Auf den Westindischen Inseln lebten in der ersten Hälfte des 17. Jahrhunderts viele Entwurzelte aus ganz Europa von der Jagd. Die Männer lebten in der Wildnis und bildeten eine verschworene Gemeinschaft, die alles teilte, oft sogar die Ehefrauen. Sie nannten sich Maaten oder französisch Matelot (beides später Bezeichnungen für Matrosen). Ihre Bewaffnung bestand aus einer Steinschlossflinte, einer Axt und zwei oder drei Hirschfängern (großen Messern). Damit jagten sie die verwilderten Herden von Schweinen und Rindern. Das Fleisch der Tiere konservierten die Jäger nach indianischer Methode durch Salzen und Räuchern. Es war als Schiffsproviant sehr begehrt. Das Fleisch und die Räucherhütte wurden Bukan genannt, die Männer dementsprechend Bukaniere. Die Bukaniere handelten trotz spanischer Oberhoheit viel lieber mit den holländischen Händlern, die sie mit Lebensnotwendigem, aber auch mit europäischen Luxuswaren versorgten. Am Haupthandelsplatz Tortuga verwandelten sich die nach Blut stinkenden, zerlumpten Gestalten nach dem Verkauf des Fleisches und der Häute in zivilisierte Menschen. Das Pfund Bukan brachte ein Stück von Achten, die Beute eines langen Jagdzuges ein Vermögen. Dieses Treiben war den Spaniern zu gefährlich, und so setzten sie selbst Jäger ein, um das Wild auszurotten und die Bukaniere zu verdrängen. Das erwies sich als Fehlschlag, denn sie entzogen zwar auf diese

Weise den Jägern die Existenzgrundlage, aber die Männer verschwanden nicht einfach, sie nahmen nur Abschied vom einträglichen Geschäft der Jagd im Busch und wandten sich der Jagd auf Schiffe zu. Die meisten Bukaniere waren raue Gesellen, die sich in schwierigen wirtschaftlichen Lagen schon früher durch Seeraub und Piraterie über Wasser gehalten hatten, und jetzt wurden sie eben »Vollzeitpiraten«. Auch als solche bildeten sie Gemeinschaften, die nach ihren eigenen Regeln lebten. Sie beschafften sich auf vielfältige Weise Boote und kleine Schiffe, versorgten sich selbst mit Proviant und gingen auf Raub aus. Die Bukaniere Westindiens bildeten mit ihrer Vereinigung den Grundstein des Piratenunwesens in der Karibik.

> STÜCKE VON ACHTEN (OCHOS REALES)
> Die Ochos Reales oder Reales de a Ocho, wie sie korrekt hießen, waren Silbermünzen, die in Amerika geprägt wurden. Dort und im karibischen Raum trugen sie auch die Bezeichnung Peso, in Europa waren sie als Piaster bekannt. Der Real de a Ocho war in großem Umfang auch in Asien im Gebrauch, damit war er die erste Welthandelsmünze der Frühen Neuzeit. Andere Bezeichnungen sind »Stücke von Achten« oder »Achterstücke«.

Die Piratenhochburg der Karibik: Tortuga

Zwischen 1625 und 1630 ließen sich die Bukaniere auf der Suche nach einem geeigneten Unterschlupf und einer günstigen Ausgangsbasis auf der kleinen Insel Tortuga nieder. Sie hatte ihren Namen von den Spaniern erhalten, die die Insel wegen ihrer Form »Tortuga«, Schildkröte, nannten. Das Eiland, zwei Meilen vor der Nordküste Hispaniolas (des heutigen Haiti) gelegen, bot den Piraten Trinkwasser und fruchtbaren Boden, der viele Nutzpflanzen hervorbrachte. Doch vor allem bot die Insel mit ihren insgesamt sechzehn Meilen Küstenlinie an der südlichen,

Hispaniola zugewandten Seite sehr gute Ankerplätze in sturmgeschützten Buchten, die außerdem leicht zu verteidigen waren. Der Haupthafen Cayonne war selbst für große 70-Kanonen-Schiffe (das waren Kriegsschiffe mit zwei Kanonendecks und einer Länge von ca. 50 m bei 13 m Breite) geeignet. Er war durch ein vorgelagertes Riff mit nur zwei Durchfahrten geschützt. Bis zum Jahre 1664 regierten französische Gouverneure die Insel, danach übernahm die Französisch-Westindische Compagnie, um mit den Spaniern zu handeln. (Die Compagnie des Indes Occidentales war eine von französischen Kaufleuten gegründete Handelsgesellschaft, die versuchte, den holländischen und englischen Westindien-Händlern Konkurrenz zu machen.) Dieser Versuch schlug jedoch fehl. Schon 1673 zogen sich die Franzosen zurück und überließen die Insel den Seeräubern. Die auf Hispaniola ansässigen Spanier versuchten mehrfach, Tortuga zu besetzen, alle Versuche, die Bukaniere auszurotten oder dauerhaft zu vertreiben, scheiterten jedoch.

Artenschutz für Wildschweine –
 Bukaniere dachten bereits 1660 weiter

Die auf der Insel Tortuga in großer Anzahl vorkommenden Wildschweine boten eine willkommene Nahrungsquelle für die Bukaniere. Die Wildschweinjagd mit Hunden war jedoch streng verboten: Durch eine intensivere Bejagung wären die Bestände innerhalb kürzester Zeit ausgerottet gewesen. Die Bukaniere selbst trafen diese Regelung, um bei einer Invasion der Spanier von Hispaniola aus ins Innere der Insel zurückweichen zu können, wo sie dann auf Wildschweine als Jagdbeute hätten zurückgreifen können.

Port Royal

Im Jahre 1655 gelang es einer englischen Expedition unter der Führung von General Venables und Admiral Penn, den Spaniern die Insel Jamaika abzunehmen. Ursprünglich wollten die Engländer Hispaniola erobern, doch sie hatten die Anzahl der spanischen Soldaten, die die Insel verbissen verteidigten, weit unterschätzt. Der Angriff endete für die Engländer in einem Desaster. Also wandten sich Venables und Penn dem schwach besetzten Jamaika zu. Die Hauptstadt der Insel, Port Royal, erlebte unter der englischen Herrschaft einen ungeheuren Aufschwung durch den Zustrom von Bukaniern aus den verschiedensten europäischen Nationen, die nur die Feindschaft gegenüber den Spaniern und die Gier nach Reichtum verband. Innerhalb von vier Jahren bauten Händler und Handwerker rund um die ehemals spanische Festung 200 Häuser. 1680 lebten fast 3000 Menschen in der Stadt, und die Piraterie blühte unter den englischen Gouverneuren auf. Schon 1662 überlegte die englische Regierung, dort eine eigene Münzanstalt einzurichten. Zu dieser Zeit war in Port Royal pro Kopf mehr Geld im Umlauf als in London.

Die Mehrzahl der Häuser in Port Royal war aus Holz oder Ziegeln gebaut, die Straßen waren schmal und unbefestigt. Es gab eine anglikanische und eine katholische Kirche sowie ein Versammlungshaus der Quäkerbewegung. Port Royal verfügte über zwei Gefängnisse, während die englischen Gouverneure die bekanntesten Piraten offen hofierten. Die Anwesenheit der vielen Piratenschiffe und ihrer wilden und unberechenbaren Besatzungen bedeutete für Port Royal Schutz vor spanischen oder französischen Eroberungsgelüsten. Tatsächlich griffen beide Nationen die Stadt nie ernsthaft an, und die von den Piraten eingebrachte Beute kam der Wirtschaft Jamaikas sehr zugute.

Zahllose Etablissements für alle Arten von Vergnügungen eröffneten innerhalb kürzester Zeit. Allein im Juli 1661 wurden über vierzig Lizenzen für Rumschenken, Spielhöllen und Bordelle ausgestellt. Ein Geistlicher, der in Port Royal eine Gemeinde übernehmen wollte, verließ die Stadt noch auf dem gleichen Schiff, auf dem er gekommen war. Die Mehrheit der Bevölkerung bestehe aus Piraten, Mördern, Huren und den gemeinsten Menschen dieser Welt, und so sei sein Aufenthalt von keinerlei Nutzen, notierte er frustriert.

Nach 1671 ließ die Seeräubertätigkeit aus der Stadt heraus stark nach. England hatte sich mit Spanien geeinigt und unterband die Piraterie gegen spanische Schiffe und Siedlungen zwar nicht, deckte die Seeräuber aber auch nicht mehr.

Was ist ein Freibeuter?

Freibeuter ist ein anderer Begriff für Kaperfahrer, ein Mann, der mit offizieller Erlaubnis zum Kaperkrieg – also »frei« – auf eigene Faust und Rechnung Schiffe aufbringt (d. h. entert und erobert). Der Freibeuter ist also kein Angestellter eines Staates oder einer regulären Marine. Auch seine Besatzungsmitglieder werden so bezeichnet. Das Schiff eines Freibeuters oder Kaperfahrers wird oft abgekürzt nur »Kaper« genannt.

Pierre Le Grand – ein Überfall mit weitreichenden Folgen

Nachdem sich die Bukaniere um 1625–1630 auf der Insel Tortuga niedergelassen hatten, fuhr einst eine Piroge, ein kleineres Ruderboot mit Segel, mit neunundzwanzig Männern an Bord an der Westküste von Hispaniola entlang. Die Besatzung war halb verhungert und dem Verdursten nahe, als sie das Schiff des spanischen Vizeadmirals (Befehlshaber der spanischen Flotte für die Gewässer der Karibik) sichtete. Die Männer beschlossen, das Schiff in der Nacht anzugreifen. Um ihren Entschluss unumkehrbar zu machen, schlug ihr Schiffsarzt Löcher in den Rumpf ihres Bootes. Die Bukaniere enterten die spanische Galeone und überraschten die Mannschaft völlig. Die Spanier wurden überwältigt, und der Piratenanführer, Pierre Le Grand, nahm mit seinen Männern Kurs über den Atlantik nach Europa, direkt in den französischen Freibeuterhafen Dieppe. Hier verkaufte Le Grand die Beute, und mit dem Erlös setzte er sich zur Ruhe. Die Nachricht über diesen gelungenen Coup verbreitete sich schnell unter den Bukanieren und sorgte für eine wahre Welle von Bandengründungen und Überfällen auf spanische Schiffe in der Karibik.

GALEONE

Die Galeone war vom 16. bis zum 18. Jahrhundert das meistverwendete Schiff des spanischen Reiches. Galeonen stellten die Verbindungen zu den überseeischen Besitzungen sicher. Über dem Bug hatte dieses Schiff einen balkonartigen Überbau, das spätere Galion. Galeonen trugen vier Masten, von denen der hintere extrem weit im Heck stand, und sie konnten schwer bewaffnet sein.

PIROGE

Eine Piroge war ein schmales kanuähnliches Boot, vorzugsweise verwendet als Fischerboot in der Karibik und in der Südsee. Das Boot war bis zu zwölf Meter lang und konnte bis zu dreißig Männer tragen. Es wurde mit einem Dreiecksegel am einzigen Mast gefahren, zumeist wurde es aber gerudert. Die Piroge war ein typisches Boot der küstennahen Piraterie, sozusagen ein »Einsteigermodell«, mit dem sich die Piraten ein hochseetaugliches Schiff erobern konnten. Der Angriff hatte die größten Erfolgsaussichten, wenn das Opfer vor Anker lag. Fahrende Schiffe waren kaum zu entern.

Gesetzloser Pirat oder legitimierter Kaperkapitän?
Reine Definitionssache

Kaper = privateer, privateersman, pirate
(ROBERT DLUHY, *Schiffstechnisches Wörterbuch Deutsch – Englisch,*
1967)

Der kleine Unterschied ...

Zwar werden die Begriffe oft synonym verwendet (wie auch der
Lexikoneintrag zeigt), trotzdem haben »Pirat« und »Kaperkapitän« ganz unterschiedliche Bedeutungen. Piraten sind Gesetzlose, und ihr Tun ist nicht nur verwerflich, sondern illegal, Kaperkapitäne hingegen sind zu ihren Handlungen durch schriftliche
Ermächtigungen ihrer Landesherren berechtigt. So weit die
theoretische Unterscheidung. Doch grau wie der Nebel auf der
Themse ist jede Theorie in den Weiten des Meeres. In der Praxis
waren Piraterie und Kaperei zu keiner Zeit sauber voneinander
zu trennen. Ausgegebene Kaperbriefe verloren mit einem Friedensschluss irgendwo weit weg in Europa ihre Gültigkeit. Die
danach ausgeführten Kaperaktionen waren also vor dem Gesetz
Akte von Piraterie, auch wenn die mitgeführten Dokumente sie
zu legitimieren schienen. Kaperkapitänen, die vor gegnerischen
Küsten oder auf Seerouten des Gegners kreuzten, mangelte es
meistens an verlässlichen und aktuellen Informationen. Sie bewegten sich in der Grauzone zwischen gesetzloser Piraterie und
legaler Kaperei. Der Galgen war immer in Sichtweite.

Selbst das Vorhandensein offizieller Kaperbriefe reichte in den
wenigsten Fällen für die Bewertung eines »Unternehmens« –
oder eines »Unternehmers« – aus, denn viele dieser Dokumente
waren gefälscht, andere auch »nur« illegal. Nordamerikanische
Kaperschiffe führten im ausgehenden 17. Jahrhundert, zur Zeit
der großen Piraten, oft Kaperbriefe mit gefälschten Siegeln des

englischen Königs mit sich, denn nur mit diesem Zeichen versehene Briefe waren überhaupt gültig. Die von örtlichen Gouverneuren gegen Gebühren ausgestellten Kaperbriefe waren eindeutig illegal, da diese überhaupt nicht das Recht hatten, solche Dokumente ohne Genehmigung des Monarchen auszustellen. Doch wer konnte das auf den fernen Schifffahrtsrouten schon so genau beurteilen?

Die im 17. Jahrhundert ausgestellten Legitimationen zur Bekämpfung von Piraten waren hingegen zwar gültig, dienten aber in erster Linie dazu, die Kaperschiffe bei Kontrollen der beinahe allgegenwärtigen Royal Navy zu schützen. Unter diesem Schutz raubten die Mannschaften auch friedliche Handelsschiffe aus, wenn gerade kein Piratenschiff in Sicht war. Die meisten berühmten Piraten der Geschichte waren zeitweise selbst legale Kaperkapitäne oder behaupteten zumindest – wie der berühmte Francis Drake –, im Besitz von Kaperbriefen gewesen zu sein. Bedauerlicherweise sind aus Drakes Karriere keinerlei Dokumente dieser Art überliefert. Für die Geschichte bleibt er also ein Seeheld – und ein Pirat.

Die Bürokratie der Kaperei: Kaperbrief, *Prisenverfahren, Prisengeld*

Ein Kaperbrief ist die offizielle schriftliche Erlaubnis eines Landesherren, gegen dessen Feinde auf See vorzugehen und die erbeuteten Schiffe und Waren zu Geld zu machen. Für die Erteilung dieser Erlaubnis hatte der Privatmann zunächst eine Gebühr zu entrichten. Im Erfolgsfall musste er seine Beute einem geregelten Prisenverfahren unterziehen und danach einen vorher festgelegten Prozentsatz der Beute an den Landesherrn abführen. D. h., wenn ein Schiff eines gegnerischen Staates erfolgreich aufgebracht war, wurde im Prisenverfahren die Rechtmäßigkeit der Inbesitznahme, der Status der an Bord befindlichen Personen und der Wert der Beute festgestellt. Erst dann war die Beute offiziell eine »Prise« und durfte verkauft werden. Der Erlös war das Prisengeld. Obwohl die Kaperei seit der Pariser Seerechtskonferenz von 1856 offiziell international geächtet war, zahlte die britische Royal Navy noch im Zweiten Weltkrieg Prisengelder auch an die Besatzungen regulärer Kriegsschiffe.

Einladung zur Selbstbedienung? Der Repressalienbrief

Ein Repressalienbrief wird von einem Landesherrn oder einer Regierung ausgestellt und gestattet einem Privatmann, als Schadenersatz für einen erlittenen Verlust, Güter im Umfang des entstandenen Schadens von den Verursachern zu beschlagnahmen. Im Mittelalter dehnten die Geschädigten ihre Ansprüche auch auf die – zumeist unbeteiligten – Landsleute der Täter aus. Zum Beispiel nahmen hansische Kaperkapitäne wahllos englische Schiffe und Waren als Schadenersatz für einzelne Übergriffe englischer Kaufleute oder der Krone in Besitz.

Eine gewagte Differenzierung

»Die Capers sind des Krieges Recht teilhaftig, auch ist zwischen ihnen und denen See-Räubern ein großer Unterschied, als welche letztern durch eigenmächtiges Unternehmen sich auf das See-Kreuzen legen, auch deswegen, wenn sie ertappt werden, aufgehangen werden.«
(JOHANN HEINRICH ZEDLER, *Großes, vollständiges Universal-Lexicon aller Wissenschaften und Künste*, Halle/Leipzig 1732–1754)

Die Bestrafung macht offensichtlich den Unterschied zwischen Seeräuber und Kaperfahrer aus. Daraus kann man also folgern: Wer gehängt wird, war ein Pirat; wer nicht gehängt wird, ist ein Kaperfahrer.

Der guten Ordnung halber – Prisenordnungen und ihre Grenzen

Bereits in der ersten Blütezeit der legitimierten Piraterie, im 15. und 16. Jahrhundert, unterlagen die Aktivitäten der Kaperfahrer schriftlichen Prisenordnungen. Sie hielten die Regeln des legalen Vorgehens fest, die tatsächliche Ausführung lag im Ermessen des jeweiligen Schiffsführers. Wie die Kapitäne der Ausliegerschiffe z. B. im Krieg gegen England 1472 bei der Untersuchung von Handelsschiffen vorgingen, war nicht konkret festgelegt. Die Prisenordnung schrieb also keine verbindlichen Verhaltensweisen vor, sondern schränkte einzig die Seegebiete, in denen die Auslieger aktiv werden durften, ein.

Aus einer mittelalterlichen Prisenordnung

»1. Wisset, dass nach Christi Geburt 1472, um Ostern der ehrsame Rat zu Lübeck mit den Bürgern übereingekommen ist, dass sie vier Schiffe mit Namen ›Mariendrache‹, ›Georgsdrache‹, ›Rodenbeke‹ und ›Katherine‹ mit ihren Hauptleuten, Schiffern und Besatzungen ausgerüstet haben mit Ankern, Kabeln [Tauwerk], Feuerwaffen, Schießpulver, Kugeln, Pfeilen, Äxten, Wurflanzen, Lebensmitteln und mit allem anderen Nötigen und in See geschickt haben, um die unschuldigen Menschen zu beschützen und den Feinden, den Engländern und Franzosen und allen anderen, die die unschuldigen seefahrenden Menschen beschädigen wollen, Widerstand zu leisten. Der Rat bestätigt, dass von allem, was die vorstehenden Schiffe und ihre Besatzungen einnehmen, die Hälfte dem Rat zusteht und die andere Hälfte denjenigen Bürgern, die die Waffen und den Sold vorgelegt haben.

2. Die Gefangenen sollen nach Lübeck gebracht und dort dem Rat übergeben werden. Der Gewinn [an Lösegeld] wird ebenfalls zwischen den Vorstehenden geteilt.

3. Von jedem aufgebrachten Schiff werden der beste Anker mit der Kette und die besten Lebensmittel für die Kaperschiffe verwendet. Dies alles ist nicht Bestandteil der Beute.

4. Von der übrigen Beute sollen die vier besten Feuerwaffen, Äxte und Wurflanzen zur Bewaffnung des Kaperschiffes hinzugegeben werden. Alle anderen Waffen und Harnische und alle geschnittenen Kleider, wollene oder leinene, gehören vollständig zur Beute.

5. Kein Mann, weder Söldner noch Bootsmann, soll irgendwelche Kisten, Kästen, Bündel, Säcke und Beutel mit Geld ohne Wissen und Anwesenheit eines Hauptmannes öffnen. Wer dagegen verstößt, der soll hingerichtet werden.

6. Ebenso soll niemand Packen, Bündel und Fässer und alles bereifte Gut [Fässer und Tonnen] vor der Ankunft in Lübeck öffnen.

7. Es darf kein feindliches Schiff aufgebracht werden: vor der Küste unserer Freunde, aus deren Häfen oder auf deren Flüssen.

8. Männer, die im Kampf verwundet wurden, deren Behandlung soll aus der Beute bezahlt werden. Wurde keine Beute gemacht, bezahlt der Rat der Stadt Lübeck die Heilungskosten.

9. Wird nach Anweisung der Hauptleute ein Landgang [Überfall auf eine Siedlung] unternommen, werden das geraubte Vieh und die Lebensmittel für das Schiff eingesetzt. Alle andere Beute wird zwischen dem Rat der Stadt Lübeck und den Bürgern einerseits und den Söldnern andererseits je zur Hälfte geteilt. Von der Hälfte der Söldner erhält jeder den gleichen Anteil, egal ob er teilgenommen hat oder der Bordwache angehört hat.

10. Schiffe aus Flandern, Holland und Seeland, die nach oder von England fahren, sollen angehalten und ihrer Güter beraubt werden. Die Schiffe selbst sollen unbehelligt bleiben.

Alle Güter sollen nach Lübeck gebracht und den Eigentümern zurückgegeben werden [d. h., die Waren werden nicht geraubt, nur ihr Transport nach England wird verhindert].

11. Bretonische Schiffe sollen nur erobert und nach Lübeck gebracht werden, wenn sie auf dem Weg nach England sind.

12. Schiffe mit hansischen Gütern aus England sollen nach Lübeck gebracht werden. Hansische Schiffe, die mit Pech, Teer, Asche und Holz beladen nach England fahren, sollen in die Elbmündung gebracht werden, um dort verkauft zu werden. Gelingt das nicht, soll man auch sie nach Lübeck bringen.

13. Jedem Söldner oder Seemann oder jeder anderen Person, die sich auf den Schiffen befindet und die sich ungebührlich verhält und Zwietracht sät, wird von den Hauptleuten und Schiffern der Harnisch und alle anderen Waffen abgenommen, und er wird, wo immer es ihnen beliebt, an Land ausgesetzt.

14. Die Schiffe werden auf See bleiben, bis acht oder vierzehn Tage nach Sankt Johannistag [24. Juni], außer, wenn sie andere Botschaft erhalten.

15. Wenn der Rat der Stadt Lübeck andere als die vorstehenden Anweisungen erteilt, haben die Hauptleute und Schiffer diesen zu folgen.

Zur Sicherheit werden aus diesem Schreiben fünf Stücke herausgeschnitten, von denen der Rat der Stadt Lübeck das erste, die Hauptleute auf dem ›Mariendrachen‹ das zweite, auf dem ›Georgsdrachen‹ das dritte, auf dem ›Rodenbeke‹ das vierte und auf der ›Katherine‹ das fünfte in Verwahrung haben. Gegeben und geschrieben, wie oben steht.«

Kaperordnung für vier Lübeckische Schiffe im Kaperkrieg gegen England (Hansisches Urkundenbuch X, Nr. 109, vom 29. März 1472)

Was ist Piraterie? So entschied ein englisches Gericht 1696

»Der alleinige seemännische Begriff für Raub ist in der Jurisdiktion der Admiralität Seeräuberei [...] Wenn ein Seemann, gleich welchen Schiffes, seinen Herrn gewaltsam aus dem Besitze seines Eigentums vertreibt und darauf das Schiff selbst oder die Waren auf demselben mit verräterischer und böser Absicht entführt und an einen Ort verbringt, der unter der Rechtsprechung des Lord Admiral steht, so ist dies Räuberei und Piraterie.«

Die Mär vom edlen Piraten – nur eine Legende!

Die soziale Herkunft der Freibeuter wurde im Laufe ihrer Geschichte gerne romantisiert und geschönt. Oft findet man in der Literatur die Figur des Piratenkapitäns adliger Herkunft, der sich auf die Seite der Gesetzlosen schlägt. Die reale Welt der Piraten sah aber etwas anders aus. Nur im 17. Jahrhundert gab es tatsächlich einige Adlige, die als Freibeuter tätig waren, einer der bekanntesten von ihnen war Sir Henry Mainwaring. Nach seiner Collegezeit in Oxford und dem Studium der Jurisprudenz kaufte er ein Schiff und wurde Pirat. Weitere illustre Namen der englischen Adelsliste waren Sir Richard Edgecumbe, Sir Robert Rich sowie Sir John Killigrew und seine Frau, Lady Killigrew aus Cornwall.

In der Blütezeit der karibischen Piraten gab es keinen einzigen Aristokraten unter den englischen oder nordamerikanischen Seeräubern, einige wenige verfügten allerdings über eine beachtliche Bildung. Stede Bonnet und William Kidd sind dafür gute Beispiele.

Die einfache Besatzung setzte sich aus desertierten Seeleuten, Abenteurern, gescheiterten Existenzen, entlaufenen Sklaven und flüchtigen Verbrechern zusammen. Einige Matrosen schlossen sich den Freibeutern nach Überfällen auch gezwungenermaßen

an, vor allem begehrte Fachleute wie Schiffszimmerleute, Wund-
ärzte, Segelmacher und Kanoniere wurden mehr oder weniger
sanft »überredet« mitzumachen. Einige blieben ihr ganzes, oft
kurzes weiteres Leben Piraten, anderen, zum Beispiel Exquemelin oder dem Schweizer Samuel Brun, gelang der Ausstieg
aus dem Milieu, sie konnten sich zur Ruhe setzen und ihre Erinnerungen aufschreiben.

Kein Beruf wie jeder andere: Piratenkapitän

Piraten- und Kaperkapitäne waren aus ganz besonderem Holz
geschnitzt. Das musste schon deswegen so sein, weil sie in ihrer
Position großem Druck ausgesetzt waren. Zum einen dem, den
die eigene Besatzung ausübte: Beute war die stärkste Motivation
der Mannschaften sowohl auf Freibeuter- (= legitimierten Kaper-)
wie auch auf Piratenschiffen. Dieses Bedürfnis zu befriedigen
war die erste Aufgabe des Kapitäns, denn ohne Beute wurden
die Männer unzufrieden und renitent. Der Druck konnte dann
besonders unangenehm werden, weil die Anführer der Freibeuter immer von den Mannschaften selbst gewählt wurden. Dieser
Vertrauensvorschuss konnte bei Misserfolgen sehr schnell auf-
gebraucht sein. Eine Absetzung bedeutete das schnelle Ende
einer Karriere und manchmal sogar das des Lebens. Es gab immer Steuerleute oder Bootsmänner, die nach Höherem strebten
und bereit waren, dafür über Leichen zu gehen, auch über die
des Anführers.

Andere Kapitäne waren von den Finanziers der Unternehmen
eingesetzt. Sie standen vor allem bei den Ausrüstern des Schiffes
unter Vertrag. Die erwarteten selbstverständlich den Erfolg der
Ausfahrt, schließlich waren sie an einer hohen Rendite interessiert. Weil beim Geld der Spaß aufhört, konnten Misserfolge
ernste Konsequenzen auch für die Kaperkapitäne haben. Es
hatte seinen Grund, dass finanzkräftige Investoren bei der Be-

setzung von Kapitänsposten auf einem Kaperschiff verheiratete Männer mit Familie bevorzugten. Sie hatten damit im Regelfall die Gewähr, dass der Kapitän sich nicht mit dem Schiff davonmachte und sich gleich auf die Seite der Gesetzlosen schlug. Das bedeutete jedoch, dass die Anführer solcher Unternehmen für eine gute Ertragslage sorgen mussten, auch wenn rechtmäßige Prisen dünn gesät waren. Die Besatzungen konnten durch Anteile an der Beute ein riesiges Vermögen erwerben, sie konnten jedoch auch alles verlieren, einschließlich ihres Lebens.

Seeländische Piraten – gottesfürchtig und gut organisiert

Bereits im frühen Mittelalter gab es im dänischen Roskilde die erste überlieferte Kaperordnung. Sie erlaubte den höchstens zweiundzwanzig einheimischen Schiffen die Kaperung fremder Fahrzeuge und legte den Anteil der Stadt Roskilde an der Beute auf ein Achtel fest. Die Beute wurde zu gleichen Teilen unter die Besatzung verteilt. Vor der Ausfahrt mussten alle Seeleute als gute Christen ihre Sünden beichten, bereuen und am Abendmahl teilnehmen. Die Piraten legten fest, dass der Sieg mit möglichst wenig Blutvergießen errungen werden sollte. Die Angreifer sollten dazu eine Panik unter den Opfern auslösen. Die Schiffe waren deshalb furchterregend bemalt, die Segel blutrot gefärbt. Wie rund 1200 Jahre später bei Bartholomew Roberts unterstützten auch auf den dänischen Schiffen Musikanten, Bläser und Trommler den Angriff der Entermannschaft.

Ein Pirat und Gentleman, oder: Wie lebte ein erfolgreicher Unternehmer?

Dass Piraten als in Lumpen gekleidete, sonnengegerbte Gestalten daherkamen, die meist barfuß unterwegs waren, ist tatsächlich ein Klischee. Wie andere Übeltäter trugen auch seefahrende

Gauner oft die Maske eines Biedermannes. Das eindrücklichste Beispiel dafür ist William Kidd.

Kidd war ein Lebemann, der seinen Reichtum offen zur Schau trug. Meistens war er in seiner Kutsche unterwegs, und man sah ihn nur in eleganten Röcken von den besten Schneidern, mit Spitzenkragen von feinster Qualität und mit teurer, sorgfältig gepuderter Perücke. Der Pirat verkehrte mit den einflussreichsten Persönlichkeiten der Kolonie New York, bei deren Festen er regelmäßiger und gern gesehener Gast war. In seinem eigenen luxuriösen Haus mit Blick auf den East River gab es auserlesene Köstlichkeiten. Er beschäftigte mehrere Hausangestellte und vertrieb sich die Zeit mit den wenigen kulturellen Veranstaltungen, die die Kolonie zu bieten hatte. Doch dieses Leben langweilte den Pfarrerssohn aus Schottland schon nach wenigen Jahren, und so ging er 1695 persönlich »auf Abenteuer«, eine Unternehmung, die ihn erst sein Vermögen und schließlich sein Leben kostete.

Madagaskar – die Pirateninsel im Indischen Ozean

Auf der berühmten »Piratenrunde« bildete die Insel Madagaskar an der Ostküste Afrikas einen wichtigen Stützpunkt für die Seeräuber des goldenen Zeitalters der Piraterie. Sie ist ungefähr doppelt so groß wie Großbritannien und verfügt über mehrere gute natürliche Häfen, also hervorragende Bedingungen für Seeräuber. Von hier aus brachen ihre Schiffe auf in die Gewässer vor den Küsten Indiens, Indonesiens und der arabischen Halbinsel. Madagaskar war Nachschubbasis und Absatzmarkt in einem, und die schwachen Inselherrscher profitierten von den Piraten. Mit der Zeit bildeten sich dort richtige Piratenkolonien. Doch es kam immer wieder zu Spannungen zwischen den Piraten und der Urbevölkerung, den Howas. 1697 überfielen die Howas einen Handels- (und Hehler-) Posten auf der kleinen Insel St. Marien.

Zu Beginn des 18. Jahrhunderts setzten sich ca. 1500 Piraten auf St. Marien fest. Sie stellten zur Sicherung des Hafens eine große Anzahl Kanonen auf und wollten die Insel zu einem neuen New Providence ausbauen. Doch die Tage der großen Piratenanführer und ihrer vielhundertköpfigen Gefolgschaften waren gezählt und die Jagd auf die Seeräuber eröffnet. Eines der ersten Ziele der Piratenjäger war die Insel St. Marien.

Bereits 1711 waren von den Piraten nach Aussage einiger ehemaliger Inselbewohner nur noch ein paar Dutzend verwahrloste Gestalten übrig geblieben. Der Rest war umgekommen oder hatte sich erfolgversprechendere Jagdgründe gesucht.

PIRATENRUNDE

Die »Piratenrunde« war eine Route zwischen den nordamerikanischen Kolonien Englands, den Häfen in der Karibik und der Insel Madagaskar an der Ostküste Afrikas. Die Seeräuber fingen hier die reichbeladenen indischen und arabischen Schiffe ab, ebenso wie europäische, die auf dem Rückweg von den asiatischen Märkten nach Europa waren. Die »Piratenrunde« existierte ungefähr von 1690 bis in die zwanziger Jahre des 18. Jahrhunderts. Einige der berühmtesten Piraten feierten hier ihre größten Erfolge.

Wie sahen die »typischen« Piraten aus?

Etwa so:

»Tee Wetherly	klein, sehr dünn, auf einem Auge blind, etwa 18 Jahre;
Thomas Jameson	Fassbinder, Schotte, groß, mager, kränkliches Aussehen, 20;
William Griffith	klein, stämmig, breites Gesicht, schwarzes Haar, etwa 30;
John Loyd	von gewöhnlicher Statur, knochig, sehr blass, dunkles Haar, auffällig verformte Unterlider, 30;

Thomas Simpson   klein und mager, starke Schlitzaugen, etwa
10 [!] Jahre alt«

Aus einem Haftbefehl des Gouverneurs Nicholson von Virginia
(1699). Es handelt sich um Besatzungsmitglieder des Piratenschiffes »Adventure«.

Jung und gesund – Das Alter der Seeräuber

Das Klischee vom rauf- und sauflustigen hakennasigen Piraten,
der mit blitzenden Augen jeder Gefahr ins Gesicht lacht, ist
zweifellos falsch. Die allermeisten Piraten waren Männer wie
andere Seeleute auch. Wie diese waren sie in der Regel zwanzig
bis dreißig Jahre alt, das Durchschnittsalter betrug im frühen
18. Jahrhundert siebenundzwanzig Jahre. Das entsprach dem
in der englischen Handelsmarine. Alte Piraten gab es wenige,
was nicht nur auf einer niedrigen Lebenserwartung aufgrund
der Gefahren beruhte. Der Dienst wie auch das Leben an Bord
jedes Segelschiffes überhaupt bedeutete eine hohe körperliche
Beanspruchung, der ältere Seeleute kaum gewachsen waren.
Die Männer mussten über beachtliche Körperkräfte und eine
eiserne Konstitution verfügen, um in dem ständig nassen und
oft kalten Milieu bei jedem Wetter in die Takelage klettern und
die harte Segelarbeit verrichten zu können. So waren bereits
Siebzehnjährige vollwertige, kräftige Matrosen. In der Blütezeit der karibischen Piraterie waren die Kapitäne größtenteils
zwischen dreißig und fünfzig Jahre alt.

New Providence: die Seeräuberrepublik

Die Insel New Providence (Bahamas) wurde von ca. 1680 an
zum Tummelplatz der karibischen Piraten. Der Hafen hatte eine
ideale Lage und hätte mehreren Hundert Seeräuberschiffen An-
kermöglichkeiten geboten. Er war so seicht, dass tief gehende

Kriegsschiffe gar nicht einlaufen konnten, ein Überraschungsangriff war hier kaum möglich. Die Piratenkapitäne Thomas Barrow und Benjamin Hornigold erkannten das Potenzial, riefen um 1700 auf der Insel eine Piratenrepublik aus und ernannten sich selbst zu Gouverneuren von New Providence. Anführer wie Charles Vane, Thomas Burgess, »Calico Jack« Rackam und »Blackbeard« Teach schlossen sich mit ihren Mannschaften an. Immer mehr gesetzlose Männer kamen auf die Insel, und auch Frauen der zweifelhaftesten Herkunft ließen sich in der Republik der Seeräuber nieder.

Hier konnten die Männer ihre Beute gefahrlos in Alkohol, feine Kleider oder amouröse Abenteuer umsetzen. Die wenigen englischen Gouverneure, die hier überhaupt geduldet wurden, machten bei dem Handel mit gestohlenen Waren und Schiffen fleißig mit. Das Piratennest entwickelte sich ungestört, bis 1718 Woodes Rogers, der ehemalige Freibeuter und jetzige Piratenjäger, auf den Bahamas ankam. Im Gepäck hatte er eine Generalamnestie für alle Piraten, die ihr Gewerbe bis zum 5. September 1718 aufgaben. Das bedeutete das Ende der Seeräuberrepublik. Einige nutzten die Gelegenheit zum Seitenwechsel, wie der alte Haudegen Hornigold, der Woodes Rogers Helfer wurde und seine einstigen Komplizen jagte. Andere suchten das Weite, um ihr Geschäft woanders weiter zu betreiben. Wieder andere wurden auf der Insel sesshaft und verdienten sich ihren Lebensunterhalt als Landarbeiter.

Der Gnadenakt Georgs I. von England 1717

»Nachdem Wir berichtet worden, daß verschiedene Unterthanen von Groß-Brittannien seit dem 24. Junii des Jahres 1715 allerhand Seeraubereyen und Plünderungen in denen West-Indischen Meeren und der Gegend Unserer Plantagien begangen, welche denen Kaufleuten von Großbrittannien und anderen

Handels-Leuten dieser Gegend großen Schaden gethan, ohngeacht der von Uns gegebenen Ordres, um eine genugsame Macht zu Vertreibung dieser See-Räuber aufzubringen: So haben Wir, um mit größerm Nachdruck hierinnen zum Ende zu kommen, mit Gutbefinden Unseres Geheimsten Raths dienlich erachtet, diese Unsere Königliche Proclamation zu publicieren. Versprechen also und erklären hiermit, daß alle und jede Seeräuber, welche bis zum 5. September 1718 sich vor einen Unserer Secretairen von Groß-Brittannien oder Irland oder einem Gouverneur oder Unter-Gouverneur einiger Unserer Plantagien jenseits des Meeres unterwerfen, Unsers gnädigstens Pardons aller derer Meeres-Raubereyen genießen sollen. Wir injungieren und befehlen also auf das allernachdrücklichste allen Unsern Admirals, Capitains und anderen See-Officiers, wie auch allen Unsern Gouverneurs und Commandanten der Festungen, Schlösser und anderer Plätze in Unsern Plantagien und allen andern sowol Civil- als Militär-Bedienten, sich aller See-Räuber zu bemächtigen, welche da sich weigern oder ver absäumen, sich nach Inhalt dieses zu unterwerffen. Wir declarieren im übrigen, daß alle diejenigen, welche einen oder mehr dieser See-Räuber entdecken oder arrestieren, oder machen können, daß man sie entdecke oder arrestiere, von Anfang des 16. September 1718, also, daß sie der Justiz in die Hände geraten, um die Strafe ihrer Laster zu empfangen, zur Belohnung haben sollen, nämlich:

vor jeden Schiff-Commandanten
die Summa von   100 Pfund Sterling
vor jeden Quartermeister, Segelmeister,
Steuermann, Zimmermann oder Kanonier   40 Pfund Sterling
vor jeden Unter-Officier   30 Pfund Sterling
und vor jeden Gemeinen   20 Pfund Sterling
und so jemand von ihnen in Diensten ihrer Commandanten und Schiffe sich eines Commandanten bemächtigen oder machen

kann, daß man denselben arrestiere, soll derselbe von einem jeden 200 Pfund Sterling haben ...

Gegeben zu Hampton Court den 5. September 1717

Im vierten Jahr Unserer Regierung

Georgius I«

Die Business-Metropolen der Freibeuterei

Eigentlich war die gesamte Ostküste Nordamerikas in den Jahren zwischen 1690 und 1720 ein El Dorado für Piraten und Kaperfahrer. Durch den englischen Navigation Act, ein Gesetz, das Handel nur auf englischen Schiffen erlaubte, blühte der Schmuggel. In Boston gingen die berüchtigtsten Piraten ein und aus. Einer der bekanntesten, Michel Anderson, genannt Breha, konnte sich unbehelligt in den Kneipen der Stadt aufhalten. Der Versuch eines Bostoner Bürgers, sich das ausgesetzte Kopfgeld durch eine Anzeige zu verdienen, endete beinahe damit, dass der gesetzestreue Untertan des Königs geteert und gefedert wurde. Der Pirat stand auf sehr vertrautem Fuß mit dem Bürgermeister der Stadt, was ihn unantastbar machte.

In New York verbuchten die Geschäftsleute durch die Piraten einen jährlichen Zufluss von 100 000 Pfund in die Wirtschaft der Kolonie. Beteiligungsgesellschaften für Expeditionen schossen unter dem Schutz von bestechlichen Gouverneuren wie Benjamin Fletcher und seinem Sekretär Nicoll wie Pilze aus dem Boden. Damals kostete das Ankern eines Piratenschiffes im Hafen von New York gerade einmal 700 Pfund. Neben dem Schmuggel gehörten Kaperunternehmen gegen die »Heiden«, gegen Araber und Inder im Indischen Ozean, zu den Haupteinnahmequellen der einflussreichen Geschäftsleute der Stadt. So manches Vermögen wurde auf den Erlösen aus Seeräuberei und Kaperfahrt aufgebaut.

Der Untergang Port Royals

Das Zentrum der karibischen Piraterie hatte sich um die Mitte des 17. Jahrhunderts in der jamaikanischen Hauptstadt Port Royal etabliert. Doch das Treiben in der Stadt der Seeräuber und Kaperkapitäne währte nur bis zum 7. Juni des Jahres 1692. An diesem Tag brach eine Naturkatastrophe wie das Jüngste Gericht über Port Royal herein. Zwischen elf und zwölf Uhr am Mittag begann die Erde zu beben, sodass innerhalb weniger Stunden zwei Drittel der Stadt in Trümmern lagen. Eine Kaianlage und zwei Straßenzüge mit allen Häusern rutschten ins Meer. Auf dem Friedhof wurden Leichen aus ihren Gräbern gespült. Seeleute plünderten die erhaltenen Häuser und nahmen den im Wasser treibenden Toten die Wertsachen ab. Ein Augenzeuge berichtete: »Schlimme Diebe, die man hier Freibeuter nennt, drangen in verlassene Warenlager und Häuser ein und raubten ihre Mitbürger aus, während die Erde unter ihnen bebte. Einige Häuser stürzten dabei über ihnen zusammen.« An diesem Tag starben mehr als 2000 Menschen, die gleiche Anzahl kam in den nächsten Tagen durch Verletzungen und Krankheiten um.

Nach dem Beben bauten die überlebenden Bewohner die Stadt wieder auf, ihre Bedeutung jedoch war mit der Katastrophe dahin. Viele Händler und Handwerker zogen ins benachbarte Kingston. Piraten wurden in Port Royal seit dieser Zeit nicht mehr geduldet, der Gouverneur Hamilton erlaubte sogar erstmals die Jagd auf Piratenschiffe. Zwei berühmte Seeräuber, Charles Vane und »Calico Jack« Rackam, starben 1720 am Gallows Point in der Nähe Port Royals am Galgen.

Leben im Extrem

Die Piraten waren Männer, die meist im Gefühl völliger Freiheit lebten. Verpflichtet waren sie nur ihren Kameraden und den

gemeinsam beschlossenen Bordregeln. Für sie gab es keine Ob-
rigkeit außer dem selbstgewählten Anführer im Kampf. Die
Aussicht, auf Gedeih und Verderb miteinander verbunden zu
sein, schuf eine eigene Art »esprit de corps«. Auf See waren sie
für gewöhnlich in grobes Segeltuch gekleidet, für den Kampf
zogen die Piraten mit Pech bestrichene Jacken an, die leichteren
Schwerthieben widerstehen konnten. Nach erfolgreicher Prisenjagd stellten sie ihren neuerworbenen Reichtum in protziger
Kleidung und provozierender Ausgelassenheit in den Kneipen
und Bordellen von Port Royal und New Providence zur Schau.
Die »Seadogs« verwandelten sich in herausgeputzte Gentlemen,
die die Vornehmheit der normalen Gesellschaft lächerlich machten. Sie trugen reich geschmückte Kleider, Hüte und Schuhe und
behängten sich mit vielerlei Schmuckstücken. Die erfolgreichen
Seeräuber warfen innerhalb kürzester Zeit riesige Summen für
jegliche Art von Vergnügung mit vollen Händen aus dem Fenster.
So extrem und intensiv, wie sie im Kampf lebten, gebärdeten sich
die Piraten auch im kurzen Rausch des Erfolges. Dazu die kurze
Beschreibung eines Zeitgenossen: »Wein und Frauen erschöpften
ihren Reichtum dermaßen, dass einige von ihnen in kurzer Zeit
zu Bettlern wurden. In einer einzigen Nacht konnten sie 2000
oder 3000 Achterstücke ausgeben; einer gab einer Dirne 500 Achterstücke, um sie nackt zu sehen. Sie kauften ganze Fässer Wein,
stellten sie auf die Straße und zwangen alle Passanten zum Mit-
trinken, andernfalls hätten sie sie mit einer zu diesem Zweck be-
reitgehaltenen Flinte erschossen. Einer kaufte eine Buttertonne,
nahm die Butter heraus und schmierte sie jedem, der vorbeikam,
auf die Kleider oder auf den Kopf, wie es sich gerade ergab.«
   Das Leben im Grenzbereich zwischen den extremen Entbehrungen der damaligen Seefahrt und den Ausschweifungen
in den Häfen forderte seinen Tribut. Von den einfachen Piraten
starben die wenigsten während ihrer Überfälle. Der bei möglichst vielen Gelegenheiten im Überfluss genossene Alkohol und

alle mit den üblichen Vergnügungen im Hafen in Verbindung stehenden Krankheiten forderten den größten Anteil an Toten unter den Seeräubern des 18. Jahrhunderts. Hinzu kamen die berufsbedingten Krankheiten aller Seeleute wie z. B. Skorbut oder Ruhr sowie die Todesfälle durch Tropenkrankheiten, Unfälle oder Schiffbruch. Diejenigen Piraten, die alle diese Gefahren ihres Lebenswandels überlebt hatten, endeten zumeist am Galgen, vor allem während der großen Säuberungen durch die Royal Navy in den 1720er bis 1740er Jahren.

Vom Piratennest zur Blumeninsel

Seeräuber hatten zu allen Zeiten einen Blick für gute Verstecke. Einige hatten sich in den 30er Jahren des 16. Jahrhunderts unter ihrem Anführer Thomassin auf den Scilly-Inseln vor der Südwestküste Englands niedergelassen. Diese rund 140 großen und kleinen Inseln boten idealen Zugang zum Atlantik und zu den Schifffahrtswegen nach Übersee. Die Bewohner der Inseln hatten traditionell keine Probleme mit dem Seeraub, profitierten sie davon doch in erheblichem Maße. Mitte des 16. Jahrhunderts beschloss die englische Krone, dem Piratentreiben ein Ende zu setzen. Anstatt mit Gewalt gegen Thomassin und seine Bande vorzugehen, ernannte man ihn zum Vizeadmiral. Damit war er unter Kontrolle, und zumindest die englischen Schiffe blieben von da an ungeschoren. Von den Ladungen der anderen floss ein guter Teil in die Schatulle des Königs. Der Sage nach hat der Piratenanführer die ersten Narzissenzwiebeln auf die Inseln gebracht. Diese gediehen in der milden Luft und dem vom Golfstrom bestimmten Klima hervorragend und entwickelten sich zum Exportartikel Nr. 1. Um 1900 kamen die ersten Narzissen auf den Londoner Blumenmarkt, um 1950 betrug die jährliche Ausfuhr ca. 120 Tonnen.

Ein Hafenstädtchen mit berühmten Söhnen: St. Malo

Das kleine Städtchen an der bretonischen Küste lebte über Jahrhunderte hinweg vom Fischfang – und von der Kaperei. Einige der bekanntesten Korsaren aus der Blütezeit der französischen Kaperschifffahrt (zwischen 1630 und 1800) kamen aus der Hafenstadt, deren altes Stadtzentrum auf einer Insel liegt und von einer gewaltigen grauen Granitmauer umgeben ist. Heute heißt dieser Bezirk »Intra Muros«. Auf drei Seiten umspült der Atlantik die Ville close, die Innenstadt. Den einzigen Zugang von der Landseite riegelte das Chateau ab, heute dient es als Rathaus.

Die Innenstadt von St. Malo ist heute eine sehr gelungene Rekonstruktion der alten Korsarenstadt. Das Original wurde nach der Landung der Alliierten zwischen dem 6. und 14. Juni 1944 weitgehend zerstört. In der großen Zeit der Korsaren war die Stadt dicht bevölkert, innerhalb des riesigen Mauerringes lebten 20 000 Menschen, heute wohnen auf der gleichen Fläche (0,16 km^2) noch 3000. Die hohen Holzhäuser der Innenstadt waren stroh- oder schilfgedeckt und mit Öl bestrichen. Die vorkragenden Obergeschosse der drei- bis vierstöckigen Häuser berührten sich fast. Das hatte fatale Folgen, denn im frühen 17. Jahrhundert wütete um die Grande Rue herum ein verheerender Brand, dem fast 240 Häuser zum Opfer fielen. Nach dem Brand investierten die Korsaren ihre Einnahmen in die Stadt, und die Häuser wurden in Granitstein wieder aufgebaut. Die berühmtesten Einwohner waren Robert Surcouf (1773–1827), der in der Rue Dinant ein Haus besaß, und René Duguay-Trouin, der am 10. Juni 1673 als Sohn eines Schiffseigners in St. Malo geboren wurde und am 27. September 1736 in Paris starb. Noch heute läutet jeden Abend um 22.00 Uhr die »Noguette«, eine Glocke, die Duguay-Trouin als Beute aus Rio de Janeiro mitbrachte, den Zapfenstreich. Nach ihrem Läuten wurden früher die Stadttore geschlossen.

KORSAR

Hauptsächlich die Freibeuter des Mittelmeeres wurden Korsaren genannt. Dazu gehörten auch diejenigen Kapitäne, die mit ihren Schiffen von der nordafrikanischen Küste aus durch die Straße von Gibraltar fuhren und im Atlantik Schiffe aufbrachten. Doch auch die französischen Kaperkapitäne der Bretagne nannten sich Korsaren.

Wenn das Gehalt nicht reicht ...

Die Inseln im Karibischen Meer wurden im 17. und 18. Jahrhundert zumeist von sehr schlecht bezahlten Statthaltern verwaltet, wenn sie denn überhaupt unter dem Regime irgendeines Staates standen. Männer wie Nicolas Trott auf den Bahamas oder sein Nachfolger Oberst Webb waren Beispiele für eine oft anzutreffende Spezies, die, unabhängig von ihrer Herkunft, ihre Posten und ihr Einkommen mit einer Kreativität aufbesserte, die eines ehrenhafteren Einsatzes würdig gewesen wäre. Webb erhielt im 18. Jahrhundert für die Statthalterschaft auf den Bahamas ein monatliches Gehalt von 30 Pfund von der englischen Krone, neben umfangreichen anderen geldwerten Vorteilen. Ein Kaperkapitän, der im Hause des Gouverneurs verkehrte, behauptete später, Webb habe dieses Einkommen durch Unterstützung von Piraterie und Kaperei, durch die Ausgabe illegaler Kaperbriefe, durch »Schutzgelderpressung« bei den Seeräubern und durch Hehlerei problemlos auf 40 000 Pfund im Jahr gebracht.

»No prey, no pay«:
Was Kaperfahrer im Mittelalter verdienten

Der Lohn der Piraten und Kaperer war die Beute, also erst einmal die Ladung und das aufgebrachte Schiff. Hinzu kamen die Güter und Wertgegenstände von Passagieren, das erpresste Lösegeld und auch die Habe der Einwohner der überfallenen Küstenorte.

Manche Piraten betätigten sich zunächst oder zwischenzeitlich als Schmuggler oder Sklavenhändler, obwohl Letzteres zumindest von den vogelfreien »echten« Piraten als einem ehrlichen Beruf viel zu ähnlich abgelehnt wurde. Für diese unabhängigen Piraten zählte nur die Beute, möglichst schnell und möglichst viel. Auch die legalen Kaperfahrer erhielten ihren Lohn als Prämie aus den Prisen, unter Abzug der Anteile der Investoren und Eigner der Schiffe, versteht sich. Das galt prinzipiell zu allen Zeiten der Seeräuberei. Im Mittelalter gab es jedoch auch schon einmal den Versuch einer anderen Regelung, die schon stark an die Besoldung regulärer Soldaten erinnert.

Die Besatzungen von vier ausgesandten Hamburger Schiffen des Jahres 1473 im Kaperkrieg gegen England erhielten nach dem üblichen Verfahren Anteile an der eingebrachten Beute. Einen festen Sold, der ihnen in jedem Fall zugestanden hätte, gab es für sie nicht. Das war aus Sicht der Initiatoren eines auf Profit ausgerichteten Unternehmens unbedingt erforderlich. Bei einem festen Einkommen hätten die Männer keinen Kampfwillen und keine Einsatzbereitschaft gezeigt. Diese Lektion hatten die mittelalterlichen Stadträte Hamburgs durch den Fehlgriff ihrer Lübecker Kollegen gelernt. Die hatten nämlich – für ihre Zeit sehr innovativ – mehrere Besatzungen mit fester Heuer angestellt. Das hatte den vermeintlichen Vorteil, dass die Personalkosten der Ausfahrt kalkulierbar waren. Es führte aber zu dem Ergebnis, dass die Männer lieber »Dienst nach Vorschrift« machten, keinerlei Eigeninitiative zeigten und jeder bewaffneten Auseinandersetzung – also jeder potenziellen Beute – tunlichst aus dem Weg gingen. Die Gier fehlte eben als Antrieb. Als die Lübecker Schiffe dann auch noch infolge der Pflichtvergessenheit einiger Wachen von englischen Kaperfahrern aufgebracht und mitgenommen oder in Brand gesteckt wurden, war das Lübecker Desaster komplett. Das sollte den Hamburgern nicht passieren. Deren Mannschaften wurden ausschließlich Beuteanteile versprochen, ganz nach dem später, im 17. Jahrhundert, gängigen Kaperfahrergrundsatz: »No prey, no pay«.

Nach Abzug der Anteile für die Investoren und der Reiseunkosten wurde der Rest nach einem Schlüssel verteilt. Wie genau, zeigen überlieferte Abrechnungen aus dem Jahr 1472, die im Staatsarchiv Hamburg aufbewahrt werden. Im überlieferten Fall betrug ein Anteil aus der Kaperung eines Schiffes siebeneinhalb Schilling, das entspricht in etwa dem Lohn eines Handwerkers für fünf Tage Arbeit. Der Anteil heißt »bute«, eine Mannbeute. Jeder gewöhnliche Mann der Besatzung erhielt aus der Prise eine solche »bute«. Die herausragenden Mitglieder der Crew erhielten gemäß ihrer Bedeutung natürlich größere Anteile. Der Kapitän, der Steuermann, der Quartermeister, der Koch, der Hauptbootsmann, der Kanonier oder Stückmeister und der Zimmermann bekamen verschiedene Beträge. Der Hauptbootsmann als höchster Mannschaftsdienstgrad, der Kanonier und der Schiffszimmermann erhielten je fünfzehn Schilling, entsprechend zehn Tagen Handwerkerlohn. Interessanterweise bekam der Koch oder Bäcker des Schiffes das Doppelte, also dreißig Schilling. Die Verpflegung hatte also eine ganz besondere Bedeutung für den Erfolg des Unternehmens. Das leuchtet ein, wenn man an die durch schlechte Ernährung bedingten Krankheits- oder Todesfälle denkt, die ohne weiteres jedes Unternehmen scheitern lassen konnten. Die Schiffsführung wurde wiederum mit dem Doppelten bezahlt. Für die Leitung des Gesamtunternehmens strich der Kapitän für eine einzige Prise den Lohn eines Handwerkers für sechs Wochen Arbeit ein. Die nautischen Fähigkeiten des Steuermannes, der auch ein aufgebrachtes Schiff selbständig führen musste, waren den Investoren den gleichen Betrag wert. Und auch der Quartermeister, der die militärischen Aktionen an Bord leitete und verantwortete, bekam so viel.

Als Sonderprämie gab es für das ganze Schiff am Ende der Reise nochmals eine Zusatzgratifikation, das sogenannte Bootsmannsgeld, das »bosmans geld«. Es betrug für die gesamte Mannschaft 24 Mark lübisch, das entspricht etwa 40 Wochenlöhnen. Davon bekamen die Matrosen mindestens doppelt so viel wie die Hilfskräfte, Kajütendiener und Schiffsjungen.

SCHILLING, MARK LÜBISCH

Die Lübische Mark war eines der Hauptzahlungsmittel in den norddeutschen Hansestädten des ausgehenden Mittelalters. Eine Mark unterteilte sich in sechzehn Schillinge oder 192 Pfennige. Ein Seemann verdiente ca. zwei Mark im Monat, ein Handwerker an Land geringfügig mehr.

HAUPTBOOTSMANN

Der Hauptbootsmann war sozusagen der Vorarbeiter an Bord. Er konnte einer Wachgruppe vorstehen und kommandierte Beiboote bei Einzelaufgaben. Manchmal erfüllte er auch die Funktion eines Zahlmeisters und verwaltete die Heuergelder. Dem Hauptbootsmann oblag zudem die Aufsicht über die Handfeuerwaffen der Mannschaft, die aus Sicherheitsgründen nur zum Einsatz ausgegeben wurden.

QUARTERMEISTER

Der Quartermeister war der zweite Mann an Bord, er befehligte die militärische Besatzung und war für die Disziplin zuständig. Diese Funktionen behielt der Quartermeister bis ins 18. Jahrhundert bei.

STÜCKMEISTER

Der Stückmeister war für die Kanonen eines Schiffes zuständig. Als die Schiffe noch wenige Kanonen trugen, überwachte er persönlich die Verwendung des richtigen Pulvers, den Ladevorgang und das Richten (Zielen) bis zum Abfeuern. Später war der Stückmeister für den einwandfreien Zustand der Geschütze verantwortlich, ebenso wie für das Training der Geschützbedienung. Er kontrollierte Munitions- und Pulvervorräte und richtete die Waffen in schwierigen Gefechtssituationen selbst. Stückmeister waren nicht auf Kriegsschiffe beschränkt. Auch auf Piraten- und Kaperschiffen waren diese wichtigen Besatzungsmitglieder begehrt.

Im späten 17. Jahrhundert galt der Grundsatz »Ohne Beute keine Bezahlung« natürlich immer noch. Wurde ein Schiff von den Piraten erobert, kam es auch hier zur Verteilung der Beute nach einem vorher festgelegten Schlüssel, zu dem sich alle Mitglieder der Piratengemeinschaft verpflichtet hatten. Diese Verpflichtung wurde schriftlich festgehalten und von allen durch ihr Zeichen bestätigt. Danach erhielt der gewählte Kapitän einen festen Betrag für den Unterhalt des Schiffes und für eventuelle Reparaturen oder Ersatzteilkäufe. Für ihn persönlich wurden meist vier oder in einigen Fällen auch fünf Anteile der Beute vereinbart. Der Zimmermann bekam einen Festlohn, zwischen 100 und 150 Stücke von Achten. 200 bis 250 Stücke von Achten strich der Schiffsarzt ein. Ein bestimmter, jedes Mal neu zu verhandelnder Teil der Beute wurde für die Entschädigung von verwundeten Kameraden zurückgelegt, eine einfache, aber effektive Form der Krankenversicherung. Erst danach wurde der Rest der Beute verteilt. Dem Quartermeister wurden zwei Anteile zugestanden, jeder Mann der übrigen Besatzung erhielt einen Anteil. Schiffsjungen mussten sich mit einem halben Anteil begnügen. Im Tagebuch des Piraten Basil Ringrose wird eine solche Verteilung beschrieben: Die Piraten kapern ein spanisches Schiff und erbeuten eine Ladung Wein und Schießpulver sowie 37 000 Stücke von Achten. Die Beute wurde aufgeteilt, und auf jeden einfachen Mann der Besatzung kamen 234 Stücke.

Folgende Vereinbarung galt an Bord der in Newport, Rhode Island beheimateten Bark »Portsmouth Adventure« im Jahre 1694:

Zuerst wurden die Entschädigungen der verwundeten Mannschaftsmitglieder bezahlt. Dann zog der Kapitän die Ausrüstungskosten ab. Der Rest der Beute wurde aufgeteilt:

Der Eigner des Schiffes konnte zwanzig Anteile der Beute beanspruchen.

Der Kapitän erhielt zweieinhalb Anteile.

Der Navigator (gleichzeitig Erster Offizier) bekam anderthalb Anteile.

Jedem weiteren Besatzungsmitglied stand ein Anteil zu.

Derjenige, der eine Prise als Erster sah, wurde mit einem Bonus von zwanzig Pfund Sterling belohnt. (Zum Vergleich: Ein einfacher Seemann verdiente damals rund zwölf Pfund Sterling im Jahr.)

Sind die »Brüder der Küste« miteinander verwandt?

Die »Brüder der Küste« (Brethren of the Coast, frères de la côte) waren kein Familienbetrieb, sondern eine lockere Vereinigung von Jägern und Piraten, die sich aus Bukanieren rekrutierten und irgendwann zwischen 1630 und 1640 begannen, sich zusammenzuschließen. Die Regeln, die sie sich selbst gaben, »Gesetz der Küste« genannt, waren für alle gleich und für alle gleich wichtig. Wenn die Männer den Wendekreis des Krebses (der Breitengrad, der genau durch die Karibik nördlich von Jamaika verläuft) überschritten, legten sie damit ihr früheres Leben ab und traten in ein neues ein. Sie trugen keine Nachnamen mehr und einigten sich für jede Expedition auf die Artikel, unter denen die Fahrt unternommen werden sollte. Dann wählten sie aus ihren Reihen einen Anführer. Die Männer entschieden gemeinsam, in welchen Seegebieten sie ihr Glück suchen wollten und wo sie dazu Vorräte aufnehmen konnten, ebenso wie über die Verteilung der Beute und über die Versorgung Verwundeter.

An Bord der Schiffe der »Brüder der Küste« gab es keine Schlösser, denn alle hatten geschworen, keine Kameradendiebstähle zu begehen. Wer dagegen verstieß oder Beute verheimlichte, dem wurden Nase und Ohren abgeschnitten. Damit war der Mann innerhalb der Gesellschaft als Dieb gebrandmarkt. Wer sich ein zweites Mal erwischen ließ, wurde von der Besatzung mit einem Krug Wasser und einer Muskete mit einem einzigen Schuss Ladung auf einer Insel ausgesetzt.

Der Untergang der »Brüder der Küste« nahm gegen Ende des 17. Jahrhunderts seinen Anfang, als die nassen Jagdgründe immer weniger hergaben und die französischen und englischen Seestreitkräfte massiv gegen die ehemaligen Fleischjäger vorgingen. Viele Seeräuber schlossen sich zu dieser Zeit nordamerikanischen Piraten für Fahrten in den Indischen Ozean oder vor die Küsten Südamerikas an, andere blieben auf den Bermudas und versuchten, den Nachstellungen der Marinen zu entgehen.

Selbstbewusstsein ist alles – ein Statement

Im Jahre 1688 gab eine Gruppe französischer Bukaniere bekannt, dass sie den in Aachen zwischen Frankreich und Spanien geschlossenen Friedensvertrag nicht anerkennen würden, da sie weder mitverhandelt noch das Schriftstück mit unterzeichnet hätten.

Das Gesetz der Piraten: die Bordregel

Die Bordregel war die Ordnung, die an Bord des Kaperschiffes für alle Besatzungsmitglieder galt. Auch Piratenschiffe hatten Bordregeln, sie waren das Gesetz für die Gesetzlosen. Alle Mitglieder der Mannschaft mussten sich schriftlich – d. h. in der Regel durch ihr Kreuz unter dem Dokument – zur Einhaltung verpflichten. Die dort aufgeschriebenen Richtlinien galten für alle gleichermaßen, Sonderregelungen oder Ausnahmen für Anführer gab es nicht. Die Anführer waren gewählt und konnten auch wieder abgewählt werden. Sie hatten nur im Gefecht und bei

Verfolgung der Beute die Befehlsgewalt, andere Entscheidungen wurden von der gesamten Mannschaft getroffen. Der Anführer konnte die Kapitänskajüte beanspruchen, musste sich jedoch gefallen lassen, dass die Männer sie jederzeit betreten konnten. Auch den in den Regeln enthaltenen Strafen war ausnahmslos jeder an Bord unterworfen. Persönliche Diskriminierungen widersprachen der »Philosophie« der Piraten, kamen aber in der Praxis vor. Dunkelhäutige ehemalige Sklaven mussten meist die unangenehmsten Arbeiten verrichten. Ihr Los war zwar besser als das Sklavendasein, gleichberechtigte Mitglieder der Mannschaft wurden sie aber nur selten.

Die Bordregeln des Bartholomew Roberts

I. Jeder hat bei anstehenden Entscheidungen Stimmrecht; Jeder hat das gleiche Recht auf frischen Proviant oder Schnaps, die zu irgendeiner Zeit erbeutet wurden, und darf sich nach Belieben bedienen, außer wenn eine Verknappung es erforderlich macht, zum Wohle aller eine Kürzung zu beschließen.

II. Jeder soll abwechselnd und der Reihe nach an Bord von Prisen gerufen werden, denn bei solchen Gelegenheiten darf er sich (über seinen rechtmäßigen Anteil hinaus) mit neuer Kleidung versehen: Betrügt er jedoch die Gemeinschaft um den Wert eines Dollars in Silbergerät, Juwelen oder Geld, so wird er zur Strafe ausgesetzt. Wird nur ein Kamerad bestohlen, so begnügt man sich damit, dem Schuldigen Ohren und Nase aufzuschlitzen und ihn an Land zu setzen, nicht an einem unbewohnten Ort, aber irgendwo, wo er gewiss Not leiden muss.

III. Niemand darf um Geld spielen, weder mit Karten noch mit Würfeln.

IV. Lichter und Kerzen sind um acht Uhr abends zu löschen:

Wenn Mitglieder der Besatzung nach dieser Zeit noch trinken wollen, sollen sie dies an Deck tun.

V. Gewehre, Pistolen und Entermesser sind jederzeit sauber und gefechtsbereit zu halten.

VI. Weder Knabe noch Frau ist bei der Mannschaft erlaubt. Wer dabei ertappt wird, wie er eine Frau an Bord lockt und verkleidet mit auf See nimmt, hat sein Leben verwirkt.

VII. Wer im Gefecht das Schiff oder seinen Posten verlässt, wird mit Tod oder Auspeitschen bestraft.

VIII. Handgreiflichkeiten werden an Bord nicht geduldet; jeder Streit wird mit Säbel und Pistole an Land ausgetragen.

IX. Niemand darf davon sprechen, seine Lebensweise aufzugeben, ehe nicht jeder 1000 Pfund verdient hat. Wenn ein Mann im Dienst ein Glied verliert oder zum Krüppel wird, soll er 800 Dollar aus der Gemeinschaftskasse erhalten, bei leichteren Verwundungen entsprechend weniger.

X. Der Kapitän und der Quartermeister erhalten zwei Prisenanteile, Maat, Bootsmann und Geschützmeister anderthalb Anteile, andere Offiziere einen und einen Viertel Anteil.

XI. Die Musiker sollen am Sonntag ruhen, aber die sechs anderen Tage und Nächte erhält keiner eine Vergünstigung.

(Aufgezeichnet von KAPITÄN JOHNSON in seiner *Allgemeinen Geschichte der Piraten*, 1724.)

Der Glaube als Feindbild – Die Seeräuber Nordafrikas

So wie die englischen und amerikanischen Seeräuber der großen Zeit der Piraterie im Plündern arabischer oder indischer

Schiffe keine Sünde sahen, weil es sich bei den Gegnern um »Mohren«, also »Heiden«, handelte, hatten auch die Piraten und Kaperfahrer der Länder Nordafrikas, der sogenannten Barbareskenstaaten, keine moralischen Probleme mit dem Aufbringen christlicher Schiffe. Die großen muslimischen Piraten Aruj, Chair-Ad-Din und Dragut und Hunderte ihrer Kapitäne bekämpften die Schiffe der »Ungläubigen« zum Wohle Allahs und ihres Sultans, aber hauptsächlich für ihren eigenen Beutel. Die Gefangenen wurden zu Galeerensklaven oder zu Objekten des Handels von Lösegeld gegen Freiheit.

Doch wer meint, die Christen jener Zeit wären nur die Opfer gewesen, täuscht sich sehr. Von ihrem Stützpunkt auf Malta aus kaperten die Ritter des Malteserordens nicht nur muslimische, sondern auch christliche Handelsschiffe. In den 1610er und 20er Jahren waren es vor allem venezianische Schiffe, die den Ordensleuten zum Opfer fielen. Wie zu allen Zeiten war die Religion nur der Deckmantel für verbrecherische Aktionen auf See.

BARBARESKENSTAATEN

Die Barbareskenstaaten waren die Stadtstaaten an der nordafrikanischen Mittelmeerküste, deren Korsaren mit ihren leichten und schnellen Schebecken im 17. und 18. Jahrhundert das Mittelmeer und die spanischen und französischen Atlantikküsten bis zum Kanal unsicher machten. Jede Stadt hatte ihr eigenes Jagdgebiet. Schiffe aus Algier operierten im westlichen Mittelmeer, von Sizilien bis Gibraltar und im Atlantik. Die Flotte aus Tunis kaperte vor allem in den mittleren Seegebieten des Mittelmeeres, Tripolis schickte seine Schiffe in den Ostteil bis zur Küste des heutigen Libanon. Die Spezialität der muslimischen Korsaren waren neben der Kaperung christlicher Schiffe Geiselnahmen zum Erpressen von Lösegeld. Dagegen gründeten sich Seeleutevereine, die gezielt versklavte Matrosen freikauften. Im ausgehenden 18. Jahrhundert entsandten die europäischen Staaten wie auch die jungen Vereinigten Staaten große Kriegsschiffe an die Küsten dieser Länder, um dem blühenden Seeräuberunwesen Herr zu werden. Die Wachschiffe bekämpften die Banden rigoros und erreichten schließlich, dass die Fahrt durchs Mittelmeer deutlich sicherer wurde.

SCHEBECKE

Die Schebecken sind schnelle, flachgehende (d.h. mit wenig Tiefgang) Schiffe des Mittelmeeres, die im 18. Jahrhundert aus den Rudergaleeren entwickelt wurden. Die Seeräuber der Barbareskenstaaten Nordafrikas benutzten mit Vorliebe diese wendigen Fahrzeuge. Schebecken trugen zwei oder drei Masten, waren bis zu 40 m lang und 10 m breit. Zusätzlich konnten bis zu neunzig Rudersklaven das Schiff antreiben. Bewaffnet waren sie mit ca. 20 Geschützen, zumeist leichteren Kalibers. Die Besatzung konnte bis zu 250 Seeräuber umfassen.

GALEERE

Galeeren sind die Ruderschiffe des Mittelmeeres. Ihre Entwicklung geht bis in die Antike zurück, die letzten Galeeren kämpften in der Seeschlacht von Lepanto 1571. Römische Galeeren waren sehr kampfstarke Schiffe mit einem Rammsporn zum Versenken des Gegners. Neben den Römern benutzten alle anderen Küstenbewohner des Mittelmeeres Galeeren unterschiedlichster Größen für Handel, Seeraub und Krieg. Galeerenartige Ruderschiffe verwendete auch die schwedische Marine in den Schärengewässern der Ostsee.

Hamburg und die Barbaresken – Geld für Leben

Im 17. Jahrhundert war nicht nur die Karibik oder die Piratenküste im Indischen Ozean ein »heißes Pflaster« für Handelsschiffe. Die von nordafrikanischen Piraten gefangenen Seeleute wurden nicht getötet, sondern als Sklaven auf den Galeeren eingesetzt oder auf Sklavenmärkten in Tunis, Algier oder Tripolis verkauft. Eine reelle Chance, dem Schicksal der lebenslangen Sklaverei zu entgehen, hatten nur diejenigen, die sich eine Versicherung wie die »Casse der Stücke von Achten« leisten konnten. Um allen Besatzungsmitgliedern eine Versicherung zu ermöglichen, wurde auf Betreiben der Admiralität Hamburgs eine offizielle Sklavenkasse gegründet, die zunächst aus Beiträgen der Reeder und Zolleinnahmen gefüllt wurde. Auch die Schiffer und Steuerleute zahlten einen bestimmten Betrag, dessen Höhe sich nach dem Fahrgebiet richtete. So hatten sie im Falle einer Gefangennahme die Chance, freigekauft zu werden. Der Freikauf kostete dabei um die 200 Taler pro Person. Selbst die Reihenfolge von Freikäufen war festgelegt. Länger versklavte Seeleute erhielten Vorrang vor denjenigen, die sich erst kurz in der Gewalt der muslimischen Seeräuber oder ihrer Abnehmer befanden. Nach der Freilassung waren die Männer verpflichtet, ein Jahr lang die halbe Heuer und die Hälfte ihres Gewinns an die Sklavenkasse abzuführen.

Um die Kasse gefüllt und somit zahlungsfähig zu halten, sammelte man auch in Kirchen und griff schließlich sogar auf vom Rat legitimierte Haussammlungen zurück, die vom sogenannten Sklavenvater unter den Bürgern der Stadt durchgeführt wurden. Auf diese Weise wurden Hunderte von Seeleuten aus einem ungewissen Schicksal gerettet.

Die Piraten des Papstes: Johanniter und Malteser im Mittelmeer

Ritter des Ordens Sankt Johannis vom Spital, die von der Insel Rhodos abgewandert waren, gründeten auf Malta einen neuen Stützpunkt. Sie erneuerten zwischen 1550 und 1565 die zerfallenen Befestigungen der Insel und ließen eine neue Flotte Galeeren bauen. Mit diesen ausgezeichneten Segel- und Ruderschiffen jagten die Ordensritter muslimische Piraten und schützten christliche Handelsschiffe. Im Zuge dieser Unternehmen förderten die Ritter auch die Korsaren der Insel. Im Jahr 1605 setzte der Großmeister (Oberhaupt und Oberbefehlshaber) des Ordens eine Kommission ein, die die gesamte Kaperei der Insel kontrollierte und organisierte. Alle Korsaren mussten eine Kaution zahlen und sich verpflichten, nur muslimische Schiffe anzugreifen. Die Kaperschiffe Maltas hielten im gesamten Mittelmeer Schiffe an, um sie zu untersuchen und (falls es sich um muslimische Schiffe handelte) aufzubringen. Um 1660 war die kleine Insel Heimathafen von rund dreißig Kaperschiffen und bot 4000 Männern Beschäftigung durch legale Seeräuberei, das waren ungefähr 20 Prozent der männlichen Bevölkerung Maltas. Die Ausrichtung auf das Kaperwesen bedeutete für die Korsaren allerdings einen enormen wirtschaftlichen Druck, der die Grenzen der Legalität immer weiter hinausschob. Sie mussten Beute machen, um fast jeden Preis, sodass die Kaperei allmählich außer Kontrolle geriet. Als Erstes mussten venezianische Schiffe unter den Übergriffen der Korsaren leiden, später kamen griechische Schiffe hinzu, die unter dem fadenscheinigen Vorwand angegriffen wurden, die Mannschaften seien Anhänger der Ostkirche und nicht Roms. Die Exzesse der Ordenspiraten wurden schließlich so massiv, dass sich mehrere Nationen genötigt sahen zu handeln. Frankreich drohte mit der Enteignung der Ländereien des Ordens, woraufhin die Johanniter klein beigaben und die Kaperei einschränkten. Die Zahl der potenziellen Opfer sank drastisch, und um 1740 gab es keine Korsaren mehr auf Malta. Die letzten Johanniter verließen Malta auf Anweisung Napoleons im Jahre 1798.

Wie wurden aus anständigen Seeleuten unbarmherzige Piraten?

Piraten wurden nicht als solche geboren, auch wenn einige so erfolgreich handelten, als wären sie es. Die Seeräuberei nahm immer dann zu, wenn ein Krieg endete. Denn dann standen plötzlich Tausende von Seeleuten ohne Anstellung und damit ohne Einkommen in den Häfen. Wo während des Krieges Presskommandos durch die Straßen europäischer Hafenstädte zogen, um wahllos Männer in den Schiffsdienst zu zwingen, kämpften nun arbeitslose Seeleute ums Überleben. Die im harten Marinealltag gestählten Matrosen, Bootsmänner und Söldner heuerten sofort auf privaten Kaperschiffen an, wenn sie nur Aussicht auf ein Einkommen hatten. Vom Kaperfahrer bis zum Piraten war es dann nur noch ein kleiner Schritt, den viele sogar unbewusst taten. Reine Abenteuerlust war wesentlich seltener das Motiv als schiere Not. Hinzu kam, dass im 17. Jahrhundert jeder zweite Angehörige der Handelsmarine damit rechnen musste, bei der Arbeit ums Leben zu kommen. Die Gefahr, im Gefecht getötet oder danach hingerichtet zu werden, war dagegen offenbar das kleinere Übel. Das Wissen um das Risiko schweißte die Männer an Bord der Piratenschiffe zu einer Schicksalsgemeinschaft zusammen. Eine Rückkehr in die »normale« Gesellschaft auf dem Festland gelang nur sehr wenigen.

Die Jagdgründe werden verlegt

Gegen Ende des 17. Jahrhunderts wurde es in der Karibik eng für die Piraten. Tausende von Glücksrittern und Gestrauchelten, von Deserteuren und entlaufenen Sklaven nahmen sich gegenseitig immer mehr Beuteanteile weg. Die großen Piraten verlegten ihr Operationsgebiet von der Karibik in den Indischen Ozean. Hier, bei den »Heiden«, konnten sie mit ihrer noch überlegenen Bewaffnung reiche Beute unter den arabischen und indischen Schiffen machen, und auch die Küstenstädte waren nicht so befestigt, wie das mittlerweile in der Karibik der Fall war. Hinzu kam, dass Kriegsschiffe der europäischen Seemächte in den Weiten des Indischen Ozeans zu dieser Zeit nur sehr selten die Kreise der Piraten störten. In den Erzählungen wuchsen die asiatischen Reichtümer über die Gold- und Silbermengen der spanischen Kolonien hinaus. Avery und Kidd, Tew und Dampier bejagten an der Wende vom 17. zum 18. Jahrhundert neue Beutegründe und waren erfolgreicher als je zuvor. Die »Piratenrunde« entstand.

Schwarzes Meer, Rotes Meer – Goldenes Meer?

Im ersten Jahrhundert nach Christus machten Seeräuber unter dem Anführer Isidorus die Seegebiete des östlichen Mittelmeeres rund um die Insel Kreta unsicher. Die kretischen Piraten nannten die einträglichen Gewässer das »Goldene Meer«.

Pirat in der Antike, ein ehrenwerter Beruf

»Sobald die Griechen und Barbaren an den Küsten und auf den Inseln begannen, auf dem Meere miteinander in Berührung zu kommen, wandten sie sich unter Anführung der mächtigsten Männer alsbald dem Raube zu, teils des eigenen Gewinnes wegen, teils um den Unterhalt für die Unvermögenden zu gewinnen. Hauptsächlich pflegte man dorfartige Ortschaften ohne Mauern zu überfallen und zu plündern, um daraus den größten Teil des Lebensunterhaltes zu ziehen. [...] Deshalb erbaute man die ältesten Städte, auf dem festen Lande wie auf den Inseln, weiter vom Meere entfernt. [...] Dass derartige Handlungen keine Schande brachten, vielmehr hohe Ehren, davon zeugen noch heute die Sitten gewisser Festlandbewohner, sowie die Worte der alten Dichter, nach welchen an die Landenden jedes Mal die Frage gerichtet wurde, ob sie Räuber seien. In dieser Frage finden weder Fragende noch Gefragte etwas Ehrenrühriges.«
THUKYDIDES I. 5

Netzwerke gegen die Übermacht Roms

Auch Piraten und Freibeuter benötigten zu allen Zeiten Häfen für Reparaturen und Proviantversorgung. Während Kaperfahrer ihre legale – und illegale – Beute offiziell als Prisen verkaufen konnten und für ihre Schiffe unbekümmert eine Werft in Anspruch nehmen konnten, hatten die Seeräuber ohne Kaperbrief zwar die gleichen Probleme, aber nicht die gleichen Möglichkeiten. Sie konnten zwar in irgendwelchen Verstecken hausen, doch Ackerbau und Viehzucht und die Produktion von Nahrung zum Lebensunterhalt überließen sie lieber anderen. Außerdem brauchten sie Orte, an denen sie ihre Beute ohne unbequeme Fragen zu Geld machen konnten. Kurz, sie mussten sichere Häfen haben. Doch ebenso wichtig wie die logistischen Bedingungen waren zwei Dinge, die sie nur an bestimmten Orten erhalten konnten und die nicht einfach mit einem einmaligen Entgelt zu bezahlen waren: Schutz und Informationen. Schutz vor massiver Verfolgung und Informationen über lohnende Opfer auf See oder kleinere Hafenstädte oder -orte, die man vergleichsweise risikolos überfallen konnte. Piraten brauchten Beschützer und Hehler, das war schon in der Antike so.

Im letzten Drittel des 2. Jahrhunderts v. Chr. unterstützten im östlichen Mittelmeer viele Regionalherrscher, Honoratioren von Küstenstädten, ja sogar die Könige von Syrien und Zypern kilikische und pamphylische Piraten gegen die Weltmacht Rom. Sie versuchten so, zumindest Teile der ihnen abgepressten Abgaben wiederzuerlangen. In Side an der pamphylischen Küste erhielten die Piraten Ankerplätze, Werften und einen florierenden Sklavenmarkt. Weitere Absatzmärkte für Beute entstanden am Bosporus und in Phaselis in Lykien. Die gesamte Südwestküste der heutigen Türkei war Jagdrevier und Heimatgewässer der Piraten zugleich. Händler arbeiteten mit den Piraten zusammen, um die beträchtlichen Hafenzölle zu umgehen. Durch die Unterstützung und die weitreichenden Verbindungen einflussreicher örtlicher Machthaber konnte sich sogar ein überregionales Piratennetzwerk bilden, das sich aus arbeitslosen Söldnern rekrutierte und mit tatkräftiger Hilfe weiter Teile der Bevölkerung der kleinasiatischen Provinzen gegen die Ausbeutung und damit gegen die römische Staatsmacht kämpfte. Auch am anderen Ende des Mittelmeeres, in Spanien, kooperierte der römische

Politiker Quintus Sertorius mit Piraten, die sich gegen die römische Ausbeutung auflehnten.

Seeraub und Machtkampf im Mittelalter

Diese Art der Unterstützung gegen Gewinnbeteiligung blieb auch im weiteren Verlauf der Geschichte bestehen. Seit 1389 rangen Margarethe, Königin von Dänemark, und Herzog Albrecht III. von Mecklenburg, zugleich König von Schweden, um die dänische Thronfolge. Beide setzten den Kaperkrieg zur Durchsetzung ihres politischen Ziels, der Vormachtstellung im Ostseeraum, ein. Doch keiner der beiden Machthaber an der Ostsee konnte sich eine wenn auch noch so kleine stehende Kriegsflotte auf Dauer leisten. So wurden großzügig Kaperbriefe ausgestellt, und die erbeuteten Waren oder Schiffe finanzierten den Krieg.

Die Hansestädte Rostock und Wismar unterstützten ihren Landesherrn Albrecht und öffneten ihre Häfen für Kaperschiffe. Die Räte der Städte erlaubten damit offiziell den Verkauf von Waren, die die Kaperfahrer zu einem großen Teil illegal aus den Schiffen anderer Hansestädte geraubt hatten, und ermöglichten die Instandsetzung von Fahrzeugen, die dann gegen die Handelsschiffe der Hanse vorgingen. Die Mecklenburger Kaperfahrer brachten nämlich nicht nur die genehmigten norwegischen und dänischen, sondern auch hansische Schiffe auf ihrem Weg von und nach Lübeck, Danzig, Riga oder Nowgorod auf.

Die Hanse, die an einem reibungslosen Handelsverkehr interessiert war, vermittelte 1395 schließlich einen Frieden, der eine große Anzahl Seeleute und Kaperfahrer arbeitslos machte. Viele dieser Entwurzelten ließen sich als freie Piraten auf Gotland nieder, sie wurden jedoch von Streitkräften des Deutschen Ordens vertrieben, die die Insel 1398 eroberten. Ohne Schutz konnten sich die Piraten nicht halten, denn nun waren sie allseits unerwünscht. Diejenigen, die der Ordensflotte entkamen, flüchteten zum größten Teil in die Nordsee, an die ostfriesische Küste. Hier fanden sie ideale Bedingungen für ihr Gewerbe vor: Ein vergleichsweise schwer zu kontrollierendes Seegebiet zwischen Jadebusen und Dollart, in dem keine Stadt der Hanse angehörte und dessen lokale Herrscher, die sogenannten »hovetlinge«, die Häuptlinge, in ständigen Auseinandersetzungen miteinander und mit den weltlichen und kirchlichen Landesherren, den Grafen von Oldenburg und dem Erzbischof von Bremen, standen. Bei ihnen verdingten sich die Piraten als Söldner, hier verdienten sie sich selbst ihren Sold durch Überfälle und den Verkauf der Waren an die Häuptlinge. Im Gegenzug boten ihnen die »hovetlinge« Schutz vor den Nachstellungen durch hansische »Fredekoggen«, jene Wachschiffe, die auf der Schifffahrtsroute an der friesischen Nordseeküste Jagd auf die Piraten machten. Immer wieder versuchten die Hansestädte, allen voran das am meisten geschädigte Hamburg, die Häuptlinge durch Verträge von den Seeräubern zu trennen, aber die örtlichen Machthaber als »Heger« der Piraten sträubten sich nach Kräften, wohl wissend, dass die Hanse eine schwerfällige Organisation war. Sie wollten auf diese für sie so billige Kampftruppe nicht verzichten. Schließlich verlor Hamburg die Geduld und griff die Piraten und ihre Beschützer in den Jahren 1433 bis 1435 mit einer starken Streitmacht an. Mehrere Burgen und Befestigungen wurden zerstört, die Stadt Emden erobert und besetzt. Erst nach dieser Machtdemonstration distanzierten sich nach und nach alle Häuptlinge von den Piraten und schworen feierlich, diesen jede weitere Unterstützung zu versagen und sie zur Aburteilung an Hamburg auszuliefern, wenn sie ihrer habhaft würden. Damit hatte die organisierte Piraterie zunächst ein Ende, nur einige wenige Vogelfreie machten weiter die hansische Handelsroute vor der friesischen Küste unsicher. Das Seeräuberunwesen nahm jedoch wieder zu, nachdem Hamburg seine Besetzung Emdens aufgeben und seine Truppen aus Ostfriesland abziehen musste.

Heger waren im frühen 15. Jahrhundert die Beschützer der nordwestdeutschen Piraten, die sich als Söldner in den Streitigkeiten der ostfriesischen Häuptlinge und der Landesherren untereinander und gegen die Hansestädte verdingten. Die Heger gewährten den Piraten in ihrem Herrschaftsbereich Schutz und Absatzmöglichkeiten für ihre Beute. Dafür stellten sich die Seeräuber als Privatarmee mit Selbstversorgung zur Verfügung.

»Steddy freinds« – *Korruption und Kumpanei in der Karibik*

Das Finden guter Beschützer war für die Seeräuber im karibisch-nordamerikanischen Raum im 17. und 18. Jahrhundert relativ einfach: Die Piraten vor Amerikas Küsten konnten aufgrund der guten Ertragslage schließlich für alles bezahlen. Die Verbrecher wurden zu »steddy freinds«, zu Busenfreunden der örtlichen Militärbefehlshaber oder Gouverneure. Diese Beamten sollten die Seeräuber eigentlich von Amts wegen kompromisslos jagen und aburteilen. Doch sie nutzten oft jede Gelegenheit, ihr Polster für die geplante Rückkehr in die Zivilisation oder die politische Karriere oder auch nur einen aufwendigen Lebensstil aufzufüttern. William Markham, ein Haupt der Quäkerbewegung und in den 1690er Jahren Lieutenant Governor of Pennsylvania in Philadelphia, war eine solche Stütze der Gesellschaft. Er verköstigte und beherbergte Piraten in seinem Privathaus und erhob von jedem Seeräuber eine »Kurtaxe« von 100 Pfund. Diesen Betrag bezahlten die Freibeuter gerne, schließlich konnten sie ihre Beute nur an den Mann bringen, wenn sie die Möglichkeit hatten, sich frei zu bewegen. An der gesamten nordamerikanischen Küste waren Piraten gerngesehene Gäste, abgesehen von gelegentlichen Alibiaktionen wie z. B. in North Carolina, wo man einmal mehrere Seeräuber inhaftierte und aufhängte, weil sie ihr Geld bereits ausgegeben hatten und nun die Bestechungsgelder nicht mehr zahlen konnten. In diesem Fall agierten die Behörden prompt;

sie konnten damit jeglichen bösartigen Vermutungen entgegentreten und sich gleichzeitig in Ruhe um ihre zahlungskräftigen Freunde kümmern. Denn besserverdienende Piraten konnten sich ihres Schutzes und ihrer Unterstützung sicher sein. Schließlich war North Carolina durch den Navigation Act von 1696 gegenüber anderen Kolonien benachteiligt und wirtschaftlich zu schwach, um auf die einträglichen Schmuggel-, Strand- und Seeraubgeschäfte verzichten zu wollen.

Auch der Gouverneur von South Carolina, Mr. Seth Sothel, tat sich als Geschäftspartner und Mentor einer Anzahl von Piraten hervor. Der ehrenwerte Gouverneur seiner Majestät Kolonien verkehrte offen mit bekannten Seeräubern und gab auch schon einmal den einen oder anderen Kaperbrief gegen eine Gebühr von 20 Guineas aus. Als Sothel es übertrieb – zeitweise ging einer der berüchtigtsten Seeräuber, Thomas Tew, bei ihm ein und aus –, wurde er abgesetzt. Sein Nachfolger, Philipp Ludwell, förderte mehrere Piraten, bis auch ihm Ungemach drohte. Kurzerhand schob er seinen Hauptprotegé, den schottischen Piraten Miller, nach Philadelphia ab, wo ihn sofort Gouverneur Markham unter seine Fittiche nahm.

Die Gouverneure von Connecticut schließlich duldeten Piraterie und Schmuggel – oft in Personalunion betrieben – mehr oder weniger offen, denn sie wurden jährlich gewählt oder im Amt bestätigt. Damit waren sie abhängig von den einflussreichen Zusammenschlüssen der Kaufleute, die samt und sonders von den Piraten und ihrem beständigen Nachschub an billigen Waren profitierten.

Piraterie in städtischem Auftrag

Die Durchführung von Kaperunternehmen war schon im Mittelalter betriebswirtschaftlich organisiert, ein lohnendes Geschäft für alle. Der Kaperfahrer Johan Pothorst verließ 1472 den Hamburger Hafen mit einem Schiff, das im gleichen Jahr von dem hamburgischen Schiff »Grote Marie« als Prise eingebracht worden war. Der Hamburger Rat kaufte für 300 Mark lübisch einen 50-%-Anteil am Fahrzeug. Die andere Hälfte verblieb bei den Reedern der »Groten Marie«, den drei ehrenwerten Hamburger Ratsherren Murmester, Struve und van Mere.

Murmester und seine Ratskollegen setzten bei Pothorsts Unternehmen also 300 Mark – den halben Wert des Schiffes – ein. Zudem übernahmen sie die Entlohnung der Besatzung. Der Kapitän des Schiffes, Johan Pothorst, war nur Angestellter der Reeder.

Das Schiff wurde zunächst vom städtischen Bauhof auf Kosten Hamburgs instand gesetzt, neu ausgerüstet und verproviantiert. Die Aufwendungen für die Arbeiten und Ausstattungen kosteten die Stadt weitere 316 Mark lübisch 13 Schilling 3 Pfennige.

Der alte Haudegen Pothorst kehrte ausgesprochen erfolgreich von dem Unternehmen zurück: Fünf Beuteschiffe brachte er mit nach Hamburg. Zusätzlich kauften die städtischen Kämmerer ein erobertes französisches Schiff namens »Marie von Brest« aus dem Anteil der Reeder für 450 Mark lübisch. Wenn dieser Einkaufspreis dem Durchschnittswert der aufgebrachten Schiffe entsprach, stünden den städtischen Ausgaben von insgesamt 616 Mark lübisch 13 Schilling 3 Pfennige Einnahmen in Höhe von ca. 1350 Mark lübisch gegenüber. Das bedeutet eine Gewinnspanne von gut 100 Prozent bei dieser einen Ausfahrt.

Public-Private-Partnership bei den Freibeutern

Wie wurde bei den Geschäften der mittelalterlichen Kaperfahrer geteilt? Der Stadt Hamburg stand 1472 als Miteigner die Hälfte des gesamten Kapitals zu. Das bedeutete: 50 Prozent der eingebrachten Beute und des eingesetzten Schiffes. Die Reeder verdienten von den übrigen 50 Prozent wiederum die Hälfte. Hiervon bezahlten sie auch die Beuteanteile der Seeleute, d. h.

der nautischen Besatzung. Eine feste Heuer gab es nicht. Die Söldner, also die militärische Besatzung des Kaperschiffes, erhielten die verbleibenden 25 Prozent in Form einer Prämie.

Die beteiligte Stadt hatte aber nur dann ein Recht auf die Hälfte der Beute, wenn sie auch einen Beitrag zum Unternehmen leistete und selbst Miteigner war. Die Hälfte bedeutete nicht genau 50 Prozent, denn die tatsächlich von der Stadt gezahlten »Hälften« für die von verschiedenen privaten Unternehmen aufgebrachten Schiffe in dieser Zeit lagen zwischen 45 und 55 Prozent. Der Wert der Prise war also ganz eindeutig von Angebot und Nachfrage und vom Verhandlungsgeschick der Reeder, Söldner und der städtischen Kämmerer abhängig. Der Rat versuchte in den Verhandlungen, seine »Hälfte« so zu gestalten, dass sie möglichst den halben Wert der Schiffe plus die aufgelaufenen Unkosten darstellte. In diesem Fall verdiente die Stadt am meisten. Die Kaperei zeigt sich schon am Ende des Mittelalters als beinhartes Geschäft.

Lauter ehrenwerte Gentlemen

Ein gutes Beispiel für die Gestaltung eines Kaperunternehmens im 17. Jahrhundert ist die Ausfahrt des später weltbekannten Kapitäns William Kidd. Ihm gelang es in London mit Hilfe eines amerikanischen Geschäftsmannes, das englische Parlamentsmitglied Lord Bellomont für einen ungewöhnlichen Plan zu begeistern: Ausgestattet mit einem kampfstarken Schiff sollte Kidd in der Karibik kreuzen, den dortigen Piraten nach deren Überfällen die Beute abjagen und diese dann in New York an den Mann bringen. Als Finanziers des ambitionierten Unternehmens wurden vier weitere Lords aus dem englischen Parlament aktiv: Die Herren Somers, Orford, Romney und Shrewsbury. Ein sechster Unterstützer kam zwar aus bürgerlichem Hause, er war aber sehr einflussreich und mit einer interessanten Position ausgestattet. Edmund Harrison war nicht nur ein bedeutender Londoner Geschäftsmann, sondern gleichzeitig der Direktor der englischen East India Company.

Der nächste Schritt war die Legitimierung der Ausfahrt durch einen offiziellen Kaperbrief. Dieser wurde auch tatsächlich von der Admiralität ausgestellt, schließlich befand man sich im Krieg mit Frankreich. Dass in diesem Brief folgerichtig ausdrücklich französische Schiffe als Ziel genannt wurden, stellte keine wirkliche Hürde dar. Der Lordkanzler, zufällig jener Lord Somers, erteilte einfach einen zweiten Freibrief für die Jagd auf »Piraten, Freibeuter und Seeräuber«, namentlich genannt wurde darin auch Thomas Tew, mit dem Kidd später sogar zusammenarbeitete.

Um das ganze Unternehmen nun vollends gegen jede Unwägbarkeit abzusichern, fädelte Lord Shrewsbury einen Geniestreich ein: Er holte William III., den König selbst, ins Boot. Dieser sprach in einem Schriftstück den Anteilseignern des Schiffes alle Gewinne zu – gegen eine kleine Aufwandsentschädigung von 10 Prozent. Die Prisen wurden aufgrund dieses dritten Freibriefes nicht mehr von der Admiralität bewertet und waren somit auch nicht abgabenpflichtig.

Zur Abrechnung der Ausfahrt ist es nie gekommen, denn Kidd hatte in völliger Missachtung aller ausgestellten Legitimationen beinahe alle Schiffe aufgebracht und ausgeraubt, deren er in seiner relativ kurzen Karriere – zwischen September 1696 und Anfang 1699 – habhaft werden konnte. Bevor er also seine Beute offiziell seinen Geldgebern übergeben hatte, war er bereits als Pirat gesucht, womit seine gesamten »Einnahmen« beschlagnahmt werden mussten und der Schatulle der englischen Krone zufielen.

Die East India Company

Die East India Company wurde 1599 von Londoner Kaufleuten gegründet, um mit Asien Handel zu treiben. Die Company handelte in Konkurrenz zur Niederländisch-Ostindischen Compagnie (Vereenigde-Oostindische-Compagnie, VOC) mit

China, Indien und Persien. Seit der zweiten Hälfte des 17. Jahrhunderts war die Company souverän, sie konnte eigenverantwortlich Verträge aushandeln und Kriege führen. Sie organisierte auch die kolonialen Bestrebungen in Indien. 1833 verlor die East India Company alle Handelsmonopole.

Ohne Lizenz zum Kapern

Frei von jeglichen Finanzierungs- und Unterhaltssorgen waren nur die völlig unabhängigen, d.h. jederzeit gesetzlosen Piratenanführer vom Schlage eines Bartholomew Roberts, eines »Calico Jack« Rackam oder eines »Blackbeard« Teach, die unterschiedslos alle Schiffe angriffen, solange sie lohnende Beute versprachen. Auch sie konnten bei Feigheit, Grausamkeit oder fehlender Einsatzbereitschaft von der Besatzung abgesetzt werden, doch diese Gefahr war vergleichsweise gering. Wenn sie die erforderlichen persönlichen Eigenschaften Mut, seemännisches Können und eine gehörige Portion Habgier mitbrachten, gab es genug erreichbare Prisen, solange nicht widrige äußere Umstände in Gestalt von lang anhaltendem schlechtem Wetter oder von Problemen mit dem Schiff auftraten.

Ein Kampf gegen Windmühlenflügel

Den Kampf gegen die Seeräuberei in der Karibik führte hauptsächlich die britische Royal Navy. Dabei hatte sie oft genug das Nachsehen, denn Piraterie mussten die Marineoffiziere den mit Kaperbriefen ausgestatteten Freibeutern erst einmal nachweisen. Die waren im Zweifelsfalle immer auf legale Beute aus. Die Mannschaften der Navy wussten natürlich sehr genau, was passierte, wenn die »erlaubten« Gegner nicht in Sicht kamen. Wenn keine rechtmäßige Prise zu erlangen war, musste auch schon mal eine unrechtmäßige her.

Niemand konnte wissen, ob ein verschwundenes Schiff einem Sturm oder einem Piraten zum Opfer gefallen war. Auch wenn ein Überfall wahrscheinlich war: Wo sollte man suchen? Und was sollte man tun? An eine Wiedererlangung der Ladung war kaum zu denken, und die überfallene Besatzung samt den Passagieren war entweder tot, machte mit den Piraten gemeinsame Sache oder wurde als Geiseln festgehalten. War Letzteres der Fall, würden sich die Seeräuber wegen des Lösegeldes schon melden. Finden konnten die einzelnen Seepatrouillen die Freibeuter oder Piraten kaum. Ehe die Royal Navy von einem Überfall erfuhr, konnte das Piratenschiff längst Hunderte von Seemeilen vom Ort des Angriffs entfernt sein. Wenn überhaupt jemand je davon erfuhr ...

Vom Jäger zum Gejagten – Kopfgeld für Piraten

»Für Edward Teach, gemeinhin genannt Kapitän Teach oder Blackbeard,	einhundert Pfund
Für jeden weiteren Kommandanten eines Piratenschiffes	vierzig Pfund
Für jeden Leutnant, 1. Offizier, Quartermeister, Bootsmann oder Zimmermann	zwanzig Pfund
Für jeden weiteren niederen Offizier	fünfzehn Pfund und
Für jeden gemeinen Matrosen an Bord eines solchen Schiffes	zehn Pfund«

Aus dem Erlass von ALEXANDER SPOTSWOOD, Gouverneur von Virginia, vom 24. November 1718

Hart und unbarmherzig: Gefahren an Bord

Die Piraterie war ein Geschäft, bei dem Leib und Leben immer gefährdet waren. Es war sehr riskant, Seeräuber zu sein. Im Vergleich zu den Kämpfen waren Krankheiten aber dennoch die größere Bedrohung. Noch im 18. Jahrhundert starb jeder fünfte Seemann an Bord von Kriegsschiffen durch Krankheit, nur jeder fünfundzwanzigste durch Kampfeinwirkungen. Das war unter Piraten nicht anders. Krankheiten durch Mangelernährung, Geschlechtskrankheiten, Alkoholismus und Unfälle dezimierten die Besatzungen der Schiffe. Kein Schiff beendete seine Fahrt mit der gleichen gesunden Besatzung, die es bei der Ausfahrt an Bord gehabt hatte. Viele beendeten ihre kurze Seeräuberkarriere eingenäht in einen alten Segeltuchstreifen und mit einigen Gewichten beschwert auf dem Grunde einer abgelegenen Bucht oder wurden einfach über Bord geworfen.

Skorbut – mehr als Zahnausfall

Die berüchtigtste Krankheit an Bord von Schiffen war bis ins 19. Jahrhundert hinein der Skorbut. Diese Krankheit, ausgelöst durch einseitige Ernährung und extremen Vitamin-C-Mangel, bedeutete nicht nur den Verlust der Zähne, sondern oft auch einen langsamen und qualvollen Tod. Medizinische Hilfe gab es keine. Konnten sich die betroffenen Männer nicht innerhalb kurzer Zeit mit vitaminreicher Kost versorgen, stand es schlecht um sie. Die erkrankten Seeleute wurden teilnahmslos und müde. Es bildeten sich Entzündungen am Gaumen, die jede Aufnahme der harten Nahrung – meistens Pökelfleisch und steinharter Zwieback – zur Qual machten. Das Zahnfleisch verfaulte und musste entfernt werden. Zur nötigen Desinfektion gab es keine wirksamen Mittel, die Männer verwendeten in der Regel Urin. Im weiteren Verlauf der Krankheit entwickelten sich überall am Körper schwarze Beulen, und Arme und Beine schwollen so dick an, dass sich die Seeleute kaum noch bewegen konnten. Die anfängliche Lethargie ging dann in ein Delirium über, bevor der Tod das oft wochenlange Leiden beendete. Erst im 19. Jahrhundert ergriffen einzelne Kapitäne mit Sauerkraut, frischem

Gemüse wie Zwiebeln und Lauch und frischen Früchten wie Zitronen wirksame Gegenmaßnahmen, wobei sie den Verzehr oft genug unter Androhung von Strafen durchsetzen mussten.

Strafen an Bord: Vom Mittelalter ...

Die Aufrechterhaltung der Ordnung an Bord von Freibeuterschiffen war ein weit geringeres Problem, als es das Klischee vom »wilden Piraten« vermuten lässt. Wurden die Regeln verletzt, gab es auch dafür seit dem Mittelalter klare Richtlinien. Im 15. Jahrhundert musste ein Seemann, der die Hand gegen seinen Kapitän erhob und zuschlug, mit 100 Schilling Strafe oder dem Verlust seiner Hand büßen. Letzteres kam beinahe einem Todesurteil gleich, denn er wurde damit erwerbsunfähig. Im umgekehrten Fall, wenn der Kapitän die Hand gegen einen Untergebenen erhob, hatte das einfache Mannschaftsmitglied den ersten Schlag hinzunehmen »unde nicht mer«, dann durfte es sich wehren. Aufrührerisches Verhalten wurde mit Aussetzen an fremder Küste ohne Waffen und Verpflegung, Diebstähle mit dem Tode durch das zweihändige Richtschwert bestraft. Entlief ein Seemann mit seinem Lohn vom Schiff, drohte ihm bei der Ergreifung der Galgen. Prügelstrafen gab es hingegen auf hansischen Schiffen bis zum Beginn des 17. Jahrhunderts nicht. Erst 1614 wurde im Hamburgischen Schiffrecht das Auspeitschen eingeführt, und zwar als Strafe für Feigheit im Kampf gegen Piraten oder andere Kaperfahrer.

... bis in die Frühe Neuzeit

Unter den karibischen Bukanieren des 17. und 18. Jahrhunderts gab es nur wenige Disziplinarmaßnahmen, denn die meisten Seeräuber waren schließlich auf diese Seite des Gesetzes gewechselt, um der harten, oft tödlichen Disziplin an Bord von

Marine- oder Handelsschiffen zu entkommen. Außerdem waren alle Mann der Besatzung auf Gedeih und Verderb aufeinander angewiesen, das verband mehr als jeder verordnete Zwang. Trotzdem unterwarfen sich alle beim Eintritt in eine Piratenmannschaft den dort geltenden Gesetzen. Diese regelten in erster Linie das Wichtigste: die Verteilung der Beute. Es wurden jedoch auch Strafen für diejenigen festgelegt, die gegen die Ordnung verstießen. Welche Strafen das waren, bestimmte die Gemeinschaft, nicht der Kapitän. Der war, ebenso wie der Quartermeister, von der Mannschaft gewählt. Der Kapitän hatte nur im Gefecht die absolute Befehlsgewalt, zu allen anderen Zeiten entschied die Mehrheit. Kam es trotz der Regelungen zu Auseinandersetzungen innerhalb der Mannschaft, konnte der Quartermeister als Schiedsmann fungieren und auch Strafen verhängen. Ausgetragen wurden diese Konflikte ausschließlich an Land durch Säbel oder Pistole. Die am weitesten verbreitete Strafe in den staatlichen Marinen, das Auspeitschen, das dort schon bei geringsten Vergehen verhängt wurde, gab es unter den Freibeutern nur in wenigen schwerwiegenden Fällen, so beispielsweise wegen Verlassen des Schiffs oder des Postens im Gefecht oder bei unvorsichtigem Umgang mit dem allseits gefürchteten offenen Feuer. Sprach sich die Mannschaft für diese Strafe aus, wurde der betroffene Matrose mit den Armen nach oben gestreckt festgebunden und erhielt »Moses Gesetz«, neununddreißig Peitschenhiebe auf den nackten Rücken.

Auch andere drastische Maßnahmen wurden in besonderen Fällen übernommen. Das Kielholen war solch eine schwere Strafe, die es im 17. und 18. Jahrhundert sowohl in den regulären Marinen wie auch bei den Piraten gab. Dabei wurde ein Tau quer unter dem Schiff hindurchgeführt und anschließend dem Delinquenten um die Brust gelegt und verknotet. Nun stieß man den Mann über Bord und holte das Tau auf der anderen Seite ein, sodass der Bestrafte unter dem Kiel des Schiffes hindurch gezerrt wurde, manchmal sogar mehrmals. Der Delinquent konnte dabei den Tod durch Ertrinken finden, noch gefährlicher waren jedoch die Verletzungen, die er sich durch den meist scharfkantigen Muschelbewuchs des Rumpfes zuzog. Außerdem lockte das austretende Blut Haie an. Selbst wenn der Bestrafte die schreckliche Prozedur überlebte und aus dem Wasser geborgen wurde, konnte er am Blutverlust bzw. an der Vielzahl der Wunden und einer folgenden Wundinfektion sterben.

Der Chronist Conrad Löw schreibt dazu schon 1598: »... bey straffe ins Eisen geschlossen / und darnach 3. mahl unter das Kiel des Schiffes gezogen zu werden [...] derer einer starb an der Execution / denn der halb Leichnam / bleib unter dem Schiff das ander halb theil ward hinaffgezogen ...«

Einige Piratengruppen übernahmen im 17. Jahrhundert auch die Strafe für ein Tötungsdelikt an Bord von der Marine: Man band Täter und Opfer fest zusammen und warf sie ins Meer.

Diebstähle wurden durch Abschneiden der Ohren oder der Nase oft in Verbindung mit dem Aussetzen des Delinquenten an einer unwegsamen Küste geahndet. Das bedeutete für den Seemann mehr als das Ausgestoßenwerden aus der Gemeinschaft. Ohne Verpflegung und Waffen war diese Situation tatsächlich lebensbedrohlich. In der Regel verschwand ein so Verurteilter spurlos.

Was essen Piraten eigentlich?

Die karibischen Piraten bevorzugten an Land einfache, stark gewürzte Speisen und kräftige Getränke. Die Kneipen in den Seeräuberhochburgen boten »Solomon Grundy« an, eine Art Labskaus, der die verschiedensten Zutaten enthielt. Unterschiedliche Fleisch- und Fischsorten wurden in eine Marinade aus Kräutern, Knoblauch, Gewürzen und Öl eingelegt und dann mit Eiern, Zwiebeln, Kohl, Trauben oder Oliven gegessen. Die

Piraten tranken dazu ein Gemisch aus Rum, Wasser und Zucker, das mit Muskat stark gewürzt wurde und »Bombo« hieß. Auch »Rumfustian« war ein verbreitetes Getränk, das aus Sherry, Zucker, Gin und Bier bestand. Die Wirkung solcher Drinks ist leicht vorstellbar.

An Bord war das Essen oft eintönig. Gesalzenes Fleisch, Fisch und steinharter Zwieback oder altes Brot bildeten die Grundlage. Aus den Nahrungsmitteln der Prisen konnten gelegentlich frische Lebensmittel übernommen werden. Sowohl an Bord wie auch an Land tranken die Seeräuber Portwein oder verschiedene Branntweine aus den Beständen der gekaperten Schiffe. Das haltbare, aber sehr dünne Bier gehörte ebenfalls zu den Grundnahrungsmitteln.

Auch die Piraten der Nordsee waren, wie alle Seeleute, in der Ernährung eingeschränkt, weil die Lebensmittel zu schnell verdarben. Gesalzener Fisch und in Salz eingelegtes, steinhartes Pökelfleisch waren die Grundnahrungsmittel. Sie wurden entweder mit hartem Brot und Zwieback oder mit einem gesalzenen Bohnen- oder einfachen Getreidebrei gegessen. Gelegentlich gab es ein Stück Speck, etwas Butter und vielleicht sogar eingelegte Erbsen oder Zwiebeln. Für die Schiffsführung gab es Geflügel, Lammfleisch oder sogar importierte Feigen, selbst Eier wurden für den sofortigen Genuss verladen. Das Ganze spülten die einfachen Männer mit großen Mengen Dünnbier (die Ration betrug etwa dreieinhalb Liter pro Mann und Tag) herunter. Das speziell gebraute Bier war auch nach einigen Wochen auf See noch einigermaßen trinkbar, Frischwasser war dann längst verfault. Die höhergestellten Männer an Bord (Frauen gab es nach den Quellen selbst als Passagiere nur äußerst selten) tranken Wein und ein etwas hochwertigeres Bier, das extra eingekauft wurde.

Das Grauen vor Augen

Während aus dem 18. Jahrhundert viele Berichte von Piratenüberfällen überliefert sind, gibt es kaum Augenzeugenberichte
aus dem ausgehenden Mittelalter. Nur wenige Männer an Bord
der Schiffe konnten schreiben, und diese hatten wohl kaum
den Sinn dafür, ihre oft traumatischen Erlebnisse schriftlich fest-
zuhalten. Sie versuchten zu verdrängen, was bei Kämpfen zur
See wesentlich leichter fiel als bei Landkriegen. Niemand musste
begraben werden, die Toten wie auch die Trümmer warfen die
Männer einfach über Bord. Bereits wenige Stunden nach einem
Kampf war von diesem nichts mehr zu sehen, und der Sieger war
bereits weit weg vom Ort des Geschehens.

Der Enterkampf war, im Gegensatz zur Vernichtung des Gegners mit Hilfe von Geschützen über eine größere Distanz, die
viel direktere und brutalere Gefechtsart. Das blutige, regellose
Gefecht mit blanken oder keulenartigen Waffen Mann gegen
Mann endete oft in einem wilden Handgemenge und verlangte von den Seeleuten auf beiden Seiten des Gesetzes eiserne
Nerven und harte Muskeln.

Die Seerechte des 14. und 15. Jahrhunderts verlangten von
den Besatzungen unter Androhung schwerster Strafen den bedingungslosen Einsatz bei der Verteidigung und dem Erhalt
des eigenen Schiffes. Die Männer kämpften erbittert, denn die
unterlegene Mannschaft – zumindest die einfachen Matrosen
und Söldner – wurde in der Regel entweder gleich getötet oder
musste der Aburteilung als Piraten ins Auge sehen. Der Sprung
auf das gegnerische Deck im Geschosshagel der Verteidiger war
also immer eine Frage von Leben und Tod, ebenso wie die Abwehr eines solchen Angriffs.

Bilanz von Recht und Gesetz in Hamburg

Zwischen 1390 und 1550 fanden in Hamburg insgesamt 380 Hinrichtungen statt, von den Delinquenten waren 364 wegen Seeräuberei verurteilt worden. Das entspricht ungefähr 96 %.

Was kostete die Hinrichtung von Piraten?

Beim Feldzug der Hansestädte gegen die Vitalienbrüder 1433 wurde eine Anzahl Piraten von den Hamburgern gefasst und zur Aburteilung in die Stadt an der Elbe gebracht. Die Kosten der Verurteilung sind als ein Posten in der Abrechnung der Expedition enthalten. Der Ankläger bekam einundzwanzig Schilling, das entsprach etwa einem Handwerkerlohn für zwei Wochen Arbeit. Der Henker erhielt für die Hinrichtung insgesamt sechzehn Mark lübisch aus dem Stadtsäckel. Das war vergleichbar mit dem Lohn eines Seemannes für zweiunddreißig Wochen Schiffsdienst. Der Totengräber, der die kopflosen Körper verscharren musste, wurde mit drei Mark lübisch entlohnt, so viel verdiente ein Seemann auf einer Reise von sechs Wochen.

Vitalienbrüder und Likedeeler

Die Vitalienbrüder waren die Kaperfahrer und Seeräuber der Ostsee im 14. Jahrhundert. Die Herkunft der Bezeichnung ist nicht eindeutig geklärt. Die wahrscheinlichste Erklärung ist, dass die Kaperfahrer im Auftrag der Hansestädte Wismar und Rostock das belagerte Stockholm über die Ostsee mit Lebensmitteln, damals »Vitalien« genannt, versorgten. Die Gruppe scheint als Bruderschaft von gleichberechtigten Seeleuten organisiert gewesen zu sein, die Mitglieder wurden auch »Likedeeler« genannt. Die Likedeeler waren ursprünglich eine Vereinigung Mecklenburger Kaperfahrer, die mit Erlaubnis ihres Landesherrn am

Ende des 14. Jahrhunderts im Kampf um die dänische Krone schwedische Handelsschiffe aufbrachten. Nach dem offiziellen Ende der Feindseligkeiten waren die Besatzungen plötzlich ohne herrschaftlichen Schutz und wurden von einem Tag auf den anderen gesetzlos. An den Alltag des Kämpfens auf See gewöhnt, gingen sie nun auf eigene Rechnung auf Beutefang und wurden so zu Piraten. Ihren Beinamen »Likedeeler«, in mittelalterlichem Niederdeutsch »Gleichteiler«, erhielten sie, weil sie ihren Raub angeblich zu gleichen Teilen unter sich aufteilten. Tatsächlich bekam jeder an Bord einen Anteil, doch die Höhe war natürlich nach der Position an Bord gestaffelt. Dem Schiffer stand mehr zu als dem Schiffsjungen. Doch die Legende, gewachsen aus der Sehnsucht der einfachen Leute nach Gerechtigkeit, ließ die vogelfreien Gesellschaften der Likedeeler wachsen, bis schließlich um 1395 mehrere Tausend ihr Unwesen in der Ostsee trieben. Um 1400 in die Nordsee verdrängt, wurden sie bis 1435 von den Hansestädten erbittert bekämpft und schließlich besiegt. Die Überlebenden ließ der Hamburger Rat öffentlich hinrichten. Seeräuberei gab es auch weiterhin in der Nordsee, doch die Gesellschaften der Likedeeler verschwanden mit Hamburgs Sieg endgültig.

Woher kamen die Piraten?

Zur Herkunft der Piraten lässt sich keine allgemeingültige Aussage treffen. Im Mittelalter entstammten die meisten Piraten und Kaperfahrer den Küsten der Meere, die sie unsicher machten. In der Ostsee waren es zumeist mecklenburgische, polnische oder skandinavische Schiffsbesatzungen. Auf hansischen Kapern dienten Männer aus ganz Norddeutschland, aber auch aus den heutigen Niederlanden, dem Rheinland und Westfalen. In der Nordsee und im Kanal waren neben den hansischen und skandinavischen zudem englische, holländische und französische Kaperfahrer aktiv. Im Mittelmeer kamen die Korsaren und Piraten aus allen Anrainerstaaten.

Im Atlantik, im Indischen Ozean wie auch im Pazifik war das ab dem 16. Jahrhundert etwas anders. Hier betrieben selbstverständlich auch die Küsten- bzw. Inselvölker seit Jahrhunderten Seeraub, doch hatten sich ihnen schon bald europäische Freibeuter zugesellt. Die Bukaniere des 17. Jahrhunderts waren zumeist Franzosen oder Engländer, doch gab es auf ihren Schiffen schon fast multinationale Truppen. Dabei waren schwarze Besatzungsmitglieder den weißen nicht gleichgestellt, sondern mussten die schwersten oder unangenehmsten Arbeiten verrichten. Die viel gepriesene Gleichheit unter den ach so gesellschaftsfeindlichen Piraten endete, wie in der damaligen Gesellschaft üblich, bei der Hautfarbe. Erst in den Piratenmannschaften der großen Seeräuberkapitäne des frühen 18. Jahrhunderts waren Schwarze, die besondere Fähigkeiten als Kämpfer oder Seemann zeigten, den weißen Bandenmitgliedern zumindest annähernd gleichgestellt.

Zu Beginn des 18. Jahrhunderts, als in Europa die nordafrikanischen Barbaresken bis in den Atlantik und an die spanische Westküste vordrangen, waren es in der Karibik überwiegend Franzosen, die die Überfälle auf Schiffe verübten. Später beteiligten sich an diesem lukrativen Geschäft auch Schiffe mit spanischen Mannschaften, die eigentlich die eigenen Kolonien vor Überfällen schützen sollten.

Die Seeräuber, die von den Bahamas aus die Karibik unsicher machten, kamen zum größten Teil aus Nordamerika und England. Fünfunddreißig Prozent waren in England geboren, fünfundzwanzig Prozent kamen aus den damals noch englischen Kolonien an der amerikanischen Ostküste. Weitere zwanzig Prozent stammten von den Westindischen Inseln. Der Rest setzte sich aus Schweden, Holländern, Franzosen, Spaniern und Portugiesen zusammen. Nur ein Fünftel der karibischen Piraten war also in diesem Teil der Welt geboren.

Strafe für Seeräuber in Hamburg im 15. Jahrhundert

»... men scholde en ere hovede afhowen und negeln se uppe den stok ...«

(Man soll ihnen die Köpfe abschlagen und sie auf einen Holzpflock nageln.)

Dieses Verfahren wurde in Hamburg auf dem sogenannten Grasbrook auf der heutigen Kehrwiederspitze vollzogen. Die abgeschlagenen Köpfe der Seeräuber stellten die Hamburger öffentlich zur Schau, und sie wählten dabei mit Bedacht den Ausstellungsort direkt an der Elbe beim Hafen. Der Rat demonstrierte damit seine Bereitschaft, Seeräuber konsequent und endgültig zu bestrafen. Zunächst gegenüber den in Hamburg verkehrenden Kaufleuten und anderen Reisenden, aber auch gegenüber potenziellen »Gelegenheitspiraten« unter den Schiffern und Bootsleuten. Allen wurde beim Einlaufen in den Hafen vor Augen geführt, womit eine Karriere als Pirat endete. Die Köpfe wurden nicht entfernt, sondern den Tieren und der Verwesung überlassen. Der Scharfrichter, ein Experte mit dem zweihändig zu handhabenden Richtschwert, erhielt für die Hinrichtung von Klaus Störtebeker und seinen sechsunddreißig Kumpanen im Jahre 1400 insgesamt zwölf Pfund, das entspricht sechs Schilling acht Pfennig pro Kopf. Zum Vergleich: Ein einfacher Seemann oder Handwerker an Land musste für zwölf Pfund sechs Monate hart arbeiten, denn er verdiente nicht mehr als ein halbes Pfund in der Woche. Trotzdem war der Lohn des Scharfrichters niedriger, als es den Anschein hat, denn nicht immer gab es so viele Delinquenten auf einmal, und die Zeitabstände zwischen den Hinrichtungen waren oft beträchtlich. In den Zwischenzeiten musste der sozial ausgegrenzte Henker andere anrüchige Tätigkeiten ausüben, z.B. als Hundeschläger, der die Plage der herumstreunenden Hunde bekämpfte.

Volkes Weisheit

Der beste Trog, sich zu mästen, ist ein Schiff auf Raubfahrt.
(Chinesisches Sprichwort, 3000 v. Chr.)

Die Seeräuberbünde des chinesischen Meeres –
Armeen des Schreckens

Die bekanntesten Piratengeschichten ranken sich um englische, französische oder amerikanische Seeräuber und ihre Mannschaften. Doch alle diese zusammen waren nur eine kleine Bande im Vergleich zu den großen Seeräuberbünden des chinesischen Meeres, die die Küsten Chinas zu Beginn des 19. Jahrhunderts vollständig kontrollierten. Der bedeutendste ihrer Anführer war Cheng I, dessen Macht auf ihrem Höhepunkt weit umfassender war als die der chinesischen Regierung. Seine Flotte war größer als die meisten Marinen der Welt. Cheng I gebot über 200 bis 250 hochseetüchtige Dschunken mit je dreißig Geschützen und 400 Mann Besatzung, mindestens 600 kleinere Küstenschiffe mit zwanzig Geschützen und 200 Piraten an Bord und eine Unzahl Flussdschunken für Angriffe auf Orte am Ufer der großen Ströme Chinas. Insgesamt gehörten 1805 rund 50 000 Seeräuber dem Bund an. Cheng I führte bei einzelnen Gefechten mehr als 2000 Piraten in den Kampf. Sie bedrohten selbst große Städte wie Kanton, sie plünderten Inseln und massakrierten bei einem einzigen Überfall mehr als 1000 Menschen.

1808 sandte die chinesische Regierung den General Li-Changkeng mit einer Flotte aus, um den Seeräuberbund zu vernichten. Die Piraten lieferten der Regierungsflotte eine regelrechte Schlacht, bei der der General getötet wurde und die staatlichen Truppen sich fluchtartig zurückziehen mussten. Das Ende für den Bund kam 1810, als Chinas Regierung Portugal und Großbritannien um Hilfe bat. Beide Länder hatten durch die Piraten empfindliche Handelseinbußen erlitten und waren daher bereit, gemeinsam eine große Streitmacht aufzustellen. Bevor die Geschwader losschlugen, rief die chinesische Regierung eine Amnestie für alle Piraten aus, die ihr Geschäft freiwillig aufgaben. Cheng I's Nachfolgerin im Oberbefehl, seine Frau Cheng I Sao, nahm das Angebot an, und der Bund löste sich auf. Im Frühjahr 1810 ergaben sich über 17 000 Piraten. Sie übergaben der chinesischen Marine 226 große Dschunken. Nicht alle Piraten kamen straflos davon: 211 wurden zeitweise oder auf Lebenszeit verbannt, und 126 wurden hingerichtet. Damit war die größte Seeräuberarmee der Geschichte zerschlagen.

DSCHUNKE

Dschunken waren die Schiffe der südostchinesischen Piraten des frühen 19. Jahrhunderts. Die dreimastigen ehemaligen Handelsschiffe wurden mit zehn bis zwölf größeren und sechs bis acht kleineren Geschützen bewaffnet. Die Dschunken trugen an jedem Mast nur ein Segel, doch die Segeleigenschaften waren gut, die Schiffe schnell und seetüchtig. Die Gefahr für die Handelsschiffe waren nicht die Kanonen, sondern die große Anzahl der Piraten an Bord, die beim Entern zahlenmäßig immer überlegen waren. Dschunken operierten in Gruppen bis hin zu ganzen Flotten mit bis zu 200 Schiffen.

Eine Dienstanweisung

Jedes Kriegsschiff hat das Recht und die Pflicht, auf offener See Schiffe, bei denen es Piraterie feststellt, anzuhalten, zu bekämpfen, zu überwältigen.
(Instruktion für Kommandanten deutscher Kriegsschiffe in chinesischen Gewässern, 1877)

Das Ende der Kaperei

Die Kaperei, das Ausrüsten von privaten Kriegsschiffen zum Zwecke des Aufbringens von Handelsschiffen, wurde 1856 auf der Seerechtskonferenz von Paris offiziell geächtet und verboten. Damit endete auch die Möglichkeit, Anteile an solchen Schiffen oder einzelnen Unternehmen zu kaufen oder damit zu handeln. Der legitimierten Piraterie wurde endgültig der Boden entzogen. Erst 1907 setzte sich dieses Verbot mit der Verabschiedung der Haager Konvention durch.

Rechtsstatus von Piratenschiffen

Piratenschiffe sind des Schutzes jeder Flagge bar, sie sind denational.
(*Handwörterbuch der Rechtswissenschaft*, 1928)

Schätze, Forscher, Abenteurer: Geschäfte mit der Gänsehaut

Die Seeräuber hatten zu allen Zeiten einen gesunden Geschäftssinn, der Gesetzesbrechern, »landschädlichen Leuten« und Outlaws oft gar nicht zugetraut wurde. In unseren Tagen haben wiederum findige Geschäftsleute Möglichkeiten aufgetan, mit der Piraterie Geld zu verdienen, ohne selbst auf Raubzug zu gehen. Immer mehr professionelle Schatzjäger entdecken die Erforschung der berüchtigten Piraten und ihres Schicksals als Einnahmequelle. Die Aussicht, einen der sagenumwobenen Piratenschätze zu finden, bewegt sogar seriöse Geldgeber zu hohem finanziellen Einsatz. Sehr oft wird das Unternehmen mit einem wohlklingenden wissenschaftlichen Projekt verbunden, denn so werden Such- und Bergungsgenehmigungen bereitwilliger ausgestellt. Ein Beispiel ist die Suche und der gemeldete Fund des Schiffes von Edward Teach, dem legendären »Blackbeard«, einem der bekanntesten Piraten der Geschichte. Tatsächlich wurde vor der Küste North Carolinas ein Schiff aus der Zeit Teachs gefunden, ob es sich jedoch um sein Schiff handelt, ist bisher nicht bewiesen. Auch der Umfang der im Wrack gefundenen Wertgegenstände hielt sich in engen Grenzen. Bekanntermaßen plünderte »Blackbeard« innerhalb von zwei Jahren ungefähr zwanzig Schiffe. Die Beute aus seinen Raubzügen wurde nach seinem Tode aus seinen Schiffen geborgen. Sie brachte beim Verkauf inklusive eines Begleitschiffes des Piraten lediglich 2500 Pfund.

Der wissenschaftliche Nutzen der Expedition ist als relativ gering einzuschätzen, schließlich gibt es aus der Zeit »Blackbeards« verschiedene andere Wracks und auch andere, detailreiche schriftliche Überlieferungen hinsichtlich der Konstruktion der Schiffe, ihrer Ladung, ihrer Besatzung und des Lebens an Bord. Ihre Faszination besteht ausschließlich in der Möglichkeit, dass es sich wirklich um »Blackbeards« Schiff, die »Queen Anne's Revenge«, handeln *könnte*.

Es gibt jedoch auch einen sicheren Fund eines Piratenschiffes aus der goldenen Zeit der Piraterie. Es handelt sich um die 1984 vor Cape Cod entdeckte »Whydah«. Das Schiff gehörte einem weniger bekannten Piraten namens Samuel Bellamy, genannt »der Redner«. Der Dreimaster war ca. dreißig Meter lang und verdrängte 300 Tonnen. Bellamy kaperte das Schiff und rüstete es mit insgesamt achtundzwanzig Kanonen aus. Aus dem Wrack wurden größere Mengen Munition geborgen, darunter auch Kanonenkugeln. Die Archäologen fanden außerdem mehrere tausend Gold- und Silbermünzen, in Barren gegossenes Gold und afrikanischen Schmuck und Edelsteine, über deren genauen Wert jedoch nichts bekannt ist. Angaben von bis zu 400 Millionen Dollar (nach heutigem Wert) sind in jedem Fall weit übertrieben, obwohl ein Mitglied aus Bellamys Mannschaft nach seiner Festnahme behauptete, die »Whydah« und die sie begleitende Schaluppe hätten im Laufe ihrer Karriere rund fünfzig Schiffe gekapert.

Der Pirat William Kidd soll seine Beute aus dem Überfall auf die »Quedah Merchant« auf der Insel Gardiners Island vor New York vergraben haben. Viele hundert Schatzsucher haben vermutlich schon jeden Quadratfuß der Insel untersucht, bis heute jedoch ohne Ergebnis. Den größten Teil der Beute hatten Lord Bellomont und seine Untergebenen schon zu Kidds Zeiten sichergestellt. Es handelte sich um rund 1100 Unzen Gold, ca. 2400 Unzen Silber, einundvierzig Stoffballen, mehrere Säcke mit Silbermünzen sowie eine beträchtliche Menge Edelsteine. Der Wert der gesamten Beute lag bei 14 000 Pfund. Das konnte nach Ansicht vieler Schatzsucher jedoch bei weitem nicht alles sein, schließlich hatte Kidd dem Gouverneur erwiesenermaßen die runde Summe von 40 000 Pfund für seine Freilassung geboten. Zudem waren beide Beträge gegenüber dem angeblichen Wert der Beute von 400 000 Pfund geradezu ein Pappenstiel. Seitdem werden immer wieder Spekulationen über den Verbleib des Hauptteils von Kidds Schatz angestellt. Professionelle Schatzsucher beteiligen sich in Kidds Fall bezeichnenderweise wenig an solchen Aktionen. Vielleicht haben sie einfach einmal versucht, die Kidd zur Last gelegten Kaperungen in ihrem Wert festzustellen und zusammenzurechnen. Dabei spricht viel dafür, dass ein erheblicher Teil der Überfälle gar nichts mit William Kidd und seiner Mannschaft zu tun hatte und die astronomische Höhe der Beute pure Sensationshascherei war und das politische Ränkespiel unterstützen sollte.

Trotzdem treibt das Schatzfieber an der nordamerikanischen Atlantikküste und in der Karibik auch heute noch Blüten. In kaum einem anderen Gebiet der Erde werden die Löcher so sorgfältig und tief gegraben, wenn man einen Baum pflanzen will, als an den Küsten zwischen Boston und Key West.

2

Die »Gentlemen des Glücks«

BERÜHMTE UND WENIGER BERÜHMTE PIRATEN UND PIRATINNEN

»... wir plündern die Reichen unter dem Schutze allein
unserer Courage«

SAMUEL BELLAMY, genannt »der Redner«

Der gebremste Todesmut des Bernd Pawest

Wir schreiben das Jahr 1469. Die Hanse ist die bedeutendste Wirtschaftsmacht in Europa, ein echter »Global Player«. Doch der Koloss wird bedroht: Holländische Kaufleute und die britischen »merchant adventurers«, die handelnden Abenteurer, dringen in die nördlichen und östlichen Handelsgebiete der Hanse, nach Skandinavien und in die Ostsee ein. Die englische Krone unterstützt die Tätigkeiten ihrer Kaufleute massiv. Als englische Kaper einige hansische Schiffe im Kanal aufbringen, ist das Maß voll. Der Hansetag, das oberste Gremium des Wirtschaftsbündnisses, beschließt den Boykott englischer Waren und Häfen und erlaubt den hansischen Schiffern die Fahrt »up eventur«, die Jagd auf Prisen. Die am Meer gelegenen Hansestädte geben umgehend »breve van merke«, Kaperbriefe, an eine große Anzahl von Kapitänen aus. Selbst stadteigene Schiffe werden auf Beute ausgesandt. Doch während Hamburg erfahrene Seeleute als Kapitäne bestellt, trifft der Danziger Rat eine politische Entscheidung. Er betraut den Kaufmann, Ratsherrn und Nicht-Seemann Bernd Pawest mit dem Oberbefehl über die Schiffe der Stadt. Pawest erhält als Flaggschiff ein mächtiges Kraweelschiff namens »Peter van Danzke« und wird auf Kaperfahrt in den

Kanal geschickt. Doch Pawests Briefe an seine Heimatstadt sind überliefert und zeigen, dass dieses Kommando für ihn eine einzige Plage war.

Für Pawest beginnen die Probleme schon mit der Beschaffung der Mittel während des Aufenthalts in den Häfen der heutigen holländischen Küste, also lange vor jeder Kampfhandlung. Er beklagt sich ständig über den schlechten Zustand des Schiffes und das Unvermögen, eine ausreichend große geeignete Besatzung zu rekrutieren. Die täglichen Anforderungen belasten den Politiker Pawest so schwer, dass er in seinen schon fast verzweifelten Briefen zunächst um mehr Unterstützung und schließlich mehrmals um seine Ablösung bittet. So schreibt er am 21. Juli 1472, während das Schiff untätig in Sluys vor Anker liegt, nach Danzig: »Ik werde olt unde graw« (Ich werde alt und grau). Während um ihn herum hansische Schiffer und Abenteurer aus ganz Europa auf Prisenjagd gehen, findet er weder genug Seeleute noch brauchbare Söldner. Noch vor der ersten Feindfahrt in Richtung England muss Pawest mehrmals renitente Söldner entlassen und mit ihrem im Voraus gezahlten Sold durchgebrannte Männer ersetzen. Sogar seine angegriffene Gesundheit führt er auf diese disziplinarischen Schwierigkeiten zurück.

Pawests mangelnder Kampfgeist fällt offenbar selbst dem Brügger Kontor der Hanse auf, denn »de kopman ... geschreven umbe Pawel Beneken, und se hapeden, he wolde drade kamen« (der Kaufmann [das Büro der Hanse im flandrischen Brügge] hat geschrieben und um Paul Beneke gebeten und man hofft, er wolle kommen). Paul Beneke ist aus anderem Holz geschnitzt, ein echter Freibeuter, der bereits erfolgreiche Kaperunternehmen hinter sich hat. Er ist der Wunschkandidat der hansischen Vertretung in Brügge, um die eigenen Schiffe endlich ins Spiel zu bringen. Doch weiß Beneke, was er wert ist, und stellt Bedingungen. Er übernimmt den Oberbefehl nur gegen einen nennenswerten Anteil am Schiff und damit an der erwarteten

Beute. Während Danzig noch mit Beneke verhandelt, führt Pawest einige wenige zaghafte Unternehmen im Kanal und vor der französischen Küste aus, die jedoch nicht einmal die Unkosten decken und bei denen das Schiff zudem noch beschädigt wird. Er steht unter Druck, denn während die »Peter van Danzke« untätig im Hafen liegt, sind die ihm angeschlossenen Danziger Schiffsführer durchaus erfolgreich. So bringen die Kapitäne Heyne und Neubacker mindestens zwei bretonische Schiffe auf und der Schiffer Bardewik ein weiteres.

Das unentschlossene Vorgehen während der Ausfahrten seines Schiffes führt schließlich zu Pawests Absetzung. Er übergibt das Kommando an den mittlerweile eingetroffenen Paul Beneke und kehrt angeschlagen nach Danzig zurück.

Während seiner ganzen Amtszeit ist Pawest verunsichert und passiv. Als Kaufmann mag er vielleicht erfolgreich gewesen sein, doch als Kaperfahrer braucht er andere Qualitäten. Er hat nichts von der nötigen Risiko- und Einsatzbereitschaft eines professionellen Seeräubers und Söldners an sich. Ihm fehlt die Kaltschnäuzigkeit, Angriffslust und wahrscheinlich auch die nötige Portion Gier, um Beute aufzuspüren und zu überwältigen. Die Überlieferungen zeigen Pawest eher als einen Organisator mit Krämerseele denn als einen aktiven, draufgängerischen Kaperkapitän.

KRAWEELSCHIFF

Ein Kraweelschiff war die modernste Schiffbauform des späten Mittelalters. Die Planken (die Außenhaut) des Rumpfes waren »kraweel«, das heißt mit den Schmalseiten der Planken auf Stoß gearbeitet. Dadurch entstand eine glatte äußere Oberfläche, und die Schiffe waren durch das innere Spantengerüst (die Rippen des Rumpfes) viel stabiler. Die Schiffbauer konnten die Fahrzeuge durch diese Konstruktion größer und tragfähiger bauen. Das Schiff aus Danzig war über vierzig Meter lang und rund zwölf Meter breit. Es trug insgesamt 350 Mann Besatzung.

»dat volk solde spreken, he weere gehurt, und he solde nicht so wal gehort syn« (Die Besatzung würde sagen, der ist nur angemietet, und man würde mir nicht gehorchen.)
Kaperkapitän PAUL BENEKE, auf die Frage, warum er nicht als bezahlter Schiffer, sondern nur als Anteilseigner am Schiff auf Kaperfahrt gehen wolle (1472)

»Ich bin ein freier Fürst und habe genauso viel Macht, um der ganzen Welt den Krieg zu erklären, wie einer, der über 100 Segelschiffe und 100 000 Mann im Feld gebietet.«
SAMUEL BELLAMY, genannt »der Redner« (1717)

So stellt man sich einen Piraten vor

»Roberts selbst gab zum Zeitpunkt des Gefechts eine galante Erscheinung ab, bekleidet mit einer karmesinroten damastenen Weste und Kniehosen, mit einer roten Feder am Hut, einer Goldkette um den Hals, von der ein Diamantkreuz herabhing, einem Schwert in der Hand und zwei Paar Pistolen, die an einem seidenen Gewehrriemen hingen, den er sich über die Schulter geworfen hatte.«
Beschreibung von BARTHOLOMEW ROBERTS nach Captain Johnson (1724)

Der Leitspruch des Bartholomew Roberts

»Im ehrlichen Seedienst gibt es kärgliche Kost, niedrige Löhne und harte Arbeit; hier dagegen Überfluss und Reichtum, Vergnügen und Muße, Freiheit und Macht; und wer würde sein Schicksal nicht auf diese Seite der Waagschale werfen, wenn das damit eingegangene Risiko im schlimmsten Fall darin besteht,

dass ihm bei der Hinrichtung der eine oder andere hässliche Blick zugeworfen wird. Nein, ein munteres und kurzes Leben soll mein Motto sein.«
(1720)

Der Traum von Freiheit und Reichtum

»In Frankreich sagt man, dass ein rollender Stein kein Moos ansetzt. Für Amerika gilt das genaue Gegenteil. Man kann sein Glück auf dem Meer finden, wenn man es nur dort sucht ... Ich spreche voll Ehrfurcht von den Vorzügen eines Lebens, in dem kein Tag dem vorherigen oder dem folgenden gleicht, in dem Freiheit die Regel ist und große Reichtümer schnell erworben werden können.«
Louis de Golif, genannt »half ass« (ihm war eine Gesäßbacke weggeschossen worden), französischer Freibeuter (1734)

Praktischer Ratschlag

»Nimm nie mehr als zwei Frauen auf eine Reise mit, und suche sie dir sorgfältig aus.«
Ben Pease (1868)

Die Geschichte des Johan Pothorst, oder: Hat ein Pirat Amerika entdeckt?

Dass nicht Kolumbus 1492, sondern die Wikinger um das Jahr 1000 Amerika entdeckt haben, weiß heute jeder, doch war Kolumbus nach den Nordmännern wirklich der erste Europäer auf dem amerikanischen Kontinent? Hierzu gibt es noch eine andere Geschichte, in der auch ein Pirat eine tragende Rolle spielt.

Im Jahre des Herrn 1473 beauftragten der portugiesische König Alfonso V. und der dänische Herrscher Christian I. mehrere erfahrene Kapitäne und Navigatoren mit einer Expedition ins Nordmeer. Ihre Mission: Findet einen Seeweg über Island und Grönland hinaus nach Westen. Der dänische König ließ mehrere Schiffe ausrüsten, und vermutlich im August 1473 brach die Expedition auf. Das Kommando führten der Deutsche Dietrich Pining – und der Hamburger Kaperkapitän und Pirat Johan Pothorst. Als Lotse war der berühmte Kartograph Johannes Scolvus und als Beobachter des portugiesischen Königs Alfonso V. der Adlige João Vaz Corte Real an Bord. Pothorst war erst wenige Wochen vor dieser Expedition aus den Diensten der Hansestadt an der Elbe ausgetreten und ging nun wieder mit seinem Freund Pining auf Fahrt. Ziel der Fahrt war zunächst das »Land des Stockfisches«. Das ist die portugiesische Bezeichnung für die Küste Grönlands.

Von Island aus drang die Expedition nach Nordwesten vor und erreichte tatsächlich die Ostküste Grönlands. Die Schiffe umrundeten die Südspitze der Insel und segelten die Küste hinauf bis zum nordwestlichen Teil der Insel. Verschiedene Indizien in den späteren Überlieferungen deuten darauf hin, dass die Teilnehmer der Entdeckungsfahrt von dort auch die Küste Labradors und damit Amerika erreichten, fast zwanzig Jahre vor Kolumbus. Direkte schriftliche Überlieferungen von dieser Fahrt sind jedoch nicht erhalten. Es gibt weder Ausrüstungslisten noch Reisetagebücher. Eine Tatsache ist jedoch, dass sowohl Pining vom dänischen wie auch Corte Real vom portugiesischen König für ihre Verdienste auf dieser Reise mit der Statthalterschaft über eine Insel belohnt wurden: Pining trat endgültig in dänische Dienste und erhielt Island, und Corte Real einen Teil der Azoreninsel Terceira. Und Johan Pothorst? Er ging nach der Rückkehr weiterhin seinem Geschäft als Kaperfahrer nach, geschützt durch seinen alten Freund Dietrich Pining auf Island. Er starb als angesehener Kapitän, möglicherweise im dänischen Helsingør.

Aruj und Chair-Ad-Din: Piratenbrüder aus Nordafrika

Die beiden berühmtesten muslimischen Korsaren waren die Brüder Aruj und Chair-Ad-Din, die aus einer griechischen Familie kamen, die zum Islam konvertiert war. Der Ältere, Aruj, wurde ca. 1474 geboren und kommandierte mit dreißig Jahren ein Kaperschiff. Sein Stützpunkt war der Hafen von Tunis, wo er dem Sultan für seinen Schutz zwanzig Prozent seiner Beute abtrat. 1510 gebot er über eine Flotte von acht Schiffen und war im gesamten Mittelmeer berüchtigt. Die christlichen Seeleute nannten den Piraten wegen seines roten Bartes Barbarossa. Nachdem Aruj bei einem Angriff einen Arm verloren hatte, übernahm sein Bruder Chair-Ad-Din das Kommando über die Kaperflotte und eroberte die Stadt Algier von den Spaniern. 1517 kontrollierte der wieder genesene Aruj Barbarossa die Küste des heutigen Algerien fast vollständig. Bald darauf starb der große Korsar Barbarossa in einem Kampf mit spanischen Schiffen, und Chair-Ad-Din setzte das Werk seines Bruders fort. Er sicherte bis 1525 die muslimische Seemacht an der Küste Nordafrikas.

Ein Seeräuber als Entdecker Amerikas

Der Genuese Christoph Kolumbus ist bekannt als der erste Europäer, der nach den Wikingern Amerika erreichte. Doch über die Vergangenheit des berühmten Seefahrers vor dem Jahr 1492 ist kaum etwas zu lesen. Es beginnt mit dem Datum seiner Geburt. In jedem Lexikon steht das Jahr 1451 als Geburtsjahr. Verlässliche Zeitgenossen des Entdeckers datieren die Geburt jedoch auf die Jahre um 1440. Auch seine vermeintlich niedere Herkunft als Sohn eines Webers ist nicht eindeutig nachgewiesen. Am spanischen Hofe jedenfalls zweifelte man nicht an seiner adligen Abstammung. Eindeutig ist, dass Kolumbus sich früh für Seefahrt, Astronomie, Navigation und Mathematik interessierte und ein Vielleser war. In den 60er Jahren des 15. Jahrhunderts machte der spätere Entdecker erste praktische Erfahrungen mit der Seefahrt, und zu Beginn der 1470er Jahre war er bereits Kapitän eines Kaperschiffes in der Flotte Renés von Anjou, des Grafen der Provence, der in Süditalien seinen Erbbesitz von Ferdinand von Aragon wiedererlangen wollte. Dafür konnte er fähige Seeleute wie Kolumbus gut gebrauchen. Im folgenden Kaperkrieg wurde Kolumbus etwa 1474 nach Tunis geschickt, um die Galeasse »Fernandina« zu kapern, ein Unternehmen, das an der Unwilligkeit seiner Besatzung scheiterte. Am 13. August 1476 kämpfte Kolumbus in einer portugiesisch-französischen Flotte am Kap von San Vicente gegen einen burgundisch-genuesischen Handelsgeleitzug. Nach der Seeschlacht vor der portugiesischen Küste kam Kolumbus nach Lissabon und hörte dort von einem faszinierenden Projekt – der Entdeckung des westlichen Seeweges nach Indien. Aus dem Pirat und Kaperfahrer wurde der Forscher und Entdecker.

Galeasse

Die Galeasse ist eine Kombination aus einer von Segeln angetriebenen Galeone und einer geruderten Galeere. Sie wurde im 16. Jahrhundert vorwiegend im Mittelmeer verwendet und war der wichtigste Schiffstyp in der Seeschlacht von Lepanto 1571, in der die Flotten Spaniens, Maltas, Venedigs und des Papstes über eine türkische Galeerenflotte siegten.

Einer der bekanntesten Piraten

Einer der berühmtesten Piraten, aber auch eine der tragischsten Figuren in der Geschichte der Seeräuberei war zweifellos William Kidd. Er wurde 1645 als Sohn des presbyterianischen Pfarrers John Kidd in Greenock am Clyde (Schottland) geboren. William entfloh mit vierzehn Jahren seinem strengen Elternhaus und ging zur See. 1673 wurde er von einer Pressgang, einem

Marinekommando auf Matrosenjagd, erwischt und gewaltsam in die Royal Navy aufgenommen. Er kämpfte auf der »Prince Royal« gegen die Holländer. Kidd zeichneten Eigenschaften aus, die ihn zum idealen Piraten machten: Zähigkeit, Durchsetzungsvermögen, Trinkfestigkeit und eine gute Portion Habgier. Sein für einen Seemann ungewöhnlich hoher Bildungsstand half seiner Karriere weiter. Er konnte lesen, schreiben und rechnen, und seine Fähigkeiten als Navigator waren beachtlich.

Wann Kidd die Navy verließ, ist unbekannt, aber im Jahre 1689 führte er in der Karibik ein eigenes Kaperschiff, mit dem er 1691 schließlich in New York auftauchte, damals eine Stadt mit 20000 Einwohnern. (Ein altes Melderegister enthält die kurze Eintragung: »William Kidd, Gentleman«. Offiziell trieb er mit seinem Schiff Handel an der amerikanischen Ostküste.)

Kidd heiratete bereits im Mai desselben Jahres die reiche und attraktive Sarah Oort, mit der er in ein repräsentatives Haus an der Südspitze Manhattans umzog. Trotz ihrer erst vierzig Jahre hatte sie bereits zwei Männer überlebt. Im Gegensatz zu Kidd hatte sie nur eine sehr lückenhafte Schulbildung. Sie konnte kaum ihren Namen richtig schreiben. Aber sie hatte Beziehungen. Dank ihrer Hilfe fand ihr neuer Ehemann schnell Zugang zur New Yorker Gesellschaft. Doch schon 1695, als Fünfzigjähriger, beschloss Kidd, sein Leben nochmals radikal zu ändern. Er bestieg ein Schiff und fuhr nach England, um Freibeuter in größerem Stil zu werden.

Kidd gelang es dort, einflussreiche Politiker als Geldgeber zu finden, und am 6. September 1696 stach die »Adventure Galley« mit 152 wagemutigen Männern von New York aus in See. Die Expedition muss reichlich verwegen ausgesehen haben, denn der Gouverneur von New York beschrieb Kidds Mannschaft als »Männer in verzweifelten Lagen, die nur noch gewaltige Reichtümer retten konnten«.

Drei Monate später erreichte das Schiff Madagaskar. In den

folgenden Monaten machte Kidd durch verschiedene brutale Kaperaktionen und Massaker von sich reden. Am 30. Oktober 1697 kam es an Bord zu einem wüsten Streit, bei dem Kidd seinen Stückmeister William Moore mit einem eisenbeschlagenen Eimer eigenhändig erschlug.

Schließlich kam Kidd zu dem Schluss, dass der Indische Ozean doch nicht das richtige Gebiet für ihn war, und er nahm mit nur noch zwanzig Mann und einigen Sklaven Kurs nach Westindien. Erst dort erfuhr Kidd, dass man ihn mittlerweile offiziell als Piraten suchte, weil er unüberlegt ein Schiff der East-India-Company ausgeraubt hatte.

Die Luft für den berühmt-berüchtigten Seeräuber wurde jetzt merklich dünner. Kidd flüchtete nach New York, das er im Juni 1699 erreichte. Hier erhoffte er sich Rettung von seinem ehemaligen Geschäftspartner Lord Bellomont, der Gouverneur und Vizeadmiral der Kolonie New York war. Doch Kidd täuschte sich. Bellomont beschlagnahmte die Beute und setzte Kidd wegen Piraterie fest. Das war der Anfang vom Ende des berühmten Piraten. 1701 fand in England ein Schauprozess gegen William Kidd statt, und er starb im gleichen Jahr am Galgen.

Persönlich war William Kidd ein großer, kräftiger Mann mit unangenehmem Charakter. Er galt als jähzornig und unbeherrscht und ging keiner Rauferei aus dem Weg. Seine Besatzung musste seine nautischen Fähigkeiten anerkennen, aber rein menschlich betrachtet, war er nur gefürchtet. Wie auch anderen großen Piraten fehlte ihm jegliche Fähigkeit zur Menschenführung, die er durch Brutalität ersetzte.

Politik, Profit und Possenspiel

Der Prozess gegen den Piraten William Kidd stellte den würdigen Schlusspunkt eines schillernden Lebens dar. Schon die Inhaftierung Kidds 1699 in der Kolonie New York schlug politische Wellen bis ins weit entfernte London. Schließlich waren eine Menge einflussreicher Männer an Kidds Unternehmen beteiligt gewesen: Der König selbst, ebenso wie der Lordkanzler und weitere Politiker. Es wurden Gerüchte gestreut, in denen die Beute Kidds von Tag zu Tag wertvoller wurde, bis schließlich von unglaublichen 400 000 Pfund die Rede war. Kidd wurde zum Erzpiraten schlechthin erklärt und für so ziemlich jeden Piratenüberfall in der Karibik und den angrenzenden Seegebieten sowie dem Indischen Ozean verantwortlich gemacht. Der größte Teil von Kidds Ruf und seiner Bedeutung in der Geschichte der Piraterie beruht auf diesen Gerüchten.

William Kidd wurde im Februar 1700 nach England gebracht. Man sperrte den mittlerweile schwerkranken Piraten in Newgate, einem der schlimmsten Gefängnisse Englands, ein. Kidd sollte hier fast ein Jahr auf seinen Prozess warten müssen. Nur zweimal durfte er seinen Kerker verlassen: Am 27. und am 31. März 1701, als er vor dem Parlament aussagen musste. Diese Ehre wurde keinem anderen Piraten zuteil, nicht einmal Henry Morgan.

Kidd hatte von vorneherein keine Chance. Die Aussagen seiner Opfer waren eindeutig, und der Gegenbeweis durch Vorlage der beiden französischen Pässe, die der Kapitän der »Quedah Merchant« und der einer anderen Prise Kidd bei der Kaperung ausgehändigt hatten, war ihm nicht möglich. Beide Dokumente, die die Rechtmäßigkeit zumindest dieser beiden Aktionen bewiesen hätten, waren seltsamerweise verschwunden. Nachforschungen haben später ergeben, dass die Briefe bewusst von der britischen Admiralität zurückgehalten wurden.

Doch Kidd wurden weitere Verbrechen zur Last gelegt, vom Mord an seinem Stückmeister William Moore bis hin zu einem Massaker an Eingeborenen im Indischen Ozean. Gerade der Mordvorwurf war seltsamerweise ausschlaggebend für Kidds Verurteilung, obwohl der Tod Moores nach den Gesetzen der Admiralität streng genommen sogar als Strafe für die versuchte

Meuterei angesehen werden konnte. Dass der Kapitän der »Adventure Galley« die Exekution sofort, also ohne formales Urteil vollstreckt hatte, war bei den Befugnissen eines Kapitäns der damaligen Zeit nicht mehr als eine Lappalie. Doch Kidd benahm sich bei der Verhandlung dieses Vorfalls mehr als ungeschickt. Sein Verhalten riss einen anwesenden Abgeordneten zu einer spontanen Äußerung hin: »Oh, was für ein Kerl! Ich dachte, er wäre nur ein Schuft, aber nun stellt sich zu allem Überdruss heraus, dass er außerdem noch ein Vollidiot ist!«

Kidd selbst beteuerte, nie Pirat gewesen zu sein, und beharrte bis zuletzt auf seiner Unschuld. Er sah sich als legitimierter Kaperkapitän und bestritt, sich jemals unrechtmäßig fremdes Eigentum angeeignet zu haben. Doch das Urteil stand bereits fest und lautete auf Tod durch den Strang. William Kidd sollte stellvertretend büßen für die vielen niemals gefassten Piraten der Karibik und als Genugtuung für die East India Company.

Dass es bei dem Prozess gegen William Kidd nicht mit rechten Dingen zuging, zeigen die Umstände seiner Überstellung nach England. In den nordamerikanischen Kolonien durften in den 1690er Jahren Todesurteile gegen Piraten weder gefällt noch vollstreckt werden. Die Angeklagten mussten der englischen Justiz übergeben werden, die dann die Aburteilung übernahm. Tatsächlich ist dieses Verfahren jedoch so gut wie nie zur Anwendung gekommen. Viele Piraten, denen in England die Todesstrafe gedroht hätte, wurden bereits in den Kolonien zur Zwangsarbeit auf den Plantagen verurteilt, ein verhältnismäßig leichtes Los, von dem sie sich auch noch durch die Zahlung von genau 13 Pfund 6 Schilling freikaufen konnten. Diese Möglichkeit wurde Kidd verwehrt, ihn schickte man dienstbeflissen sogleich nach England. Von der gesamten Mannschaft seines Piratenschiffes richteten die englischen Behörden nur den Seemann Darby Mullins hin – und dann, am 23. Mai 1701, Kapitän William Kidd.

Die britische Admiralität war sowohl das Oberkommando der englischen Marine als auch die für die Gesetzgebung auf See zuständige Stelle, soweit es sich um Angelegenheiten handelte, in die englische oder nordamerikanische Schiffe verwickelt waren. Ein von allen seefahrenden Nationen anerkanntes Seerecht gab es im 17. und 18. Jahrhundert nicht, die Admiralität in London beanspruchte daher alle diesbezüglichen Kompetenzen für sich.

Der letzte Gouverneur Tortugas – ein Seeräuber im Pech

Der letzte Gouverneur der Französisch-Westindischen Compagnie, Monsieur Bertrand d'Ogeron, sammelte 1673 ungefähr vier- bis fünfhundert Bukaniere auf der Insel Tortuga und bestieg mit ihnen ein Schiff, um die holländischen Gebiete Westindiens (Curaçao und die anderen Inseln vor der venezolanischen Küste) zu überfallen. Durch einen Sturm erlitt die Expedition Schiffbruch auf der von Spanien besetzten Insel San Juan de Puerto Rico. Die Spanier brachten die meisten der schiffbrüchigen Piraten noch am Strand um und nahmen den Rest gefangen. D'Ogeron wurde ebenfalls gefangen genommen, doch »er stellte sich einfältig und stumm und durfte darum frei herumgehen«, wie Exquemelin berichtet. Seine Leute verrieten den Anführer nicht, sondern behaupteten, ihr Kapitän sei im Kampf getötet worden. Eines Nachts floh d'Ogeron mit seinem Barbier (gleichzeitig der Wundarzt des Schiffes) nur mit einer Machete bewaffnet aus dem Gefangenenlager. Die beiden Männer flüchteten zur Küste und raubten dort ein Kanu, mit dem sie nach Tortuga zurückkehrten. Dort mobilisierte d'Ogeron mit der Aussicht auf große Beute vier Schiffe, um nach San Juan de Puerto Rico zu fahren und seine Leute zu befreien. Die Spanier bekamen Wind von der Aktion und schlugen die Bukaniere blutig in die Flucht. D'Ogeron entkam dem Gemetzel nur knapp. Nach der Vertreibung misshandelten die Spanier die gefangenen Seeräuber noch unmenschlicher, vielen wurden Ohren und Nasen abgeschnitten oder die Hände beim Greifen nach Fleischstücken abgehauen. Der Rest musste in Puerto Rico und danach in Havanna Zwangsarbeit leisten.

Sir Henry Morgan – vom Saulus zum Paulus?

Der berühmteste Bukanier der Geschichte wurde um 1635 in Wales als Sohn eines Gentleman geboren. Zwei seiner Onkel waren hervorragende Soldaten, einer von ihnen, Edward Morgan, war einer der Vorgänger Henry Morgans auf dem Stuhl des Vizegouverneurs von Jamaika. Morgan folgte dem Vorbild seiner Onkel: »Ich ging zu früh von der Schule ab und gewöhnte mich mehr an die Pike [Stoßlanze] als an Bücher.« Morgan war bei der Eroberung Jamaikas durch englische Truppen dabei und verübte von Port Royal aus einige Überfälle auf spanische Besitzungen in ganz Mittelamerika. 1663 leitete der rothaarige Waliser eine Expedition, bei der die Stadt Gran Granada in Nicaragua ausgeplündert wurde. Morgan kehrte nach Jamaika zurück und trat die Nachfolge Edward Mansfelds als Admiral und Anführer der »Brüder der Küste« an. Morgan war gerade erst zweiunddreißig Jahre alt. In den folgenden Jahren betätigte sich Henry Morgan erfolgreich als Freibeuter, eine Karriere, die 1668 mit der Eroberung Portobellos an der Küste Panamas ihren vorläufigen Höhepunkt fand. 1669 plünderten die Bukaniere unter Morgans Führung Maracaibo und 1671 Panama, den wichtigsten Schatzhafen an der Pazifikküste. Morgans Piraten erreichten die 6000-Einwohner-Stadt nach einer Kanufahrt über den Rio Chagres und einem Fußmarsch durch den panamesischen Dschungel. Bei der Einnahme zerstörten die spanischen Verteidiger die Stadt und flüchteten mit den größten Schätzen auf bereitliegende Schiffe. Morgan folterte viele Einwohner und erpresste so doch noch eine erstaunliche Beute: 175 Maulesellasten Silber und über 600 Gefangene. Als die Beute aber geteilt wurde, bekam jeder Pirat gerade einmal fünfzehn Pfund. Die Plünderung Panamas war das letzte bedeutende Unternehmen der »Brüder der Küste«. Morgan kehrte nach Jamaika zurück und wurde dort als Held gefeiert. Im fernen London reagierte man anders. Da England mit Spanien in Frieden war, galt der Überfall Morgans eindeutig als Akt der Piraterie. Morgan und der Gouverneur Jamaikas, Modyford, wurden abgesetzt und 1672 nach London beordert. Morgan lebte zwei Jahre auf freiem Fuß in London und legte dem König sogar eine Denkschrift zur Verteidigung Jamaikas vor. Der amtierende Gouverneur Jamaikas, Lynch, warnte London in dieser Zeit wiederholt vor dem wachsenden Piratenunwesen in der Karibik. Die Reaktion war die Einsetzung Lord Vaughans als Gouverneur mit einem in Sachen Piraterie besonders erfahrenen Vize-Gouverneur – Henry Morgan. Kurz vor seiner Abreise 1674 wurde der ehemalige Bukanier von Charles II. zum Ritter geschlagen. In seiner Amtszeit in Port Royal jagte der einstige Bukanier nun Piraten und behauptete treuherzig: »Ich habe alle englischen und spanischen Piraten, derer ich habhaft werden konnte, hingerichtet, ins Gefängnis geworfen oder den Spaniern übergeben.« Das war zumindest nicht die ganze Wahrheit, denn nebenbei betrieb der listige Fuchs Morgan ein Geschäft mit ehemaligen Piraten, die mit illegalen Kaperbriefen arbeiteten und von denen er zehn Prozent von jeder Prise einstrich. Nebenbei verwaltete und mehrte Morgan seinen Privatbesitz von mehreren tausend Hektar Zuckerplantagen. Der erbarmungslose Bukanier widmete sich nun seiner Frau, mit der er seit zwanzig Jahren glücklich verheiratet war. In seinem Testament nannte sie der Expirat und spätere Piratenjäger »meine zutiefst und innig geliebte Lady Mary Elizabeth Morgan«. 1683 schaffte es der Gouverneur Vaughan endlich, den gehassten »Seadog« Morgan wegen Untreue und Trunksucht seines Amtes zu entheben. Henry Morgan starb am 25. August 1688 in Port Royal an den Folgen seines Alkoholismus.

L'Olonnois, der Psychopath unter den Piraten

Einer der grausamsten Bukaniere Westindiens war der Franzose Jean-David Nau, genannt L'Olonnois. Den Namen bekam er nach seinem Geburtsort Les Sables d'Olonnes, einem kleinen französischen Küstenstädtchen. Nau kam als Knecht nach Westindien und blieb nach seiner Dienstzeit als Jäger auf Hispaniola (Haiti). Er beteiligte sich nur kurze Zeit später an ersten Überfällen auf spanische Schiffe und Ansiedlungen, wobei er wegen seiner Grausamkeit und seinem Sadismus auffiel. An der Küste von Campeche scheiterte sein Schiff, und die meisten seiner Männer wurden von den Spaniern getötet. L'Olonnois entkam, indem er sich mit dem Blut seiner getöteten Freunde einschmierte und unter die Leichen kroch. Er floh zurück nach Tortuga, ergatterte ein neues Schiff und fuhr zur Nordküste Kubas, um die dortigen spanischen Besitzungen zu plündern. Der Pirat eroberte ein spanisches Schiff, dessen Mannschaft ihn fangen sollte, und enthauptete alle überlebenden Spanier eigenhändig. Dann begann L'Olonnois, Männer für ein großes Unternehmen anzuwerben. Bald hatte er 400 Piraten unter seinem Kommando. Er verbündete sich mit Michel le Basque, einem ehemaligen Seeräuber von Tortuga, und rüstete eine Flotte von acht Schiffen aus, die schließlich mit fast 700 Bukanieren in Richtung Maracaibo auslief.

Als Pirat gefürchtet, als Seemann auch – aber anders

Nicht jeder Pirat war ein guter Seemann. Es gab auch einige, die irgendwelchen romantischen Vorstellungen hinterherliefen, ohne sich über die praktischen Herausforderungen Gedanken zu machen. Einer von ihnen war Major Stede Bonnet. Er lebte auf Barbados, verfügte über ein beträchtliches Vermögen und galt weithin als Ehrenmann. Niemand weiß, warum er plötzlich die Laufbahn eines Kaperkapitäns einschlug, aber jedenfalls tat er es auf eine für einen Freibeuter sehr ungewöhnliche Weise.

Es begann damit, dass er sein Schiff auf eigene Kosten – also völlig legal – ausrüsten ließ und mit siebzig Seeleuten bemannte. Die »Revenge«, wie er die Schaluppe nannte, trug zehn Kanonen. Zunächst war Bonnet erfolgreich, er kaperte mehrere Schiffe vor der nordamerikanischen Küste. Das hatte er jedoch eher seiner erfahrenen Mannschaft als seinem eigenen Geschick zu verdanken. Als Nicht-Seemann seiner Crew ausgeliefert, musste er sich schließlich einem erfahrenen Freibeuter anschließen. Sein neuer Anführer war kein geringerer als der legendäre »Blackbeard« Edward Teach. Der ließ ihn auf seinem Schiff, der »Queen Anne's Revenge«, lediglich mitfahren, woraufhin Bonnet melancholisch wurde und sich überhaupt nicht mehr um seine eigene Schaluppe kümmerte. Teach ließ ihn spüren, dass er ihn als Kaperfahrer nicht respektierte, und so trennte sich Bonnet nach einigen Streitereien wieder von dem großen Piraten. Bonnet setzte seine Kaperfahrt fort, nun von North Carolina aus gegen die spanischen Schiffe. In dieser Zeit muss der Gentleman von Barbados etwas durcheinandergebracht haben, denn er begann die Lebensmittel, die er aus anderen Schiffen mitnahm, zu bezahlen. Der verhinderte Pirat tauschte dabei auch Proviant gegen Schiffsausrüstung. Die tatsächlichen Überfälle waren überschaubar. Eine gekaperte Schaluppe brachte einschließlich der Ladung aus Zucker, Rum, Melasse, Baumwolle, Indigo und fünfundzwanzig Pfund an Bargeld gerade einmal 500 Pfund – für mittlerweile rund 100 Männer. Das waren keine wirklichen Erfolge.

Aus dem amerikanischen South Carolina hatte sich mittlerweile der Oberst William Rhet mit zwei Schaluppen aufgemacht, um den Piraten vor der Küste ein Ende zu machen.

Er griff die »Revenge« an und eroberte sie nach einem zwei-
tägigen Gefecht, bei dem die Gegner sogar in Schussweite auf
Grund gelaufen waren und die Besatzungen Schimpfworte, Ver-
höhnungen und Musketenkugeln austauschten. Bonnet wurde
am 3. Oktober 1717 inhaftiert, konnte jedoch – vermutlich durch
Bestechung – fliehen. Der Gouverneur setzte eine Belohnung
von 700 Pfund auf seine Ergreifung aus. Bonnet wurde verraten
und erneut eingesperrt. Nun gab es kein Entkommen mehr. Am
8. November 1718 wurden siebenundzwanzig überlebende Besatzungsmitglieder der »Revenge« am White Point in der Nähe
von Charlestown hingerichtet. Bonnet hatte durch seine Flucht
sein Leben nur wenig verlängern können. Auch er starb wenige
Tage nach seiner Mannschaft am Galgen.

Die Mannschaft von Stede Bonnet 1718

»Stede Bonnet, alias Edwards, alias Thomas, vormals Barbados,
    Seemann
Robert Tucker, vormals von der Insel Jamaika, Seemann
Edward Robinson, vormals New-Castle upon Tyne, Seemann
Neal Paterson, vormals Aberdeen, Seemann
William Scott, alias Neddy, vormals Aberdeen, Seemann
Alexander Annand, vormals Jamaika, Seemann
George Rose, vormals Glascow, Seemann
George Dunkin, vormals Glascow, Seemann
Thomas Nicholas, vormals London, Seemann
John Ridge, vormals London, Seemann
Matthew King, vormals Jamaika, Seemann
David Perry, vormals Guernsey, Seemann
Henry Virgin, vormals Bristol, Seemann
James Robbins, alias Rattle, vormals London, Seemann
James Mullet, alias Millet, vormals London, Seemann
Thomas Price, vormals Bristol, Seemann

James Wilson, vormals Dublin, Seemann
John Lopez, vormals Oporto, Seemann
Zachariah Long, vormals aus der Provinz Holland, Seemann
Job Bayly, vormals London, Seemann
John-William Smith, vormals Charles-Town, Carolina, Seemann
Thomas Carman, vormals Maidstone in Kent, Seemann
John Thomas, vormals Jamaika, Seemann
Samuel Booth, vormals Charles-Town, Seemann
William Hewet, vormals Jamaika, Seemann
John Lewit, vormals North Carolina, Seemann
William Livers, alias Evis
John Brierly, alias Timberhead, vormals Bath-Town, North Carolina, Seemann
Robert Boyd, vormals aus dem zuvor genannten Bath-Town, Seemann
Rowland Sharp, aus Bath-Town, Seemann
Jonathan Clarke, vormals Charles-Town, South Carolina, Seemann
Thomas Gerrard, vormals Antegoa, Seemann«

Dies ist die Mannschaft der »Revenge«, die in South Carolina vor Gericht gestellt wurde. Die Namen stammen aus der Anklageschrift. Bis auf die drei Letztgenannten und den Seemann Thomas Nicholas wurden alle zum Tode verurteilt und hingerichtet.

Ein Imperium schlägt zurück I

Es ist das Jahr 67 v. Chr. Die kilikischen und kretischen Piraten sind seit vielen Jahren eine Plage für den Handel im gesamten östlichen Mittelmeer. Sie haben eine komplette Seestreitmacht aufgebaut, mit Waffenfabriken, Arsenalen und Werften. Mehrere dauerhaft einsatzbereite Flotten stehen ihnen zur Verfügung, während im fernen Rom über jede einzelne Flottenoperation entschieden wird und dann erst die dafür benötigten Schiffe gebaut werden. Doch nun entschließt sich Rom, gegen die Piraten der kleinasiatischen und griechischen Inseln und Küsten vorzugehen. Man beauftragt Gnaeus Pompejus mit der Vernichtung der Seeräuber. Pompejus ist Stratege und Politiker zugleich, und das Römische Reich stellt ihm alle erforderlichen Mittel zur Verfügung. Er wird für drei Jahre Prokonsul und damit unumschränkter Herrscher über einen fünfzig Meilen breiten Küstenstreifen rund um das ganze Mittelmeer. Pompejus kann fünfzehn persönliche Statthalter ernennen und ist Oberbefehlshaber über eine bestehende Flotte von 470 Schiffen. Weitere Schiffe kann er nach Belieben bauen lassen, denn der Seestratege Roms kann über den gesamten Staatsschatz und alle öffentlichen Kassen der Provinzen verfügen. Kein Piratenjäger hat jemals wieder so viel Macht gehabt.

Bis heute verehrt: Berühmte Freibeuter

Freibeutern und Kaperkapitänen haftet von jeher das Odium der Gesetzlosigkeit an. Sie werden zwar in der Literatur oder im Film als »Robin Hoods der Meere« romantisiert, und ihre Namen finden noch im Tourismusgeschäft, bei der Einweihung einer neuen Kneipe in Norddeutschland oder eines englischen Pubs Verwendung. Trotzdem setzt sich immer mehr die Erkenntnis durch, dass Männer wie Klaus Störtebeker, Francis Drake oder William Dampier gewalttätige und oft gewissenlose Verbrecher waren. Nicht die Spur von Robin Hood, so sehr man auch sucht. Doch in Frankreich sieht man das offenbar anders. Hier erfahren die Kapitäne, die aus den Korsarenstädten des Kanals, der Bretagne und der Normandie hinausfuhren, um Schiffe zu jagen, durchaus nicht nur öffentliche, sondern auch staatliche Anerkennung. Während in der britischen Marine kein

Schiff Drakes Namen trägt und auch in der heutigen deutschen Marine kein Platz für eine »Störtebeker« ist, ehren die Franzosen ihre berühmten Kaperkapitäne mit Schiffsbenennungen.

Jean Bart

Ein Schlachtschiff erhielt bei seinem Stapellauf am 6. März 1940 mit Stolz den Namen »Jean Bart«. Bart war einer der bekanntesten Kapitäne Dünkirchens und für mehr als achtzig nicht immer legale Kaperungen vorwiegend holländischer Schiffe im Ärmelkanal verantwortlich. Nach seiner »Piratenkarriere« wurde er Befehlshaber eines Schiffsverbandes der regulären französischen Marine. In dieser Position bewies er sein militärisches Talent und wurde schließlich sogar von Ludwig XIV. geadelt.

Robert Surcouf

Auch Kapitän Robert Surcouf wird in Frankreich geehrt. Der 1773 in dem Städtchen St. Malo geborene Bretone ging schon mit dreizehn Jahren zur See und diente sich allmählich hoch. 1794 erhielt er sein erstes Kommando über ein Sklavenschiff. Schließlich wurde er Kaperfahrer und brachte britische Schiffe im Golf von Bengalen auf. Innerhalb weniger Jahre kaperte er Dutzende von englischen Schiffen und kehrte als schwerreicher Mann nach Frankreich zurück. Das Angebot, als Seeoffizier in die reguläre Marine einzutreten, schlug er aus und trat nun als Geldgeber für Kaperunternehmen aus seiner Heimatstadt auf. 1805 erhielt Surcouf aus der Hand Napoleons die Baronswürde. Der berühmte Korsar, der als »Schrecken der Engländer« bekannt war, starb 1827. Dem Freibeuter wurde eine besondere Ehre zuteil: Ein speziell für den Kaperkrieg entwickeltes und am 18. November 1929 vom Stapel gelaufenes U-Boot erhielt seinen Namen. Es war zu seiner Zeit mit einer Länge von 110 m und einer Wasserverdrängung von 4300 t das größte U-Boot der Welt und trug als einziges Unterwasserfahrzeug zwei riesige 20,3- cm-Geschütze. Außerdem verfügte die »Surcouf« über einen Hangar mit einem Bordflugzeug zur Erkundung. Es sank 1942 im Dienst der Freien Französischen Streitkräfte in der Nähe des Panamakanals nach einer Kollision mit einem amerikanischen Frachter.

Ein Barbar unter Barbaren?

»Er spricht wenig, und wenn, dann flucht er. Betrunken vom Morgen bis spät in die Nacht. Äußerst verschwenderisch und tollkühn. Schläft viel. Ein Dummkopf und Narr in allen Bereichen außer der Seefahrt.«
Aussage über JOHN WARD (1553–1622)

Ward wurde in Kent geboren. Er desertierte aus der Navy und kaperte ein französisches Schiff im Mittelmeer. Fortan versuchte Ward sein Glück als Korsar und verfügte 1606 über eine eigene Seeräuberflotte mit 500 Mann. Er kaperte unterschiedslos alles, was ihm vors Schiff kam. Vor allem Venedigs Handelsschifffahrt hatte unter ihm zu leiden. Sein größter Coup war die Aufbringung einer Venezianischen Galeasse namens »Reinera e Soderina«. Angeblich betrug der Wert 100 000 englische Pfund. (Im Einkommensvergleich entspräche das etwa 90 Millionen heutigen Pfund.) Nach diesem Erfolg setzte er sich zur Ruhe und lebte in Tunis im Luxus, bis er 1622 an der Pest starb.

Exquemelin – Der Berichterstatter des Schreckens

Einer der bekanntesten Augenzeugenberichte über das Piratenleben wurde im Jahre 1678 in Amsterdam veröffentlicht. Autor war der Wundarzt Alexander Olivier Exquemelin, der unter diesem Namen in die Ärztegilde der Stadt aufgenommen wurde. Exquemelin stammte angeblich aus Honfleur, nach französischen Quellen aus dem Hause eines Apothekers. Eigentlich hieß er Hendrik Barentszoon Smeeks und war Holländer, aber unter dem Namen Exquemelin wurde er aufgrund seiner detaillierten Beschreibungen berühmt.

Exquemelin war Faktor für die französisch-westindische Handelsgesellschaft und fuhr auf dem letzten Schiff der Gesellschaft nach Tortuga. Die Faktorei dort sollte wegen Unrentabilität geschlossen, die Lager auf der Insel sollten geräumt und die Angestellten dort für zwanzig bis dreißig Ochos Reales, Stücke von Achten, verkauft werden. Davon war auch Exquemelin betroffen, der im Zuge dieses Sklavenhandels zunächst an einen skrupellosen Kaufmann kam. Als der Holländer aufgrund von Misshandlungen erkrankte, verkaufte ihn sein Dienstherr zum dreifachen Preis weiter. Der Käufer war ein Wundarzt, der Exquemelin gesund pflegte und ihn dann zu seinem Gehilfen ausbildete. Nach einem Jahr winkte dem zukünftigen Mediziner sogar die Freiheit, für den Betrag von nun 150 Stücken von Achten. Zwar hatte Exquemelin mit seinem neuen Arbeitgeber vergleichsweise viel Glück gehabt, doch beim Geld hört alle Menschenfreundlichkeit auf, zumindest in der Seeräuberhochburg Tortuga. »Ich hatte nichts«, schrieb der junge Mann, »so resolvierte ich denn, mich unter die Kaper und Räuber zu begeben.« Exquemelin schloss sich 1666 den Bukaniern an und wurde als Wundarzt gerne aufgenommen. Zwölf Jahre lang lebte er in verschiedenen Seeräubergruppen und schrieb seine Beobachtungen und Erinnerungen nieder. Vergleiche mit zeitgenössischen spanischen Quellen bestätigen die Authentizität der von ihm aufgezeichneten Fakten. So manches Detail in den prallen und farbigen Schilderungen hat der Wundarzt sicher nur nach dem Hörensagen notiert, doch steht fest, dass Exquemelin an Raubzügen der Piraten teilgenommen hat, darunter auch an der Plünderung Panamas durch die Männer Henry Morgans im Jahr 1671. Die Aufzeichnungen Exquemelins wurden 1678 in niederländischer Sprache unter dem Titel *De Americaensche Zeerovers* veröffentlicht und waren bald ein großer Erfolg. Zunächst beschrieb Exquemelin verschiedene Bukanier-Persönlichkeiten und ihre teilweise fürchterlichen Taten: Überfälle und Folterungen durch die Piraten Rock Brasiliano und François L'Olonnois ebenso wie die Flucht von Bartholomäus Portugues aus spanischer Gefangenschaft. Den gesamten zweiten Teil des Buches nahmen die Gestalt Henry Morgans und seine Raubzüge in den spanischen Kolonien Amerikas ein. 1678 verließ Alexander Exquemelin die Bukaniere und schiffte sich nach Holland ein, wo er sich in Amsterdam niederließ und den Rest seines Lebens verbrachte.

Ein Entdecker als Seeräuber. Oder umgekehrt?

Eine der schillerndsten Piratenpersönlichkeiten war zweifellos William Dampier. Er war ein begnadeter Seemann und Navigator, ein rastloser Entdecker und ein ausgezeichneter Beobachter seiner Umwelt. Angetrieben von einem schier unstillbaren Durst nach Neuem verließ der vermutlich 1651 geborene William nach der Schule sein bäuerliches Elternhaus im Westen Englands und ging zu einem Kapitän in die Lehre. Mit dem Ausbruch des Krieges gegen die Holländer trat er in die Royal Navy ein und nahm an verschiedenen Schlachten teil. Nach dem Krieg teilte Dampier das Schicksal vieler anderer Seeleute und schied als Invalide aus der Navy aus. Bald trieb es den Abenteurer nach Mittelamerika, wo er sich einer Gruppe Blauholzfäller anschloss. Als die Männer durch missliche Umstände ihre Profession aufgeben mussten, schlossen sie sich einer Bande Bukaniere an und machten die Küste in der Bucht von Campeche unsicher. Das war Dampiers Einstieg in die Piraterie.

William Dampier kehrte 1678 nach England zurück und heiratete. Doch konnte selbst das ihn nicht von seiner Leidenschaft für unbekannte Meere abhalten. Schon im folgenden Jahr fuhr er wieder hinaus, diesmal mit dem Ziel Jamaika. Der nun 28-jährige Seemann bezeichnete seine Kameraden auf den Schiffen nie als Piraten, sondern als legitimierte Kaperfahrer, doch tatsächlich waren sie Seeräuber, die Schiffe und Hafenorte plünderten und brandschatzten. Im Dezember 1679 stieß der Engländer auf eine aus fünf Schiffen bestehende Bukanierflotte, mit der er die Stadt Portobello überfiel. Schließlich plante der englische Kapitän John Cook eine Umrundung Kap Hoorns, um zu den spanischen Edelmetallverladehäfen an der südamerikanischen Pazifikküste zu gelangen. Im Pazifik angekommen, zogen die Piraten plündernd die Küste gen Norden hinauf. Sie versuchten einen Überfall auf eine spanische Silberflotte, konnten den weit überlegenen Spaniern jedoch kein Schiff entreißen und entkamen nur mit knapper Not. Dampier wechselte wiederum das Schiff und heuerte auf der »Cygnet« von Kapitän Swan an, der eine Reise in den Orient plante. Die »Cygnet« und ein kleineres Begleitschiff befuhren nun den schier endlosen Pazifik in Richtung Westen. Nach den Seekarten betrug die Entfernung zwischen Südamerika und dem Archipel Guam 6000 Seemeilen. Als das Schiff schließlich vor der Insel Anker warf, war es zweiundfünfzig Tage auf See gewesen und hatte 7323 Seemeilen zurückgelegt. Die »Cygnet« hatte noch Proviant für gerade drei Tage an Bord.

Die Piraten segelten weiter nach Mindanao, vor die chinesische Küste und dann durch die Inselwelt Indonesiens nach Neuholland, dem heutigen Australien. Dampier und seine Kameraden von der »Cygnet« waren die ersten Engländer, die australischen Boden betraten. Im Indischen Ozean trennte sich William Dampier von den Bukanieren und kreuzte auf einem Handelsschiff weitere zwei Jahre im Indischen Ozean. 1691 heuerte er auf einem englischen Schiff an und erreichte am 16. September um das Kap der Guten Hoffnung herum England. Dampier hatte nun die erste seiner drei Weltumsegelungen vollendet. Von den vierzig Jahren seines bisherigen Lebens hatte er fast ein Drittel auf See verbracht.

Die Aufzeichnungen von seiner Reise erweiterte er mit seinen Erinnerungen zu einem Bericht, der fünf Jahre nach seiner Rückkehr unter dem Titel *A New Voyage Round the World* veröffentlicht wurde. Der riesige Erfolg machte die britische Admiralität auf den Abenteurer aufmerksam, und die Seelords trugen ihm die Führung einer Expedition in die Südsee an. Bereits im Januar stach er mit der »HMS Roebuck« in See. Auch diese Reise endete mit einem wunderbaren Bericht über die angelaufenen Orte, war jedoch insgesamt ein völliger Fehlschlag. Dampier entdeckte nichts Neues und verlor auf der Rückreise sogar sein Schiff. Es sank infolge eines Lecks vor der Insel Ascension. Die Reise hatte auch ein juristisches Nachspiel. Ein Kriegsgericht verurteilte Dampier wegen Brutalität gegenüber einem seiner Offiziere und erklärte ihn für unfähig, ein Marineschiff zu befehligen.

Dampiers Ruf litt jedoch nicht nachhaltig unter dem Ergebnis der Verhandlung. Eine Gruppe Londoner und Bristoler Geschäftsleute beauftragte Dampier mit dem Kommando über ein Kaperschiff. Gemeinsam mit der »Cinque Ports« lief Dampier mit seiner »St. George« aus. Doch auch auf dieser Reise, die zu den spanischen Besitzungen nach Südamerika führen sollte, stellte sich Dampier als überaus schwieriger Charakter und wenig zur Menschenführung geeignet heraus. Kaum von dieser Fahrt heimgekehrt, verließ der ruhelose Seemann England erneut. Seine nächste Reise unternahm er als Steuermann auf dem Kaperschiff von Kapitän Woodes Rogers. Die Expedition verließ am 2. August 1708 Bristol. Auch diese Fahrt sollte William Dampier um die Welt führen. Er umrundete Kap Hoorn, überquerte den Pazifik und erreichte über Batavia (das heutige Djakarta) und das Kap der Guten Hoffnung am 14. Oktober 1711 England. Unterwegs hatten die Männer mehrere Handelsschiffe aus verschiedenen Ländern gekapert. Kapitän Rogers schrieb in sein Bordbuch: »An diesem Tag um 11 Uhr erreichten wir Erith nebst unserem Begleitschiff und der Prise. Damit ist das Ende unserer langen und ermüdenden Reise erreicht.«

Dies war die letzte Reise William Dampiers. Die Kaperfahrt brachte den Eignern eine Beute von 800 000 Pfund ein. Dampier kaufte sich von den 1500 Pfund seines Anteils ein Haus in London in der Coleman Street. Dort starb der Seemann, Pirat und Schriftsteller 1714 friedlich im Alter von 63 Jahren.

SILBERFLOTTE

Die Silberflotte war ein regelmäßig verkehrender Geleitzug, der die Ausbeute der amerikanischen Silberminen nach Spanien schaffen sollte. Der Hauptexporthafen war dabei Panama an der mittelamerikanischen Pazifikküste. Der Konvoi selbst wurde schwer bewacht, aber es kam immer vor, dass sich einzelne Schiffe wetterbedingt oder absichtlich entfernten. Diese schwerfälligen spanischen Galeonen waren dann oft leichte Beute für lauernde Piraten.

Uluch Ali – ein christlicher Renegat

Nur wenige der muslimischen Korsaren des 16. Jahrhunderts brachten es zu größerer Bekanntheit. Einer von ihnen war Uluch Ali. Geboren wurde Ali 1496 in Kalabrien als Luca Galieni. Eigentlich hatte Luca eine geistliche Laufbahn einschlagen wollen, aber es kam ganz anders, als er als Passagier während einer Überfahrt von dem berühmten Korsaren Dragut gefangen genommen wurde. Luca beeindruckte den Piraten offensichtlich, denn der reihte ihn unter dem Namen Uluch in seine Mannschaft ein, und der ehemalige Klosterschüler wurde ein überzeugter Muslim. Fortan kämpfte er gegen die Ritter des Malteserordens und gegen die christliche Seefahrt allgemein. Uluch kaperte einmal mit einem einzigen Schiff einen ganzen Geleitzug von Getreidefrachtern, indem er nur durch sein bloßes Erscheinen die Bewachung in Panik flüchten ließ. Der Pirat unterstützte den Aufstand der Mauren in Spanien und kämpfte in der Seeschlacht von Lepanto 1571 als einziger islamischer Flottenführer erfolgreich. Er versenkte mehrere Schiffe und nahm einige Prisen der christlichen Flotte. Uluch erschien 1574 mit 320 Schiffen und 70 000 Männern vor Tunis und eroberte die Stadt von den Spaniern zurück. Am 21. Juni 1587 starb der berühmte muslimische Korsar einundneunzigjährig und in geistiger Umnachtung in Istanbul.

Henry Avery – der Erzpirat

Der wahrscheinlich erfolgreichste Pirat aller Zeiten bei einem einzigen Überfall war Henry Avery, genannt Long Ben. Er wurde 1653 in der Nähe von Plymouth als Sohn eines Marineoffiziers geboren. Henry war zehn Jahre alt, als sein Vater starb und er seinem Onkel übergeben wurde. Dieser Onkel betrog den Jungen um sein Erbe und gab ihn bei einem ziemlich brutalen Kapitän in die Lehre. Henry diente sich zum Matrosen hoch und wurde 1673, im gleichen Jahr wie William Kidd, in die Royal Navy gepresst. Nach seiner Entlassung heiratete er und ging auf die westindischen Inseln, um als Kaufmann tätig zu sein. Seine Frau nutzte Averys längere Abwesenheit aus, betrog ihn mehrfach, verkaufte das gemeinsame Haus und verschwand mit seinem gesamten Besitz. Daraufhin schloss sich der talentierte Seemann und Navigator im Jahre 1691 Piraten von den Bahamas an. 1694 führte er eine Meuterei an und übernahm das Kommando der »Charles II«, einem Dreimaster mit dreißig Kanonen und einer Besatzung von 125 Mann. Avery taufte das Schiff auf den Namen »Fancy« um und führte nun eine eigene Piratenflagge (gekreuzte Knochen unter einem Totenschädel mit Kopftuch). Er raubte wahllos englische, dänische und indische Schiffe aus, darunter auch das Prachtschiff des indischen Großmoguls. Diese

Prise war mit einem geschätzten Wert von über 300 000 Pfund die größte Einzelbeute in der Geschichte der Piraterie. Der Anteil des Kapitäns betrug 3000 Pfund, was für einen geruhsamen Lebensabend ausreichen sollte. Avery nutzte also die Gunst der Stunde und zog sich aus dem Geschäft zurück. Er überließ dem Gouverneur von New Providence auf den Bahamas sein Schiff gegen die Erlaubnis, mit seinen Männern an Land gehen zu dürfen und machte sich auf den Weg nach England. Dort angekommen legte sich Henry Avery den Namen Benjamin Bridgham zu und verbrachte seine letzten Jahre in Bideford in der Grafschaft Devon. Angeblich starb er völlig verarmt.

Der legendäre Blackbeard – stark überbewertet

Nur wenige Piraten wurden so bekannt wie Edward Teach (oder Tatch). Über seine Herkunft ist nichts bekannt, als Geburtsort werden Bristol, Jamaika oder Carolina angegeben. Zum ersten Mal wurde »Blackbeard« Teach 1717 aktiv, als er ein französisches Schiff mit vierzig Kanonen kaperte und es auf den Namen »Queen Anne's Revenge« taufte. Mit diesem Schiff machte der furchterregende Mann mit dem langen schwarzen Bart die amerikanische Ostküste bis in die Karibik hinein unsicher. Der legendäre Pirat heiratete ein sechzehnjähriges Mädchen aus North Carolina, von dem es hieß, es sei bereits seine vierzehnte Ehefrau. Tatsächlich war dies »Blackbeards« einzige Hochzeit, alle anderen Frauen sind offensichtlich nur zeitweilige Liebschaften gewesen. Nach dem Bericht von Kapitän Johnson teilte Teach seine jeweiligen Frauen regelmäßig mit fünf oder sechs seiner Besatzungsmitglieder. »Blackbeard« konnte im Gefecht selbst auf exzessive Gewaltanwendung verzichten, sein Äußeres war einschüchternd genug. Er war groß und hager, den langen schwarzen Bart, der ihm bis unter die Augen reichte, trug Teach zu kleinen Zöpfen geflochten, die er sich um die Ohren wickelte.

Der berühmte Pirat trug im Gefecht drei Paar Pistolen, und die brennenden Lunten dazu befestigte er unter seinem Hut, sodass die glühenden Schnüre rechts und links an seinem Gesicht herunterhingen. Zusammen mit den blitzenden Augen muss die wilde Gestalt einen Panik auslösenden Eindruck gemacht haben. Teach enterte und plünderte viele Schiffe ohne jeden Kampf. Bald verlegte er seine mittlerweile mehreren Schiffe von New Providence nach North Carolina. Im Juni 1718 nahm er bei einer Kaperung Geiseln und blockierte mit über 400 Piraten den Hafen von Charleston, South Carolina. Er erpresste mehrere Kisten mit Medikamenten zur Behandlung seiner von Geschlechtskrankheiten heimgesuchten Mannschaft. Nachdem Teach die Kisten vom Gouverneur in Charleston erhalten hatte, ließ er die Geiseln unversehrt frei. Der Gouverneur von Virginia, Alexander Spotswood, setzte im November 1718 ein Kopfgeld von 100 Pfund auf »Blackbeard« aus. Als es wenig später zum Streit innerhalb der großen Seeräuberbande kam, teilte Edward Teach seine Leute auf, er selbst ging mit vierzig Mann an Bord einer erbeuteten Sloop und nahm seine Geschäfte wieder auf. 1719, nach nur zwei Jahren Aktivität, stellte die britische Marine »Blackbeard« in der Ocracoke Bay. Das anschließende Gefecht kostete die Marine rund fünfzehn Tote und vierundzwanzig Verletzte, doch den Seesoldaten gelang die Enterung des Piratenschiffes. »Blackbeard« Teach kämpfte wie von Sinnen, er fiel im Nahkampf mit insgesamt fünfundzwanzig Hieb-, Stich- und Schusswunden. Die zehn überlebenden Piraten wurden überwältigt und abgeurteilt. Mit dieser Aktion begann der Krieg gegen die Piraten im großen Stil. Hunderte von »Seadogs« wurden hingerichtet, und die große Zeit der Seeräuber neigte sich dem Ende zu.

Das meistverwendete Piratenschiff der nordamerikanischen und Karibikpiraten war die Sloop, ein einmastiger Segler mit Kuttertakelage. Sloops waren zehn bis zwanzig Meter lang und hatten sechs bis zwölf Kanonen. Die Besatzungen waren bei Piratenschiffen immer zahlreich, auf einer großen Sloop fuhren bis zu 150 Männer auf Raub aus. Sloops wurden auf den Bermudas oder in Jamaika gebaut und waren sehr seetüchtig. Sie hatten geringen Tiefgang, konnten also in vielen Fällen Kriegsschiffen im Flachwasser entkommen.

Ein Kaperkapitän rettet Halle vor dem Untergang

Der als »Seeteufel« bekannt gewordene deutsche Korvettenkapitän a. D. Graf von Luckner hielt sich gegen Ende des Zweiten Weltkrieges in Halle auf. Kurz vor dem Angriff der Amerikaner am 15. April 1945 fuhr der ehemalige Kaperschiffkapitän des Ersten Weltkrieges mit dem deutschen Major Huhold mit einer weißen Flagge ausgerüstet zu den amerikanischen Linien und bot dem kommandierenden Offizier die kampflose Übergabe der Stadt an. Einige Amerikaner erkannten Luckner, der zwischen den Kriegen viele Vorträge in den USA gehalten hatte. Sie glaubten den Aussagen Huholds und Luckners und bliesen den bereits angeforderten Luftangriff ab. Halle wurde ohne weitere Opfer besetzt.

Aus dem Brief eines Sklaven

»Aus der Barbarei, 29. September 1646

Liebe Freunde!
Es ist nun über sechs Jahre her, dass ich in Gefangenschaft geriet, und seitdem hab ich oft geschrieben an viele, die ich kenne, hab auch einen Brief beigelegt für meinen Vater, falls er noch lebt

und auch Briefe für meine Brüder und meine Freunde, falls sie noch nicht gestorben sind. [...] O meine Freunde, ich berichte euch nun nochmals, wie elend es mir geht, seitdem ich von dem flamschen Schiff heruntergeholt wurde, nachdem der Krieg doch schon zwei Jahre aus war. Zur Zeit bin ich als Sklave bei einem französischen Renegaten, der im Inneren des Landes Besitzungen hat, und mit mir ein anderer Protestant, Robertson, und wir sollen dort zur Arbeit eingesetzt werden. [...] Das Schlimme ist nun, dass der Preis für unseren Freikauf nicht weniger als 250 Pfund beträgt, weil man glaubt, wir hätten reiche Freunde in England, und auch will man uns beide nur zusammen weglassen. [...] Ach Vater, ihr Brüder, Freunde und Verwandten, versucht doch mit allen Mitteln, unsere Befreiung zu erreichen! So viele Hunderte von Sklaven haben es doch erreicht, von ihrem Elend hier erlöst zu werden, seit wir hier sind. Immer hoffen wir, die nächsten zu sein und dann wieder die nächsten, aber bisher sind alle unsere Hoffnungen zu Schanden geworden. Wir flehen euch darum an um Christi Willen, der euch erlöst hat, setzt alle Hebel in Bewegung, dass wir hier erlöst werden. [...] Wir hören hier, dass der Kaufmann Mr. Stanner, London, einen Vertreter in Livorno hat, über den könnt ihr am schnellsten die geschäftliche Abwicklung besorgen. [...] Der Herr lenke eure Gedanken auf den Weg der Liebe und stärke uns mit Zuversicht und Geduld. Euer bedrückter Freund Thomas Sweet.«

Die Listen der englischen Freigekauften sind vollständig erhalten. Weder Robertson noch Sweet sahen die Heimat wieder.

Die Beichte eines Mittelmeer-Piraten

»[...] Aber mir stand der Sinn danach, selbst eine Brigantine zu besitzen. Und als gelegentlich eine der Besatzungen ihren Kapitän wegen ungerechter Behandlung an den Mast gespießt hatte, zögerte ich nicht lange, ging heimlich an Bord und erklärte den Segelknechten, ich sei der neue Kapetan [Kapitän], und wer nicht gehorche, büße es an Leib und Leben. [...] So lebte ich von da an das Leben der Gusaren [Korsaren], und war mir von Herzen wohl dabei. Wann immer ich in mein Haus nach Dulcigno zurückkehrte von einer Beutefahrt, brachte ich seltene und besondere Dinge mit, edle Steine, Geschmeide, kostbare Schleier, Sammetmäntel, goldbestickte Schuhe und Truhen voll Münzen. Freilich auch Sklavenfleisch, weißes und schwarzes; denn der Teufel segnete mein Werk. Nicht sagen kann ich, wie vielen Menschen ich in diesen Jahren das Leben raubte. Das Morden und Niederhauen war mir so zur Gewohnheit geworden, dass ich es nicht mehr zählte. Und sie nannten mich Sajtan el Vjetar. Das heißt: Teufel des Windes. [...] Nannte in einem Jahrzehnt ein halbes Dutzend Schiffe mein eigen zu zwei und drei Masten und gut bestückt mit Mörsern und Kugeln [...] Ich stand im 35. Jahr meines Lebens, als zum ersten Mal der Teufel Asmodi sich gegen mich wandte und ich nicht nur meine Frau und meine Söhne, sondern auch mein Hauptschiff, die Brigantine ›Vjetar‹ verlor. [...] Die Zeit war dahin, da ich die Schiffe jagte wie der Thunfisch die Sardellen. Nun waren wir selber die Gejagten und hatten oft nicht genug zu essen [...]«

Der Pirat Dragutin Anirovic musste bei einem missglückten Überfall fliehen und rettete sich als Mönch verkleidet in ein Kloster in der Nähe von Ragusa. Er beichtete seine Taten schließlich dem Abt, der ihn dazu brachte, seine Taten aufzuschreiben. Nach dem Tod Anirovics versah der Abt das Geständnis mit dem Datum 15. Januar 1651 und legte es dem Sarg bei. Es wurde von der Bodenbiologin Annie Francé-Harrar gefunden und entziffert.

Nicht jeder Pirat war eine schillernde Figur. Der portugiesische Fischer Bartholomäus, der in der Mitte des 17. Jahrhunderts auf Kabeljaufang vor der Küste Neufundlands unterwegs war, bildete eine solche Ausnahme. Der schlichte, aber mutige Mann begegnete vor der amerikanischen Küste einem Seeräuberschiff, das die Gewässer dort auf eine andere Art »abfischte«. Mit seinen nautischen Kenntnissen war er ein gesuchter Mann für jeden Freibeuterkapitän, und so erlag er der Versuchung des risikoreicheren, aber weniger anstrengenden Broterwerbs. Nach dem Tod des Kapitäns übernahm Bartholomäus das Kommando über das Schiff und stellte sich unter den Schutz des englischen Gouverneurs von Jamaika. Es gelang Bartholomäus Portugues, wie er sich nun nannte, nur unter großen Verlusten (er verlor zehn von neunundzwanzig Männern), eine spanische Galeone zu kapern. Doch das Unglück blieb ihm treu. Beim Auffüllen seiner Wasservorräte von drei spanischen Kriegsschiffen überrascht, verlor Portugues sein Schiff, und die Spanier brachten ihn und seine Mannschaft nach Campeche zur Aburteilung. Dem einstigen Fischer und jetzigen Pirat gelang zwar die Flucht von dem spanischen Schiff, indem der Nichtschwimmer sich mit Hilfe zweier großer leerer Weinflaschen an die Küste rettete. Doch seine Männer sah er nie wieder, und er selbst konnte nichts als das nackte Leben bis in die nächste Ansiedlung retten. Dort traf er nach allerlei Entbehrungen einige Freibeuter, denen er sich anschloss. Mit einem Kanu und zwanzig Mann schlich sich Bartholomäus nach Campeche zurück und kaperte das spanische Schiff, auf dem er inhaftiert gewesen war. Hatte Portugues bisher wenig Glück gehabt, kam nun noch Pech hinzu, denn sein neues Schiff geriet, kaum dass er es in Besitz genommen hatte, in einen Sturm und zerschellte an der Küste. Bartholomäus konnte sich an Land retten, doch gelang es ihm nie wieder, ein eigenes Schiff zu führen. Nach Exquemelin starb Bartholomäus Portugues als kranker Bettler auf der Pirateninsel Tortuga.

Der grausame Rock Brasiliano – getrieben vom Hass auf Spanien

Der wirkliche Name des aus Groningen stammenden Piraten Rock Brasiliano ist unbekannt. Er hatte lange in Brasilien gelebt, weshalb man ihn auf Jamaika »den Brasilianer« nannte. Er trat als einfacher Matrose einer Piratenmannschaft bei und kam durch eine Meuterei zu einer eigenen Crew, die sich kurzerhand eine Bark kaperte und nun eigene Geschäfte machte. Er galt als extrem gefährlich. War er betrunken (und das war er oft), »rannte er wie tollwütig durch die Stadt und hieb dem ersten, der ihm über den Weg lief, Arm oder Bein ab, ohne dass ihn irgendjemand daran hätte hindern können«, wie Exquemelin schreibt. Brasiliano quälte viele Gefangene, besonders Spanier hasste er. Der Augenzeuge Exquemelin berichtet, Brasiliano habe einige Spanier aufspießen und langsam bei lebendigem Leibe über einem Feuer braten lassen, weil sie ihm den Weg zum Ziel seines Überfalls nicht zeigen wollten. Rock kaperte nur wenige Schiffe, die mit ihrer Fracht ihm und seiner Bande ein Leben mit gelegentlichen Ausschweifungen in Jamaika ermöglichten. Nachdem er seine Beute verschleudert hatte, musste der Holländer wieder auf Fahrt gehen, wozu er erst einmal ein Schiff brauchte. Auf der Suche fiel Brasiliano in Campeche den Spaniern in die Hände. Er konnte fliehen und setzte mit anderen Piratenführern seine Raubzüge in der Karibik fort, sodass der Gouverneur Jamaikas den Schiffsverkehr teilweise einstellen musste oder die Schiffe nur im Geleitzug fahren ließ. Die Piraten verlegten daraufhin ihre Aktivitäten auf Überfälle auf Siedlungen oder Hafenorte. Über das weitere Schicksal des holländischen Piraten Rock Brasiliano gibt es keine Überlieferungen.

Trickreich und unverschämt

Der Pirat Rock Brasiliano wurde im Hafen von Campeche mit zehn seiner Leute gefangen genommen. Der spanische Gouverneur plante bereits die Hinrichtung, als er, durch eine List des Holländers getäuscht, seinen Plan änderte. Brasiliano schrieb dem Gouverneur nämlich einen Brief, den er ihm durch Komplizen von außerhalb des Kerkers zukommen ließ und der eine große Schar von Piraten in der Nähe vortäuschte. Diese (nicht existierende) Bande drohte dem Gouverneur mit der Tötung jedes Spaniers, den sie greifen konnte. Daraufhin bekam der Statthalter Angst um sein eigenes Leben und sandte Brasiliano nach Spanien, wo der Seeräuber vor Gericht gestellt werden sollte. Zuvor musste der Pirat feierlich schwören, nie mehr zu rauben, andernfalls er ohne Gnade aufgehängt werde. Rock Brasiliano leistete den Eid und bestieg eine Galeone nach Spanien. Doch das Schiff hatte die karibischen Gewässer kaum verlassen, da hatte der geriebene Seeräuber einigen Männern der spanischen Besatzung schon 500 Peseten im Kartenspiel abgenommen. Diese Summe reichte für eine sofortige Rückkehr nach Jamaika aus, wo Brasiliano sein Geschäft umgehend wieder aufnahm.

Eduard Mansfeld, der Lehrmeister von John »Henry« Morgan

Ein Mann, der ohne seinen Schüler völlig unbekannt geblieben wäre, ist der Flibustier Eduard Mansfeld. Woher er stammte, ist unbekannt, wahrscheinlich war Mansfeld gebürtiger Luxemburger. Er erhielt im Sommer des Jahres 1666 wie viele andere einen Kaperbrief des Gouverneurs von Jamaika, ausnahmsweise einmal nicht gegen Spanien, sondern gegen Holland. Von seiner Beute musste er zehn Prozent an den englischen König und fünfzehn Prozent an die Admiralität abtreten. Der Gouverneur empfahl Mansfeld einen jungen Mann, den er für dieses Geschäft als sehr geeignet einschätzte. Der angehende Kaperfahrer trug wegen seiner auffällig roten Haare den Spitznamen Rotschopf, als seinen Nachnamen gab er Morgan an. Seines Vornamens schien er nicht sicher zu sein, er wechselte zwischen John, Harry oder Henry. Morgan war ein gelehriger Schüler Mansfelds, der sich schließlich von ihm trennte, ihn mit seinen unkontrollierten Überfällen beim Gouverneur von Jamaika in Misskredit brachte und schließlich für die Absetzung des Piraten durch die eigene Mannschaft sorgte. Mansfeld wurde später von den Spaniern gefangen genommen und in Havanna hingerichtet. Sein Nachfolger als Anführer der »Brüder der Küste« wurde der zweiunddreißigjährige »Rotschopf« Henry Morgan.

Was ist ein Flibustier?

Flibustier ist eine andere Bezeichnung für die Bukaniere. Die Herkunft des Wortes ist umstritten. Eine Erklärung ist die Verballhornung des niederländischen »Vrijbuiters«, Freibeuter. Eine andere Deutung sieht die Männer nach ihren schnellen und leichten Booten (frz. Flibots, engl. Flyboats) benannt. Der erste Unterschlupf der Flibustiere war die Insel St. Christoph (heute St. Kitts) um 1625. Nach ihrer Vertreibung ließen sie sich auf Tortuga nieder.

John Hawley – der Mann aus Dartmouth

Im Jahre 1399 lebte in der südenglischen Hafenstadt Dartmouth ein Kaufmann namens John Hawley. Nach einigen Gewalttätigkeiten seitens französischer Seeleute charterte er auf eigene Kosten einige im Hafen seiner Heimatstadt liegende Schiffe und fuhr mit ihnen auf eine Kaperfahrt an die französische Atlantikküste. Hawley hatte keinerlei Legitimation, er stand damit als Pirat außerhalb jeden Gesetzes. Sein kleines Geschwader kehrte mit dreiundvierzig gekaperten französischen Schiffen zurück. Zu Hawleys Beute gehörten 1500 Fässer Wein, von denen er einen Großteil freigiebig unter die Bevölkerung Dartmouths verteilte. 1403 segelte Hawley mit mehreren Schiffen aus Bristol, Plymouth und Dartmouth auf eine weitere Expedition ins Mittelmeer. Auch hier war er erfolgreich und kaperte einige spanische Galeeren, die er bis nach England entführte.

Vom Pirat zum Papst

Viele Karrieren begannen oder endeten als Pirat oder Freibeuter. »Rotschopf« Morgan wurde vom Piraten zum Vizegouverneur von Jamaika, aber die höchsten Ehren erreichte ein junger Mann von der Insel Ischia namens Baldassare Cossa. Der Sohn eines Barons plünderte Anfang des 15. Jahrhunderts mit seinen Brüdern Schiffe in großem Stil, bis er sich schließlich von seiner Beute ein eigenes Söldnerheer zulegte und die Stadt Bologna überfiel. Er nahm die Stadt ein und stiftete die Beute Papst Bonifazius IX. Als Dank ernannte der ihn zum Kämmerer und zum Kardinal, obwohl Cossa nie als Priester geweiht worden war. Cossa organisierte den Ablasshandel so gründlich, dass die Einnahmen des Papstes stark anstiegen. Der Mann von Ischia residierte in Bologna als »blutiger Despot und schamloser Lüstling«, eine Beschreibung, die zur damaligen Zeit auf viele Kirchenoberen zutraf. Cossa hatte große kriminelle Energie gepaart mit politischem Geschick, denn er erlangte durch Mord und Bestechung die Papstwürde. Dabei war er einer von dreien, die 1410 Ansprüche auf den Stuhl Petri erhoben. Er gab sich den Papstnamen Johannes XXIII. (ein Name, der später aus der Kirchengeschichte getilgt wurde und den erst im 20. Jahrhundert wieder ein Papst trug). Cossa schaffte es sogar, der Nachfolger des römischen Papstes Gregor XII. zu werden, doch auf dem Konzil von Konstanz 1414 wurde der Expirat abgesetzt und von König

Sigismund eingesperrt. Nach dem Ende des über dreijährigen Konzils ließ man Cossa gegen Zahlung eines hohen Lösegeldes laufen. Er unterwarf sich dem amtierenden Papst und durfte den Titel eines Kardinalbischofs führen. Baldassare Cossa starb 1419 völlig verarmt in Tusculum. Wegen der Bischofswürde setzte man seinen Leichnam in Florenz bei. Auf dem Sarkophag steht:

IN DIESEM GRABMAL LIEGT DER LEICHNAM DES BALDASSARE COSSA BESTATTET, DER EINMAL PAPST JOHANN XXIII. GEWESEN IST.

Vom Admiral zum Pirat

Nikolaus Kniphoff stammte aus Malmö und war 1525 Admiral in Diensten des dänischen Königs Christian II. Als dieser nach Flandern ins Exil gehen musste, begleitete Kniphoff seinen König bis Antwerpen, wo der Monarch mit Anleihen des Bankhauses der Fugger eine Flotte von zehn großen Schiffen ausrüstete und bemannte. Mit diesen Schiffen sollte der Admiral den Handel Dänemarks zerschlagen und seinem König die Rückkehr ermöglichen. Tatsächlich gelang es dem Flottenführer, den Handelsverkehr in der Nordsee empfindlich zu stören. Dabei fielen dem Exadmiral nicht nur dänische, schwedische und norwegische Schiffe zum Opfer, auch hansische Kaufleute wurden immer wieder Opfer Kniphoffs und seiner Männer. Schließlich rüsteten die Hamburger eine Flotte gegen den dänischen Piraten aus und stellten sein Geschwader vor der Küste Ostfrieslands. 162 Piraten wurden gefangen genommen, davon ließ der Hamburger Rat fünfundsiebzig auf dem Grasbrook hinrichten. Unter den Verurteilten war auch der Anführer Nikolaus Kniphoff.

Ein Freibeuter organisiert die Flotte des Sultans

Chair-Ad-Din war der jüngere Bruder des berüchtigten muslimischen Korsaren Aruj. Er war kein primitiver Seeräuber, sondern hochgebildet, und er sprach sechs Sprachen. Als der Sultan ihn rief, um seine Flotte auszubauen, hatte Ad-Din Algier fest im Griff und zu einem mächtigen Korsarennest befestigt. Suleiman machte Chair-Ad-Din zum Kapudan Pascha, zum Großadmiral, und stellte eine Million Goldstücke zum Aufbau einer osmanischen Flotte zur Verfügung. Chair-Ad-Din ging schnell ans Werk und ließ alle christlichen Sklaven, die als Handwerker etwas von Schiffen und Geschützen verstanden, sammeln und zwang sie zur Mitarbeit. Sogar das berühmte Arsenal von Venedig, die Waffenschmiede der Seerepublik im Hafen der Lagunenstadt, konnte er ausspionieren und ließ es in Algier nachbauen. Schließlich zog der osmanische Großadmiral 1534 mit einer neugebauten Flotte von dreiundachtzig Schiffen und einer Kampftruppe von 7000 türkischen Janitscharen unter seiner alten Korsarenflagge (die einen Schädel mit Turban auf rotem Grund zeigte) plündernd durchs Mittelmeer.

Um ihn zu fassen, sammelte Kaiser Karl V. 1535 eine Streitmacht. Nie zuvor und nie wieder in der Geschichte der Piraterie wurde ein einzelner Freibeuter mit einem solchen Aufwand gejagt: 60 Galeonen aus Flandern, 25 neue Karavellen aus Portugal und Spanien, zwölf große päpstliche Galeeren sowie Schiffe aus England und aus der italienischen Stadt Genua beteiligten sich an der Bekämpfung des nordafrikanischen Piraten. An Bord waren 10 000 Seeleute und 30 000 Ritter bzw. Söldner, darunter 8000 deutsche Landsknechte. Doch auch dieser Aufmarsch beeindruckte den Piratenführer nicht. Chair-Ad-Din wurde nicht gefunden.

Vom Schiffsjungen zum »römischen Cäsar«

Der Pirat Ruggero de Flor wurde im letzten Jahrzehnt des 13. Jahrhunderts als Rüdiger Blum geboren und wuchs in der italienischen Hafenstadt Brindisi auf. Mit zehn Jahren ging er als

Schiffsjunge an Bord eines Schiffes der Tempelritter, mit fünfundzwanzig kommandierte er eine Segelgaleere der Ordensflotte. Mit dieser raubte er meist sarazenische, d. h. »heidnische« Schiffe aus, was damals nicht anrüchig war. Einige christliche Schiffe waren aber auch unter seinen Opfern. Er plünderte im Auftrag des Königs von Sizilien an allen Küsten des Mittelmeeres. Nach dem Frieden von Messina wurde der König von Byzanz sein neuer Mäzen. De Flor erhielt den Titel eines Großherzogs des oströmischen Reiches. Er kommandierte zu diesem Zeitpunkt über 2000 Piraten. Seine Machtstellung im Reich war so groß, dass das grauenvolle Wüten seiner völlig entfesselten Truppen vom oströmischen Kaiser zähneknirschend geduldet wurde. Angesichts der Bedrohung durch die muslimischen Heere verlieh Andronikos II. dem Ex-Ordensritter und Piraten den Titel eines »römischen Cäsaren« und den gesamten Ostteil des riesigen Reiches zum Lehen. Kein Pirat der Weltgeschichte hat jemals mehr Macht in Händen gehalten. De Flor war jedoch dem Thronfolger Michael ein Dorn im Auge, denn der fürchtete den Emporkömmling, sicher zu Recht. Anlässlich eines Festes wurde de Flor trotz seiner 1300 Mann starken Leibwache von Truppen des Kronprinzen Michael gemeinsam mit seinen engsten Vertrauten niedergemetzelt.

Eine Witwe wird die erste große Piratin Europas

Piratinnen sind nicht erst eine Erscheinung des goldenen Zeitalters der Seeräuberei. Bereits im Mittelalter gab es eine bedeutende Frau unter den Piraten des nördlichen Europas: Jeanne de Clisson war die Frau des Barons Olivier de Clisson aus Nantes. Der Baron wurde des Hochverrats angeklagt und aufgrund von zweifelhaften Beweisen hingerichtet, sein Kopf wurde nach Nantes geschickt und über dem Stadttor aufgehängt. Clissons Witwe verkaufte daraufhin 1315 ihren gesamten Besitz, alle Ländereien und das Schloss selbst, und rüstete drei Schiffe aus. Sie bemannte sie mit Seeleuten, denen es nichts ausmachte, von einer Frau befehligt zu werden, solange nur die Beute stimmte, und stach mit ihren beiden jungen Söhnen in See. Jeanne de Clisson fuhr von der Loiremündung in die Gewässer vor der französischen Küste und kaperte wahllos jedes Schiff, das ihr vor den Bug kam. Die wenigen Überlebenden berichteten von einer wilden Furie, die gefolgt von zwei halbwüchsigen Knaben und einer verwegenen Entermannschaft über ihr Schiff hergefallen sei und dabei »Rache für Baron de Clisson« geschrien habe. Die angegriffenen Seeleute wurden ebenso niedergemetzelt wie die Einwohner der Küstendörfer, die Jeanne de Clisson heimsuchte. Die Gefahr für die Schifffahrt war zeitweise so groß, dass zwischen der Loire- und der Seinemündung kaum Schiffsverkehr möglich war. Ausgeschickte Suchschiffe wurden entweder gekapert oder verschwanden spurlos. Spurlos verschwanden letztlich auch die Baronin de Clisson und ihre Söhne. Einige Monate nach ihrem Aufbruch aus Nantes hörten die Überfälle plötzlich auf, über das weitere Schicksal der ersten großen Piratin Europas gibt es keine Überlieferungen.

Martin Frobisher, der Zuchtmeister

Martin Frobisher, einer der drei berühmtesten Freibeuter unter Queen Elizabeth I., wurde um 1535 in Normanton/Yorkshire geboren. Im Alter von neun Jahren ging er das erste Mal zur See. In den folgenden Jahren war er an mehreren Reisen nach Afrika beteiligt. Mit einunddreißig Jahren wurde Frobisher Kapitän. Er arbeitete als Freibeuter im Ärmelkanal und vor der Küste Irlands. Eine Expedition Frobishers zur Entdeckung der Nordwestpassage um Kanada und Alaska herum nach Asien scheiterte. Unter Francis Drake war der Yorkshireman Vizeadmiral auf der erfolgreichen Kapertour 1585/1586. Für seinen Einsatz im Kampf gegen die spanische Armada 1588 wurde der bei seiner Besatzung als extrem streng und rücksichtslos berüchtigte Freibeuter von der Königin geadelt. Als Anführer einer Kaperflotte unternahm Frobisher mehrere Angriffe auf spanische Hafenstädte. Als er 1594 den Hafen der französischen Stadt Brest blockierte, wurde der erfolgreiche Kaperführer bei einem Landeunternehmen schwer verwundet und starb am 2. Dezember 1594 in Plymouth an den Folgen der Verletzung.

Skrupellos und geldgierig, aber ein Genie

Auch John Hawkins war ein typischer Vertreter des skrupellosen, aber sehr fähigen Kaperkapitäns mit hoheitlichem Schutz. Hawkins wurde 1532 in Plymouth als Sohn einer Seefahrerfamilie geboren. Er unternahm schon früh Fahrten im Sklavenhandel zwischen Afrika und den spanischen Kolonien in Westindien. Auch Hawkins wurde mit kaum zweiunddreißig Jahren Kapitän eines Schiffes, der früheren »Jesus von Lübeck«. Er zwang die spanischen Kolonisten, mit ihm Handel zu treiben, und erzielte dabei enorme Gewinne. Bei der nächsten Fahrt überraschte ihn ein spanisches Geschwader, und der Freibeuter verlor drei von sechs Schiffen. In Ungnade gefallen, bot er dem spanischen König seinen Übertritt ins spanische Lager an. Nachdem er 40 000 Pfund als Anzahlung für diesen Verrat erhalten hatte, brach er alle Verhandlungen ab. 1577 wurde Hawkins Schatzmeister der Royal Navy und damit Verwaltungsoffizier. Auf sein Betreiben wurden in dieser Zeit die hohen Kastelle der Kriegsschiffe abrasiert, die Schiffe wurden schneller und entschieden ihre Gefechte nun im Artilleriekampf. Im entscheidenden Jahr 1588 kämpfte Hawkins als Konteradmiral gegen die spanische Armada und erhielt einen der begehrten Adelstitel. 1595 starb John Hawkins auf einer Expedition mit Drake nach Westindien vor Puerto Rico. Hawkins galt als rau, herzlos und gierig. Gleichzeitig war er aber ein begnadeter Seemann, und seine Ideen zur Weiterentwicklung der Galeonen trugen wesentlich zum Aufstieg Englands zur weltweit ersten Seemacht bei.

Ein Seeräuber schreibt Geschichte

Der bedeutendste Pirat des fernen Ostens war der Sohn eines ehemaligen Kaufmannes und späteren Piraten namens Cheng Chih-lung und hieß Cheng-Ch'eng-kung (was »Kaiserprinz« bedeutet). Die Portugiesen machten daraus den Namen Coxinga. Der junge Mann übernahm nach der Ermordung seines Vaters 1661 dessen Piratenflotte, die angeblich aus 3000 Dschunken bestanden haben soll. Coxingas Familie beherrschte zu dieser Zeit die chinesische Küste bis nach Schanghai vollständig. Als letztes Mittel dagegen ließ der Kaiser zwischen 1661 und 1663 die Bevölkerung ganzer Küstenstriche ins Landesinnere umsiedeln und die Orte und Häfen niederbrennen, um die Seeräuber von jeglichem Nachschub abzuschneiden. Coxinga siedelte 1661 von seinem bisherigen Stützpunkt Amoy nach der Insel Pekan über, wie das Eiland von den Malaien genannt wurde. Der Piratenanführer besiegte die holländische Besatzung und eroberte die Stadt Tainan und das holländische Fort Zeelandia. Der Seeräuber taufte die Insel um in »Terrassengestade«, chinesisch »Tai-wan«. Coxinga baute die Insel aus, verbesserte die Landwirtschaft und die Infrastruktur und legte neue Siedlungen an. Aus seinen »Vollzeitpiraten« wurden sesshafte »Gelegenheitspiraten«. Der berühmte Seeräuber starb 1683 an einer Geschlechtskrankheit, die er sich bei einer gefangenen holländischen Prostituierten geholt hatte. Nach seinem Tod übernahm die chinesische Mandschu-Dynastie die Insel.

Ein Pirat mit Stil

Bartholomew Roberts war sicher der erfolgreichste Pirat, wenn man nach der Anzahl der gekaperten Schiffe geht. Über 400 Schiffe hat der gutaussehende, furchtlose Mann aus Wales im Laufe seiner knapp vierjährigen Karriere geplündert.

Roberts wurde um 1682 in Haverfordwest in Wales geboren. Er ging früh zur See und wurde ein sehr guter Seemann und Navigator. Roberts fuhr als Zweiter Maat, als sein Schiff 1719 von Piraten überfallen wurde. Die Seeräuber pressten ihn in ihre Dienste, was ihm offensichtlich nichts ausmachte, denn nur wenige Wochen später ließ sich der Siebenunddreißigjährige nach dem Tod des Kapitäns zu dessen Nachfolger wählen.

Bartholomew Roberts war ein besonderer Pirat. Er kleidete sich modisch und war ein Musikliebhaber. Er rauchte nicht, trank keinen Alkohol und verbot jegliches Glücksspiel auf seinen Schiffen. Bartholomew Roberts war tollkühn, aber auch völlig skrupellos. Er überfiel Schiffe mit brutaler Gewalt und ließ Gefangene foltern, um Verstecke aufzuspüren. 1721 überfiel Roberts bei der Insel St. Lucia einen holländischen Segler. Die Besatzung wehrte sich verzweifelt, einige Piraten starben im Feuer der Holländer. Wutentbrannt ließ Roberts das Schiff entern und die gesamte überlebende Mannschaft abschlachten. Zu dieser Zeit hatte er vier Schiffe mit 500 Piraten unter seiner Befehlsgewalt, darunter sein Flaggschiff, die »Royal Fortune« mit zweiundvierzig Kanonen. Im selben Jahr verließ Roberts die Karibik und plünderte Handelsposten an der Westküste Afrikas. Hier wurde er von dem britischen 50-Kanonen-Schiff »HMS Swallow« unter Kapitän Ogle aufgespürt und angegriffen. Im folgenden mehrstündigen Gefecht starb Roberts durch eine Kartätschenladung. Von den 169 gefangenen Piraten wurden zweiundfünfzig gehängt und siebenunddreißig zu Haftstrafen verurteilt.

Der erfolgreichste Pirat der Geschichte – eine Frau?

Angeblich hat Bartholomew Roberts die strenge Anweisung erteilt, ihn nach seinem Tod sofort und in voller Bekleidung über Bord zu werfen. Dies und sein wenig männliches Gebaren haben den Verdacht aufkommen lassen, dass Roberts in Wirklichkeit eine Frau gewesen sei. Tatsächlich scheint Roberts jeglichen Kontakt zum weiblichen Geschlecht vermieden zu haben, es gibt keinen Hinweis auf eine Beziehung, allerdings auch nicht zu einem Mann. Der berühmte Pirat kleidete sich gerne bunt und trug aufwendigen Schmuck. Ebenfalls zu dieser Theorie passen seine sehr zierliche, frauliche Handschrift und auch die auf Augenzeugenberichten beruhende Illustration zum Buch Captain Johnsons, die Roberts als bartlose, schmalschultrige Person mit typisch weiblicher Handhaltung zeigt. Einen endgültigen Beweis für die Vermutung gibt es nicht. Als Roberts im Gefecht mit der »HMS Swallow« starb, befolgte der Quartermeister Glasby seine Anweisung und ließ den Körper des berühmten Piraten tatsächlich sofort über Bord werfen. Roberts nahm sein Geheimnis mit ins nasse Grab.

Captain Chaloner Ogle: Piratenjäger und Geschäftsmann

Captain Ogle führte das 50-Kanonen-Schiff »HMS Swallow«, das in heftigem Kampf die Mannschaft von Bartholomew Roberts überwand. Ogle wurde für seinen Sieg über den erfolgreichsten Piraten zum Ritter geschlagen. Er war der einzige Piratenjäger, dem diese Ehre zuteil wurde. Doch damit endete Ogles Glückssträhne noch nicht. Der Captain der »HMS Swallow« stieg zum Admiral auf, und der Verkauf der immensen Beute der Piraten machte den Marineoffizier zum reichen Mann.

Das Ende einer wilden Zeit

Im März 1722 begann der größte Piratenprozess der Geschichte in der Festung Cape Coast Castle an der westafrikanischen Goldküste. 264 Piraten aus der Bande Bartholomew Roberts' waren von der Royal Navy gefasst worden. Neunzehn von ihnen starben schon vor Prozessbeginn an ihren Verletzungen. Weitere achtzig ließen die Engländer sofort laufen. 165 Piraten wurden vor Gericht gestellt, unter ihnen zwei, die schon in »Blackbeard« Teachs Mannschaft gefahren waren. Vierundsiebzig von ihnen sprach der vorsitzende Richter Kapitän Herdman als »gezwungene« Seeräuber frei, darunter die bekannten Musiker Roberts' und die Schiffsärzte. Siebzehn Piraten verurteilte das Gericht zu langjährigen Haftstrafen, die sie in London verbüßen sollten. Nur vier dieser siebzehn kamen dort lebend an. Zwanzig Verurteilte mussten sieben Jahre lang schwere Zwangsarbeit in den Minen der Royal Africa Company leisten, was für alle das Todesurteil bedeuten sollte. Vierundfünfzig Piraten mussten dem Tod durch den Strang ins Gesicht sehen. Zwei wurden noch in letzter Minute begnadigt.

Eines der Todesurteile endete nach der Nennung der Namen mit den Worten: »Ihr und jeder von euch wird befunden und verurteilt, zurückgebracht zu werden zu dem Orte, woher er gekommen, von hier zu dem Orte der Hinrichtung außerhalb der Tore dieses Kastells, und dort innerhalb der Flutmarken am Halse aufgehängt zu werden bis ihr tot, tot, tot seid, und der Herr sei euren Seelen gnädig.

Danach sollt ihr James Skyrine, John Walden, Israel Hinde, Peter Sennmore, Agye Jacobson, John Philps und William Fernon herunter genommen werden und eure Leichname in Ketten hängen. Datiert diesen 9. April 1722.«

Insgesamt teerten die Engländer achtzehn Leichen und hängten sie gut sichtbar auf den Hügeln um die Festung herum auf. Die

Hinrichtung der zweiundfünfzig Männer Bartholomew Roberts' war der Schluss des goldenen Piratenzeitalters. Die kolonialen Interessen und das Machtstreben der europäischen Nationalstaaten beendeten eine Ära der Gesetzlosigkeit auf den Meeren.

Der jüngste Kapitän eines Kaperschiffes

Einer der größten Kaperkapitäne Frankreichs war auf Schiffen zu Hause, bevor er laufen konnte. René Duguay-Trouin entstammte einer Familie von Schiffseignern im bretonischen St. Malo. Er ging zwar erst mit sechzehn Jahren zur See (einige Piraten waren kaum älter als zehn, als sie in eine Mannschaft eintraten), aber bereits zwei Jahre später kommandierte er als Achtzehnjähriger sein eigenes Kaperschiff, eines der Fahrzeuge seiner Familie. Duguay-Trouin befehligte in den folgenden Jahren mehrere Schiffe, darunter auch an private Investoren vermietete Kriegsschiffe des Königs. Er zeichnete sich aus und erhielt wegen seiner Verdienste mit dreiunddreißig Jahren das Kommando über vierzehn königliche Kaperschiffe, mit denen er 1706 aus einem Geleitzug dreiundsechzig von achtzig Schiffen kaperte. 1711 überquerte der französische Freibeuter den Atlantik, besetzte Rio de Janeiro und erpresste ein immenses Lösegeld für die ganze Stadt. Daraufhin stieg Duguay-Trouin zum Admiral auf. Er war noch keine vierzig Jahre alt und bereits einer der höchstrangigen Marineoffiziere Frankreichs (in Kriegszeiten), obwohl er nicht adelig war. 1728 wurde er Vizeadmiral der französischen Flotte. Der Kaperkapitän aus St. Malo starb 1736 im Alter von dreiundsechzig Jahren.

Ein Pirat als Massenmörder

Der Pirat Philip Lyne (gefasst 1726) tötete nach eigenen Angaben eigenhändig siebenunddreißig Kapitäne von gekaperten Schiffen.

Edward Low – ein Sadist

Der Pirat Edward Low holte um 1720 die ganze Besatzung eines gekaperten französischen Schiffes von Bord. Dann ließ er den Koch als Einzigen am Mast festbinden und die Prise anzünden, weil er behauptete, der Koch sei ein so fetter Kerl, dass er sicher gut braten würde.

Der letzte Pirat der Nordsee

In den Jahren 1541 bis 1545 machte ein ehemaliger Führer der Dithmarscher Bauernrepublik die Nordsee unsicher. Wiben Peters oder Hans Pommering, wie er sich nach 1541 nannte, hatte eine Gruppe Gleichgesinnter um sich geschart und auf der Insel Helgoland sein Lager aufgeschlagen. Von dort plünderte er Handelsschiffe auf der Nordsee und überfiel Dörfer an der Dithmarscher Küste und der Unterelbe. In der Nähe von Brunsbüttel legte Pommering ein ganzes Dorf in Schutt und Asche. Die Dithmarscher Bauernrepublik sandte daraufhin zwei Schiffe mit 100 Mann nach Helgoland, um dem Treiben des Piraten ein Ende zu setzen. Die Dithmarscher stürmten mit gezogenen Schwertern an Land und griffen die Piraten an. Pommering flüchtete in die Kirche auf dem Helgoländer Oberland. Er verbarrikadierte sich mit den letzten drei seiner Mannschaft auf dem Dachboden des Kirchturmes, doch die Häscher schossen durch die Bodenbretter und töteten alle Piraten. Den Leichnam Hans Pommerings nahmen die erfolgreichen Dithmarscher mit nach Heide, wo sie ihn auf dem Marktplatz förmlich zum Tode verurteilten und dem leblosen Körper den Kopf abschlugen.

Für das gewaltsame Eindringen der Dithmarscher in die Kirche Helgolands musste die Bauernrepublik dem Landesherrn Herzog Adolf von Holstein ein Bußgeld wegen Landfriedensbruch zahlen.

»Verdammt nochmal, Ihr seid ein schnieflicher Hundsbalg und genauso wie alle, die hinnehmen, von Gesetzen regiert zu werden, die reiche Leute zur eignen Sicherheit gemacht haben, weil diesen feigen Hundeseelen die Courage fehlt, auf andre Weise das zu verteidigen, was sie durch ihre Schurkereien zusammengerafft. Fluch und Blut über dieses Pack gerissener Schufte! Und über Euch, die Ihr denen als ein Posten hühnerherziger Trottel gerade recht dient! Sie verhohnepipeln uns, diese Fetthälse, diese Racker, und das ist der einzige Unterschied: Sie berauben die Armen unter dem Deckmantel des Gesetzes, nicht wahr? Und wir plündern die Reichen unter dem Schutze allein unserer Courage. Verflixt, wäre es nicht tausendmal besser für Euch, bei uns mitzumachen, anstatt hinter den Ärschen dieser Bösewichter herzuschnüffeln bloß wegen ein bisschen Beschäftigung? Nein? [...] Mein einfachster Menschenverstand sagt mir das alles; aber mit solchen Schwanzwedlern ist ja kein Argumentieren, mit derartigen Weichbolden, die jedem Protz erlauben, sie nach Laune übers Deck zu pfeffern. Und die ihren Glauben an einen Kuppler von Pfaffen heften, einen Hohlwanst, der weder tut noch meint, was er den hirnvernagelten Narren vorsetzt, denen er predigt. Das aber sage ich Euch, Ihr könnt laufen, wohin Ihr wollt und denen nach wie vor in die schmutzigen Hintern kriechen. Solch schäbige Windeln zwinge ich zu nichts. Aber verdammt und Dreck, es tut mir leid, wenn die Leute hier Euch Eure Slup [Sloop, ihr Schiff, d. Verf.] nicht wiedergeben wollen. Es ist durchaus nicht meine Art, irgend jemandem etwas Unliebsames anzutun, es sei denn zu meinem Vorteil [!], Dann also! Haut ab! Verduftet! Enthebt uns der Anstrengung, Euer beleidigtes Gesicht länger in unserer Mitte zu sehen, als unsere Gutmütigkeit es erträgt! Bye Bye Käptn! Cheerio! Euer kleines Boot steht zu Eurer Verfügung. Gute Reise! Sprecht gut über uns! Oder lasst Euch nie wieder blicken! Tata!«

Francis Drake – ein Geschäftsmann auf See

Der berühmteste Freibeuter des elisabethanischen Zeitalters wurde um 1540 in dem kleinen Ort Crowndale in Devonshire geboren. Er ging früh zur See und lernte das Seemannshandwerk auf Schiffen im Kanal und in der Nordsee. 1567 beteiligte er sich erstmals mit einem eigenen Schiff, der fünfzig Tonnen verdrängenden »Judith«, an einem Unternehmen seines Verwandten John Hawkins nach Westindien. Das englische Geschwader stieß bei Vera Cruz auf eine spanische Schiffsgruppe und wurde nach heftigem Kampf fast vernichtet. Hawkins und Drake entkamen mit ihren Schiffen nur knapp der Katastrophe. 1572/73 plünderte der englische Freibeuter den Stützpunkt der spanischen Schatzflotte Nombre de Dios und machte reichliche Beute. Im Dezember 1577 verließ Francis Drake mit fünf Schiffen Plymouth mit Kurs auf die spanischen Häfen an der Westküste Südamerikas, doch er verlor ein Schiff nach dem anderen. Mit dem einzigen ihm verbliebenen Schiff, seinem Flaggschiff »Golden Hind«, plünderte er verschiedene Häfen in Südamerika und kaperte im März 1579 eine reich beladene spanische Galeone. Über die Philippinen und das Kap der Guten Hoffnung kehrte Drake mit der »Golden Hind« 1580 nach England zurück und vollendete damit die erste englische Weltumsegelung. Seine Beute hatte den siebenundvierzigfachen Wert des eingesetzten Kapitals. Königin Elizabeth I. schlug den Mann aus Devonshire zum Ritter und nannte ihn von da an scherzhaft »mein Pirat«. Der frischgebackene Sir Francis Drake wurde Bürgermeister von Plymouth und Parlamentsabgeordneter. 1585 zog es Drake wieder auf See. Gemeinsam mit Martin Frobisher führte er fünfundzwanzig Schiffe mit über 2000 Mann Landungstruppen nach

Westindien. Er überfiel Vigo, San Domingo und Cartagena und erreichte 1586 mit reicher Beute Portsmouth. Im Kampf gegen die spanische Armada im englischen Kanal kämpfte Sir Francis Drake erfolgreich. 1589 unternahm der rastlose Kaperkapitän eine Fahrt nach Lissabon, die Landung dort scheiterte jedoch. Vor der Küste des heutigen Badeortes Cascais kaperten Drakes Schiffe rund sechzig Handelsschiffe der Hanse. Nach diesen Erfolgen bekleidete Sir Francis Drake mehrere Verwaltungsposten in der Heimat, bevor er 1595 zu seiner letzten Fahrt aufbrach. Noch einmal stach der Freibeuter mit John Hawkins in See, doch die Reise stand unter keinem guten Stern. Der Angriff auf Puerto Rico schlug fehl, Hawkins kam dabei ums Leben. Drake starb am 7. Februar 1596 vor dem Hafen Portobello an der Ruhr.

Francis Drake war ein ausgezeichneter Seemann und Taktiker. Er war hart und ausgesprochen tatkräftig. Seine Ausfahrten waren genau geplant und wurden entschlossen durchgeführt. Er war seinen Mannschaften gegenüber deutlich fürsorglicher als die gewöhnlichen Kapitäne seiner Zeit, hielt jedoch sehr stark auf Disziplin.

Mitten im Gefecht oder friedlich im Bett:
Das Ende einiger »notorious pirates«

Das Leben jedes Menschen endet mit dem Tod, doch die Art und Weise ist bekanntermaßen sehr individuell. Das Handwerk eines Kaperfahrers oder Piraten stand (und steht bis heute) immer in direktem Zusammenhang mit Gewaltausübung und -erduldung. Es überrascht also nicht besonders, dass sich gewisse Todesarten bei diesen Personengruppen häufen. Trotzdem ist die weit verbreitete Annahme, die meisten der bekannten Piraten seien entweder hingerichtet worden oder im wilden Kampf gefallen, nicht unbedingt richtig. Richtig ist hingegen, dass die wenigsten Piraten sehr alt wurden. Das hat jedoch mehr mit dem unsteten und ungesunden Leben dieser Seeleute und Abenteurer wie auch mit den Lebensbedingungen in der vor- oder frühmodernen Zeit allgemein zu tun. Nichtsdestotrotz ist auch der Tod einiger dieser »Seadogs« – sei er natürlich oder unnatürlich gewesen – schillernd und bewegend wie das Leben, das sie geführt haben.

Klaus Störtebeker

Der legendäre Klaus Störtebeker ist immer noch Deutschlands bekanntester und beliebtester Pirat und Freibeuter. Sein Leben, obwohl nur in kleinen Bruchstücken bekannt, bot und bietet Stoff für eine Fülle von Legenden, Erzählungen und Sagen. Allein die verschiedenen Versionen der Geschichte seiner Hinrichtung sind kaum zu zählen. Aber gewisse Motive tauchen immer wieder auf: Störtebekers Lauf an der Reihe seiner Kumpane entlang, der Henkersknecht, der ihm dabei ein Bein stellt und sein heldenhaftes Benehmen bei der Hinrichtung, beispielsweise. Tatsächlich war die Hinrichtung Störtebekers und seiner Komplizen am 21. Oktober 1400 nur eine von vielen Piratentötungen im mittelalterlichen Hamburg. Wie die verurteilten Seeräuber vor ihm und nach ihm wurde Klaus Störtebeker mit seinen sechsunddreißig Kumpanen vom Kerker zur offiziellen Richtstätte der Hansestadt auf den Grasbrook, die heutige Kehrwiederspitze, geschafft und dort mit dem Richtschwert geköpft. Ohne Kopf war er zweifellos nicht mehr in der Lage zu laufen. Sein angeblicher Versuch, auf diese Weise noch einige Mitglieder seiner Mannschaft zu retten, gehört eindeutig in das Reich der Legende. Alle verurteilten Piraten wurden an diesem Tage hingerichtet. Der Scharfrichter, der nur mit seiner Herkunft »de Buxtehunde« – aus Buxtehude – bezeichnet wird, bekam für die Hinrichtung der 37 Piraten insgesamt zwölf Pfund, das entsprach etwa dem Lohn eines Zimmermannes oder Maurers für sechs

Monate Arbeit. Der »Knoker«, der Totengräber, wurde extra bezahlt. Das Verscharren der kopflosen Leichen war der Stadt noch einmal zwei Pfund wert. Die Köpfe der Piraten wurden auf Holzpfähle oder – wenn es, wie in Störtebekers Fall, mehrere Delinquenten waren – auf hölzerne Gestelle genagelt.

George Lowther

George Lowther, einer der grausamsten Piraten des frühen 18. Jahrhunderts, wurde mit seiner Crew im August 1723 von einem Wachschiff der South-Sea-Company gestellt, als er auf einer kleinen Insel in der Nähe Tortugas sein Schiff überholen wollte. Bei dem anschließenden Feuergefecht wurden einige Piraten getötet, andere gefangen genommen. Lowther gelang mit drei Kumpanen und dem Trommlerjungen seines Schiffes die Flucht, sie hatten jedoch außer ihrer Bewaffnung keinerlei Ausrüstung mitnehmen können. Wenig später fand man George Lowther erschossen am Strand, sein eigenes abgefeuertes Gewehr noch in der Hand. Der gefürchtete Pirat hatte sich offenbar selbst gerichtet, unter Seeräubern ein absoluter Einzelfall.

François L'Olonnois

Auch François L'Olonnois, mit bürgerlichem Namen Jean-David Nau, ebenfalls berüchtigt für seine brutalen Foltermethoden, starb gemäß seinen Taten. Er, der Gefangene quälte und langsam tötete, wurde bei einem Überfall auf ein Dorf an der Küste des heutigen Nicaragua von Indianern gefangen und lebendig in Stücke geschnitten. Seine Körperteile verbrannten die ehemaligen Opfer und zerstreuten die Asche im Wind, damit der furchtbare Pirat niemals wiederkehren könne.

Henry Morgan

Der wahrscheinlich berühmteste Pirat der Geschichte, »Rotschopf« John »Henry« Morgan, starb einerseits völlig untypisch für einen Piraten, andererseits völlig typisch für den Lebenswandel, den er als vermeintlicher Ehrenmann führte. Morgan erlebte seine letzten Lebensjahre in Port Royal. Er war völlig heruntergekommen, stark alkoholkrank und schlug die Zeit in den Schankstuben der Hafenstadt tot, nachdem er 1683 seines Amtes als Vizegouverneur enthoben worden war. Sein Arzt Hans Sloane beschrieb ihn kurz vor seinem Tod: »[Morgan war] mager und bleich, seine Augen leicht gelblich und mit hervorstehendem Bauch.« Der ehemals gefürchtete Seeräuber war nur noch ein Schatten seiner selbst und litt an Wassersucht und an schwerem Husten. Sir Henry Morgan starb am Vormittag des 25. August 1688 gegen elf Uhr im Alter von dreiundfünfzig Jahren. Der amtierende Gouverneur ordnete ein Staatsbegräbnis für den von König Charles II. geadelten ehemaligen Piraten und Vizegouverneur von Jamaika an. Die im Hafen liegenden Kriegsschiffe ›HMS Assistance‹ und ›HMS Drake‹ (zu jener Zeit gab es diesen Schiffsnamen noch) feuerten je zweiundfünfzig Schuss Salut. Sein Grab in Port Royal wurde wenige Jahre später, am 7. Juni 1692, mit der gesamten Stadt durch ein schweres Erdbeben zerstört.

Van Horn und De Graff

Dem Klischee eines Seeräubertodes eher entsprechend kamen die beiden holländischen Piraten van Horn und De Graff im Jahre 1683 um. Beide hatten als Kapitäne unter dem berühmten Freibeuter Gran Mont die Stadt Vera Cruz geplündert und feierten den ertragreichen Sieg mit einem wilden Saufgelage. De Graff, der im Gegensatz zu seinen Kumpanen nicht den üblichen Rum, sondern den in seinen Nebenwirkungen wesentlich unangenehmeren Absinth getrunken hatte, wurde von wüsten Albträumen geplagt und stürzte im Kampf mit eingebildeten Dämonen vom Quarterdeck auf seinen ein Deck tiefer schlafenden, ebenfalls sinnlos betrunkenen Kapitänskollegen van Horn, worauf beide fast besinnungslos ihre Messer zückten und aufeinander losgingen. De Graff erwischte offenbar das glücklichere Ende, denn er verletzte van Horn schwer. Eine möglicherweise lebensrettende Behandlung der Wunde am nächsten Morgen wurde durch einen heranziehenden Tornado verhindert. So starb van Horn an seiner Stichverletzung, kurze Zeit bevor De Graff mit seinem Schiff im Sturm unterging.

Edward Teach

Das Ende des legendären Edward »Blackbeard« Teach trifft die Vorstellung vom Untergang eines Piraten ganz genau. Am Abend des 21. November 1718 sichtete der englische Seeoffizier Lieutenant Robert Maynard das Schiff »Blackbeards« in der Bucht von Ocracoke vor der Küste North Carolinas. Die Piraten feierten, obwohl sie die beiden ankommenden englischen Schaluppen bemerkt hatten. Wegen der hereinbrechenden Dunkelheit verzichtete Maynard auf einen sofortigen Angriff, stattdessen legte er seine beiden Schiffe in Sichtweite von »Blackbeards« Schiff vor den Ausgang der Bucht. Am nächsten Morgen griffen die Soldaten an. Den englischen Marinesoldaten gelang nach schwerem Kampf die Enterung, doch wurde dabei der Kapitän der einen Schaluppe getötet und fast alle der 62 Angreifer verletzt. Maynard traf »Blackbeard« mit einem Schuss aus seiner Pistole und verwundete ihn schwer. Der Pirat kämpfte jedoch wie wild weiter und schlug dem Marineoffizier den Säbel aus der Hand. Bevor Teach nun den tödlichen Hieb anbringen konnte, stach ihm ein anderer Soldat ein Messer in den Hals. Doch auch diese Wunde hielt »Blackbeard« nicht auf. Noch seine berühmt-berüchtigten Pistolen abfeuernd, fiel er erst unter den Säbelhieben der ihn umringenden englischen Mariners. Sein Kopf wurde vom Rumpf getrennt und unter dem Bugspriet von Maynards Schiff aufgehängt. »Blackbeard« teilte schließlich das Schicksal seines 318 Jahre und einen Monat zuvor getöteten Berufskollegen Klaus Störtebeker: Sein Kopf wurde an der Mündung des Hampton River deutlich sichtbar auf einen Pfahl genagelt.

Mariner

Mariner ist eine andere Bezeichnung für die Marinesoldaten an Bord eines Schiffes, die nicht zur seemännischen Besatzung gehören. Heute ist es in den amerikanischen Streitkräften die Bezeichnung für einen Angehörigen der Marineinfanterie (den »Marines«).

William Kidd

Am 23. Mai 1702 bestieg Kapitän William Kidd den zweirädrigen Karren, der ihn vom Gefängnis Newgate zum Richtplatz, dem »Execution dock« ins themseabwärts vom Londoner Hafen gelegene Wapping bringen sollte. Dort angekommen, wurde er im Angesicht einer großen wartenden Menge »infra fluxum et refluxum maris«, zwischen den Gezeitenmarkierungen aufgehängt, sodass bei dem zu Hinrichtungszeiten herrschenden Niedrigwasser seine Füße die Wasseroberfläche berührten. Berichten zufolge riss der Strick beim ersten Versuch, und Kidd fiel ins flache Wasser. Erst beim zweiten Mal starb der Delinquent nach längerem Todeskampf. Kidd wurde dann, wie bei verurteilten Piraten üblich, drei Gezeitenwechsel hängen gelassen. Danach nahm man den Körper ab und bestrich ihn mit Teer, um ihn möglichst lange vor Umwelteinflüssen zu schützen. Dann hängte man die Leiche mit Ketten umschlungen am Tilbury Point an der Themse auf, wo sie von vorbeifahrenden Schiffen eine Stunde lang gesehen werden konnte. Kidds Körper blieb mehrere Monate zur Abschreckung hängen.

Jean Bart

Noch ein weiteres berühmtes Freibeuterleben endete im Jahr 1702. Der bekannteste Kaperkapitän Frankreichs, der 1650 in Dünkirchen geborene Jean Bart, nahm nach dem Friedensschluss ein für ihn eher unpassendes Ende in einer unbefriedigenden Position. Bart starb nach großen Kapererfolgen in der Nordsee vor allem gegen die Holländer auf einem ruhigen Posten als Hafenkapitän am 27. April 1702 mit 52 Jahren im Bett – an einer Rippenfellentzündung.

3

Mit Enterbeil und Sturmgewehr

So kämpften die Freibeuter

Ich müsste keine Schiffahrt kennen:
Krieg, Handel und Piraterie,
Dreieinig sind sie, nicht zu trennen.

Johann Wolfgang von Goethe, *Faust II,* 5. Akt, 1831

Ein Kapererfolg im Mittelalter

Unter Paul Benekes Kommando wurde das vom glücklosen Bernd Pawest begonnene Unternehmen der »Peter van Danzke« 1472/73 doch noch ein Erfolg. Dem erfahrenen Kaperkapitän gelang der größte Schlag eines hansischen Schiffes im gesamten, fünf Jahre dauernden Kaperkrieg. Im April 1473 fing er eine unter der Flagge Burgunds fahrende Galeide ab, die mit Waren des Brügger Faktors des Florentiner Handelshauses der Medici, Tommaso Portinari, unterwegs nach England war. Der Angriff und die folgende Beschlagnahmung der Waren waren absolut illegal, doch Beneke störte das wenig. Ihm fiel dabei eine Ladung aus Alaun, Pelzen, Brokatstoffen, Seide, Samt und Wandteppichen in die Hände, die den unglaublichen Wert von 60 000 Pfund Groten hatte (das entsprach 360 000 Mark lübisch und damit den gesamten Einnahmen der damaligen Wirtschaftsmacht Hamburg für einen Zeitraum von fünfzehn Jahren). Außerdem befand sich das für eine Florentiner Kirche bestimmte Altargemälde *Das Jüngste Gericht* von Hans Memling an Bord. Auf diese Weise gelangte es nach Danzig.

Das Pfund Grote war eine flämische Währung des Mittelalters.
Sie war durch die Handelstätigkeit der Hanse weit verbreitet.
Ein Pfund Grote entsprach sechs lübischen Mark.

Der größte »Coup« der Piratengeschichte

Über die Erfolge und Misserfolge der meisten Piraten gibt es
nur wenige oder keine gesicherten Erkenntnisse. Wie bei allen Hochrisikogeschäften wurde der bedeutende Einzelerfolg
für gewöhnlich übertrieben bewertet. Bei jeder Erzählung in
Hafenkneipen und Befrachterbüros wurde er etwas weiter aus-
geschmückt. Außerdem wird der eine oder andere Überfall auch
zum Versicherungsbetrug genutzt worden sein. So werden in
den Legenden einzelne Freibeuter wie John »Henry« Morgan
oder »Blackbeard« Edward Teach als unglaublich erfolgreich
dargestellt. Darauf basiert zu einem erheblichen Teil ihr Ruhm.
Tatsächlich war weder Morgan noch Teach eine wirklich au-
ßergewöhnliche einzelne Prise vergönnt. Sie erlangten in ihren
kurzen Karrieren keinen dauerhaften Reichtum.

Der wahrscheinlich größte Coup aller Zeiten in der Piratengeschichte gelang hingegen einem heute weniger beachteten
Piraten, einem mittelgroßen, fast gemütlich wirkenden Mann
mit freundlichem Gesicht und Bauchansatz namens Henry
Avery, genannt »Long Ben«. Unter Zeitgenossen gehörte er zu
den bedeutendsten Piraten auf der sogenannten »Piratenrunde«,
dem Seeweg, der Ende des 17. Jahrhunderts aus den Häfen
der Karibik und der nordamerikanischen Küste nach der Insel
Madagaskar und weiter in den Indischen Ozean führte.

1695 kreuzte Avery gemeinsam mit anderen Seeräubern vor
dem Eingang zum Roten Meer auf der Jagd nach muslimischen
Handelsschiffen. In der Nacht gelang es der aus Surat kommenden Mokka-Flotte, die Piraten unbemerkt zu passieren,

weil deren Wachen betrunken waren. Die Freibeuter nahmen die Verfolgung auf und holten die letzten beiden Schiffe ein. Während der Kapitän des ersten Piratenschiffes, Thomas Tew, das erste Schiff, die »Fateh Mohammed«, enterte und im Kampf ums Leben kam, griff Avery die »Ganj-i-Sawai«, das Schiff des Großmoguls an. Das riesige Schiff führte 80 Kanonen und trug 400 Musketenschützen, doch das nützte den indischen Seeleuten wenig. Avery brachte das Schiff nach kurzem Kampf auf, wobei er keinen einzigen seiner Männer verlor. Der leichte Sieg stimmte die Seeräuber nicht gnädig. Sie misshandelten die Besatzung und vor allem die weiblichen Passagiere entsetzlich und richteten ein Blutbad an, dem nur wenige entkamen. Die ließ Avery später in einem seltsamen Anflug von Menschlichkeit das Weite suchen. Die »Ganj-i-Sawai« wurde in das Versteck der Seeräuber auf Réunion gebracht, und dort wurde auch die Beute aufgeteilt. Den Piraten müssen die Augen übergegangen sein: Mehr als 500 000 Gold- und Silbermünzen, Truhen mit Edelsteinen und Schmuck, sogar wertvolles gold- und edelsteinverziertes Zaumzeug für den Großmogul persönlich. Die 400 an dem Überfall beteiligten Seeräuber erhielten je 1000 Pfund und ein paar Edelsteine. Männer unter achtzehn Jahren mussten sich mit 500 Pfund begnügen, doch war ihr Anteil aus einem einzigen Überfall damit immer noch weit mehr, als ein Seemann der Handelsmarine in einem ganzen langen Berufsleben verdienen konnte. Die Schiffsjungen unter vierzehn Jahren bekamen 100 Pfund nebst dem gutgemeinten Rat, an Land ein ehrliches Gewerbe zu erlernen. Averys vier Kapitänen wurden je anderthalb Anteile zugestanden, er selbst nahm sich zwei. Wie unter Ehrenmännern nicht anders zu erwarten, wurde Avery verdächtigt, sich darüber hinaus aus der Beute bedient und damit die anderen betrogen zu haben, die Anschuldigungen blieben jedoch folgenlos.

Der Coup hatte auch noch eine politische Dimension. Der Großmogul war verständlicherweise empört und veranlasste

Zwangsmaßnahmen gegen die britische East India Company. Auf Druck der Handelsgesellschaft wurde der Kampf gegen die Seeräuberei verstärkt. Bald stand auf jeden beteiligten Piraten ein Kopfgeld von 500 Pfund von Seiten der Admiralität, welches die EIC noch einmal verdoppelte. Diesem Angebot und der Aussicht auf Straferlass konnten zwei Männer der Besatzung nicht widerstehen. Aufgrund ihrer Aussagen wurden 1696, nur ein Jahr nach dem Überfall, 24 Mitglieder von Averys Crew in Irland gefasst, sechs von ihnen gehenkt und die übrigen als Sklaven nach Virginia verkauft.

Englische Kaperfahrer im Pazifik

Der erfolgreiche Kaperkapitän Woodes Rogers war 1709 entlang der Westküste des amerikanischen Doppelkontinents auf der Suche nach den sogenannten Manila-Galeonen, den spanischen Schatzschiffen, die über die Philippinen nach Europa unterwegs waren. Nach wochenlanger Suche stieß er auf die spanische »Nuestra Señora de la Incarnacion Disengaño«, ein 400-Tonnen-Schiff mit vierzig Geschützen und 200 Mann Besatzung. Rogers Kaperschiffe »Duke« und »Duchess« gingen auf Angriffskurs, und nach schwerem Gefecht mussten sich die Spanier ergeben. Der einzige Verwundete auf Seiten der Piraten war Kapitän Rogers, den eine Kugel in den Kiefer traf. Er spuckte unbeeindruckt Blut und Zähne aufs Deck und kämpfte selbst bis zur Kapitulation der Spanier. Die Engländer brachten ihre Prise in einen kalifornischen Hafen, wo sie von dem zweiten Schiff erfuhren, das mit der »Nuestra Señora« ausgelaufen war. Der Sieg über eine bis unter das Deck mit Gold und Silber beladene Galeone stachelte die Beutegier der Kaperfahrer nur noch mehr an, und der verwundete Rogers setzte dieser zweiten, noch größeren Galeone sofort nach. Schließlich stellten die Kaperer die 900 t schwere »Nuestra Señora de Begoña«, die mit achtzig Geschützen be-

waffnet war und die eine Mannschaft von 450 Seeleuten trug.
Die Kaperfahrer griffen ohne zu zögern an, doch diesmal half
aller Mut nichts. Die spanische Besatzung wehrte sich erbittert
und fügte den Engländern schwere Verluste zu. Beide Kaperschiffe wurden beschädigt, auf der »Duchess« starben zwanzig
Männer im Geschosshagel der Spanier. Auf der »Duke« wurde
Kapitän Rogers zum zweiten Mal verwundet, diesmal erwischte
eine Musketenkugel sein Bein und zerschmetterte ihm den Fuß.
Zuletzt mussten die Kaperer den hoffnungslosen Kampf aufgeben und die begehrte Prise ziehen lassen, wahrscheinlich froh,
selbst noch flüchten zu können.

Der Fall John Gow

Im November des Jahres 1724 war das mit zwanzig Kanonen
bestückte Handelsschiff »George Galley« auf dem Weg von den
Kanarischen Inseln nach Gibraltar. Mitten in der Nacht schli-
chen mehrere Matrosen in die Kajüten der Offiziere und verletzten den Schiffsarzt, den ersten Offizier und den Schreiber
des Schiffes schwer. Auf Deck wurde der Kapitän Ferneau von
zwei Männern angegriffen und ebenfalls verwundet. Weil er sich
selbst verletzt noch wehrte, wurde er niedergeschossen und über
Bord geworfen. Die drei Verwundeten aus den Kajüten flehten
vergebens um ihr Leben, auch sie wurden erschossen, und ihre
Körper folgten dem des Kapitäns. Nachdem die Meuterer unter ihrem Anführer, dem Zweiten Maat und Stückmeister John
Gow, das Schiff übernommen hatten, zwangen sie den Rest der
Mannschaft, sich ihnen anzuschließen. Gow taufte das Schiff in
»Revenge« um und machte die Küsten Portugals und Spaniens
unsicher.

Im Januar 1725 ankerte die »Revenge« bei den Orkneyinseln im Norden Schottlands. Hier, in John Gows Heimat, hoffte der Pirat sein Schiff vor der Fahrt nach Westindien überholen zu können. Doch er verlor die Kontrolle über seine Besatzung. Einige flohen von Bord und informierten die Behörden über das Piratenschiff. Gow entführte und quälte mehrere Frauen und überfiel einige Gehöfte. Mitte Februar wurde das Schiff von einem Sturm auf den Strand von Calf Island geworfen und zerbrach. Gow und seine Männer wurden gefasst und nach London gebracht. Der ehemalige Zweite Maat der »George Galley« konnte auch durch das Zusammenquetschen der Daumen nicht zu einem Geständnis bewegt werden. Erst die Drohung, immer schwerere Gewichte auf seine Brust zu legen und seinen Brustkorb langsam zu zerdrücken, ließ den brutalen Piraten zusammenbrechen. Gow und neun seiner Komplizen wurden zum Tode verurteilt und hingerichtet.

Die »Überredungskünste« der Seeräuber – In der Nordsee ...

Die Piraten hatten nach ihren Überfällen nicht die geringste Lust, die Prise bis in den letzten Winkel auf versteckte Wertsachen zu durchsuchen. Sie griffen sich einfach einen oder mehrere Gefangene und folterten sie so lange, bis sie alle Verstecke preisgegeben hatten. Einige dieser Methoden waren so furchtbar, dass sogar Augenzeugen, die selbst hartgesottene Seeräuber waren, ein Schauder über den Rücken lief. Am 24. Mai 1452 beschwerte sich der Schiffer Merten Nabiit aus Danzig, er sei von Lübecker Kaperfahrern angehalten und durch Aufhängen an den Daumen zur Herausgabe von Wertgegenständen gezwungen worden. Nabiit überlebte die Tortur offensichtlich, ein Glück, das nicht jeder hatte.

... und in der Karibik

Die Männer des Piraten Vane hängten einen Matrosen so lange auf, bis sie ihn für tot hielten. Als sie nach dem Herablassen sahen, dass er noch lebte, schlugen sie ihn mit einem Entermesser und verletzten ihn schwer. Ein anderer Seemann wurde am Bugsprit seines Schiffes festgebunden, und man hielt ihm brennende Lunten an die Augen.

Kapitän Roberts überfiel Schiffe vor der Insel Martinique und peitschte einige Seeleute halbtot, anderen schnitten die Piraten Ohren oder Nasen ab. Einzelne Matrosen oder Offiziere wurden an den Enden der Rahen hochgezogen und dienten den Seeräubern als Zielscheiben.

Edward Low kaperte ein portugiesisches Schiff und zwang den Kapitän, das Versteck seines Geldes zu nennen. Der Portugiese hatte den Beutel mit 11 000 Goldstücken jedoch bei der Enterung über Bord geworfen. Außer sich vor Wut ließ der Pirat dem Kapitän die Lippen abschneiden und vor seinen Augen braten. Dann metzelten die Piraten alle zweiunddreißig Besatzungsmitglieder des Handelsschiffes nieder. Edward Low war als Sadist berüchtigt. Einmal schnitten seine Männer dem Kapitän eines Walfängers aus New England die Ohren ab und zwangen den armen Mann, sie gut gewürzt zu essen. Zwei portugiesische Mönche band Low zusammen und ließ sie an der Rah hochziehen, wo er die Geistlichen einfach hängen ließ.

Manche Piraten steckten Seeleuten und Passagieren brennende Lunten zwischen die Finger, sodass das Fleisch bis auf die Knochen durchbrannte. Sie schnürten ihren Opfern kurze Tauenden so fest um den Kopf, dass die Augen aus den Höhlen traten. Henry Morgan ließ nach einem Bericht den Geistlichen Guevara 1668 nach der Eroberung von Portobello weibliche Gefangene an Körperteilen verbrennen, »die zu benennen der Anstand verbietet«. Eine Frau wurde nackt auf einen Ofen gesetzt und geröstet, weil sie sich weigerte, das Versteck ihres Geldes preiszugeben. Doña Agustin de Rojas zogen die Bukaniere Morgans nackt aus und steckten sie in ein leeres Weinfass. Sie füllten das Fass mit Schießpulver und hielten der Frau eine brennende Lunte vor die Augen. Damit war ihr Schicksal klar, falls sie nicht redete. Also redete sie.

Nach einem Überfall ließ Morgan einen Mann an den großen Zehen und den Daumen mit gespreizten Gliedern an vier Pfählen festbinden. Dann schlugen die Bukaniere mit Stöcken auf die gespannten Stricke, was dem Opfer furchtbare Schmerzen bereitete. Dann legten sie ihm einen 200 Pfund schweren Stein auf die Brust und versengten seinen Kopf mit brennenden Palmblättern.

Im Mittelmeer ...

Die Korsaren des Mittelmeeres wandten ihre eigenen Methoden an, um Gefangene gesprächig zu machen. Oft genügte schon die Androhung des »Bastinado«, um den Widerstand zu brechen. Bei dieser Folter legten die Piraten das Opfer auf den Bauch und richteten die Unterschenkel nach oben, sodass die Fußsohlen waagerecht standen. Dann bekam der Bemitleidenswerte Schläge mit einem biegsamen Stock oder mit einer Peitsche auf die Fußsohlen. Bereits nach wenigen Hieben sprang die Haut auf. Zwanzig oder dreißig Schläge bedeuteten schon Lebensgefahr, denn die Wunden bluteten sehr stark, und das Opfer konnte nach der Folter weder gehen noch stehen. Die Seeräuber verstärkten die Schmerzen durch Salzwassergüsse oder Einreiben der offenen Wunden mit Salz.

Passagiere von Handelsschiffen, die Gold oder Juwelen verschluckt hatten, um sie vor dem Zugriff der Piraten zu schützen, wurden mit einem sehr wirksamen Brechmittel behandelt.

Die wertvollste Beute für die muslimischen Korsaren des Mittelmeeres waren hochrangige oder zumindest reiche Geiseln, für die hohe Lösegelder gefordert werden konnten. Um ihre soziale Stellung vor den Seeräubern zu verheimlichen, kamen immer wieder Passagiere auf die Idee, kurz vor der erfolgreichen Enterung ihres Schiffes die Kleider mit ihren Dienern zu tauschen. Das war eine List, die die Piraten innerhalb kürzester Zeit durchschauten. Sie brauchten sich nur die von keinerlei körperlicher Arbeit gezeichneten Hände der vermeintlichen Dienerschaft anzusehen.

... und in asiatischen Meeren

Die Ilanun, ein Piratenstamm Borneos, überfielen in den 1830er Jahren den holländischen Schoner »Maria Frederika« vor der Insel Lombok. Vierzig Piraten stürmten das Schiff und überwältigten die Mannschaft. Alle Europäer wurden an Land gebracht, bis zur Taille in den Sand eingegraben und in Stücke gehackt. Der Kapitän wurde von dem Häuptling Radscha Muda mit einem einzigen Schlag seines Schwertes gespalten.

Ein Kampf mit Piraten in Sarawak auf Borneo

»Etwa 20 Boote waren ineinander verkeilt und bildeten eine einzige, unterschiedslose Masse; einige kieloben; bei anderen waren nur Heck und Bug zu sehen; dazwischen einige riesige Flöße. In diesem Durcheinander waren beinahe alle Männer unseres kleinen Voraustrupps gefangen. Kopflose Körper und abgetrennte Köpfe schwammen überall auf dem Wasser; Männer lieferten sich Handgemenge und durchbohrten sich mit ihren Speeren und Krisen. Andere schwammen um ihr Leben.«
Bericht des englischen Marineoffiziers HENRY KEPPEL über ein Gefecht auf dem Fluss Sekrang (1844)

»Also vermeinten die Piraten oder Räuber, eine gute Beute von uns zu bekommen, wie dann geschehen wäre, wenn es ihnen gelungen wäre. Denn wir hatten achtundzwanzig Kisten Spanische Realen von Achten [Ochos Reales] bei uns. Doch sie haben es nicht gewusst. Sie kamen uns endlich näher und meinten, uns anzuhalten oder mit Gewalt unser Schiff zu überfallen. Deshalb sprachen der Kapitän und auch der Herr Botschafter [der holländische Botschafter war als Passagier an Bord] unserer Besatzung tapfer zu, sie sollten sich männlich halten. Als der Tag anbrach, mussten wir uns verteidigen und der Kampf wurde heftig. Aber als sie unsere starken Geschütze sahen und gewiss 346 24-Pfünderkugeln bei ihnen einschlugen, wurde das eine Schiff zerstört. Das andere Schiff, welches vor drei Stunden sehr mächtig war, versuchte zu fliehen. Als wir das sahen, wuchs unser Mut und wir zogen das Raubschiff mit eisernen Haken an unser Schiff, wo wir den Sieg mit Gottes Gnade errangen. Unsere Mannschaft enterte das Schiff. Von 300 Mohren waren nur dreizehn am Leben geblieben, die sich im Schiff versteckt hatten, alle anderen wurden niedergehauen. Wir hatten nur zwanzig tote Personen und sechsundvierzig verwundete. Die Toten haben wir auf Sardinien bei einem Leuchtturm begraben, weil man uns nicht erlaubte, sie auf dem Kirchhof zu begraben. [Die Männer waren als Holländer schließlich Protestanten und durften nicht auf einem katholischen Friedhof beerdigt werden.] Die Mohren aber haben wir, wie sie gewesen, ins Meer geworfen. Als aber unsere Mannschaft das Schiff gesäubert und die Beute in unser Schiff gebracht und verteilt hatte, haben sie in einem verschlossenen Raum noch dreizehn Türken [Muslime] gefunden, die auf die Knie fielen und um Gnade baten. Sie wurden auf unser Schiff gebracht und der Hauptmann hätte sie nach Befehl [der holländischen Regierung] ins Meer werfen lassen, wenn der Botschafter nicht bestimmt hätte, sie mit nach Malta zu nehmen. Diese Türken haben zugegeben, dass ihr Raubschiff drei Wochen zuvor ein holländisches Schiff aufgebracht hat.«

Bericht des Schiffsarztes SAMUEL BRAUN (1620) an Bord des holländischen Kriegsschiffes »Edam«, das den Botschafter Cornelius Pfau nach Syrien bringen sollte. Die »Edam« trug zweiunddreißig Kanonen und 112 Mann Besatzung.

Der aus Basel stammende Barbier und Wundarzt Samuel Braun ging in den ersten Jahren des 17. Jahrhunderts nach seiner Ausbildung auf Wanderschaft und diente vier Jahre als Feldarzt in der Kurpfalz, bevor er eine Stelle als Gehilfe in Amsterdam annahm. Dort musterte der abenteuerlustige Schweizer bald auf einem Schiff an, das nach Angola fuhr. Zehn Jahre arbeitete Braun als Arzt auf verschiedenen Schiffen auf Fahrten an den afrikanischen Küsten und im Mittelmeer. Braun kehrte schließlich als Arzt nach Basel zurück, heiratete und schrieb auf Bitten von Freunden seine Erlebnisse auf. Er wurde sehr alt und starb um 1670 in seiner Vaterstadt.

Die »Wappen von Hamburg« – eine klassische Fehldeutung

Dieser Schiffsname, heute von einem hanseatischen Bäderschiff im Helgoland-Verkehr getragen, hat in Hamburg eine über 300-jährige Tradition. Doch kaum jemand weiß, dass sich der Name nicht etwa vom Stadtwappen Hamburgs, der Burg auf rotem Grund, ableitet und überhaupt nichts mit einem Wappen zu tun hat. Dafür aber umso mehr mit Piraterie und Kaperei. Die erste Trägerin dieses Namens war nämlich ein hamburgisches Konvoi-, also Geleitschiff zum Schutz vor Überfällen auf Hamburger Kauffahrteischiffe auf ihrem Weg durchs Mittelmeer in die Levante. Es wurde 1669 in Hamburg in Dienst gestellt und sollte vor allem die Piraten und Korsaren der nordafrikanischen Barbareskenstaaten von den Hamburger Schiffen fernhalten. Und dieses Schiff hieß nicht »Wappen von Hamburg«, sondern »Wapen von Hamburg«. Der Rat der Kaufmannsstadt an der Elbe hatte das Schiff ganz pragmatisch als »Wapen«, also als »Waffen von Hamburg« bezeichnet und damit seine Verwendung bei der Namensgebung zum Ausdruck gebracht. Das Schiff führte mehrere erfolgreiche Fahrten durch und wurde am 10. Oktober 1683 auf der Reede vor Cadiz durch ein Feuer mit anschließender Explosion der Pulverkammer zerstört. Admiral Berent Karpfanger und 64 weitere Seeleute und Soldaten kamen dabei ums Leben. 156 Männer überlebten die Katastrophe.

Das dienstälteste Kaperschiff der Welt

Zu Beginn des 21. Jahrhunderts steht weltweit nur noch ein einziges, vormals zur Kaperei eingesetztes Schiff in Dienst. Im Hafen der amerikanischen Großstadt Boston liegt die »USS Constitution« vor Anker, die letzte der legendären amerikanischen Fregatten des Krieges der jungen Vereinigten Staaten gegen das Mutterland England zu Beginn des 19. Jahrhunderts. Das Schiff wurde 1797 auf der Marinewerft in Boston gebaut und zunächst als Geleitschutzschiff im Kampf gegen nordafrikanische Seeräuber eingesetzt. Später diente die »USS Constitution« bis 1815 erfolgreich im Kaperkrieg gegen englische Kriegs- und Handelsschiffe hauptsächlich im Atlantik. Die »USS Constitution« und ihre beiden Schwesterschiffe »USS United States« und »USS President« waren die größten jemals gebauten Fregatten. Sie waren ca. 63 m lang und 13,5 m breit. Offiziell wurden die Schiffe als 44-Kanonen-Fregatten bezeichnet, tatsächlich trug die »USS Constitution« 32 lange 24-Pfünder (Geschossgewicht 24 Pfund) und 22 12-Pfünder, von denen die meisten auf einem einzigen durchgehenden Deck aufgestellt waren. Diese Bewaffnung machte die Fregatte in Verbindung mit der äußerst effektiven Besegelung zu einem sehr kampfstarken Schiff. Es trug den Ehrennamen »Old Ironsides«, seitdem bei einem Gefecht mit einer englischen Fregatte Kanonenkugeln des Gegners von den mehr als halbmeterdicken Flanken des Rumpfes abgeprallt waren.

Die »USS Constitution« ist immer noch ein offizielles Kriegsschiff der Marine der Vereinigten Staaten, eingetragen in die Schiffsrolle, in der alle im Dienst befindlichen Kampfschiffe verzeichnet sind. Die Besatzung besteht aus aktiven Marineangehörigen, die versichern, die Fregatte könne innerhalb kürzester Zeit wieder in See stechen, sobald man nur wieder Segel an Bord brächte. Das Schiff wird seit nunmehr 210 Jahren in einem erstklassigen Zustand gehalten. Um die nötigen Erneuerungen an dem hölzernen Rumpf vornehmen zu können, unterhält die US-Navy einen eigenen kleinen Eichenwald, der auch das Holz für die nächste Großrevision im Jahre 2010 liefern soll.

Wie ging es auf einer Galeere zu?

»Welche Meinung Ihr noch eben von Eurem Ansehen, Eurem Reichtum und der Selbstverständlichkeit, befehlen zu können, gehabt haben mögt – der geringste Galeerensklave scheut sich nicht, Euch zu sagen, Ihr solltet doch lieber zu Hause kommandieren. Ja, es ist so, wer an Bord geht, hat seine Freiheit verloren. So eine Galeere ist ein langer Flur, eng, mit Tauwerk vollgestopft und mit Ruderern. Man muss sich unterbringen wie man kann, nicht wie man möchte. Da gibt es weder Bank noch Tisch, geschweige einen Stuhl. Ihr müsst auf dem platten Deck essen, den Napf auf den Knien oder, falls Ihr ein weibliches Wesen seid, auf dem Schoße. Wehe, wenn Ihr etwas verschüttet oder gar auf die Planken spuckt! Ihr werdet vom Kapitän angeschnauzt und müsst einen Real Strafe zahlen. Dabei dürfen die Seeleute ungeniert in unsere Kirchen spucken. Achtet ja auf Eure Schuhe, wenn Ihr schlaft, zieht Euch ebenso wenig den Mantel aus, Eure einzige Decke! Passagiere und Seeleute schlafen durcheinander, wie sich's eben trifft. Ein bisschen Mausen wird sogar den Galeerensklaven nicht verargt. Und keinesfalls dürft Ihr sie deswegen totschlagen. Euer Kopf ruht auf den Füßen des Nachbarn. Man muss sich auch damit abfinden, dass man das Ungeziefer mit allen teilt. Da Flöhe, Wanzen und Läuse gleich den anderen Passagieren gezwungen sind, an Bord zu bleiben, wandern sie von einem zum anderen. Vom Essen will ich gar nicht reden, es ist schlecht, das Wasser ungenießbar, der Wein sauer und bei einigem Wind wird sowieso nicht gekocht [die Feuergefahr war bei einem schwankenden Schiff zu groß]. Dann wird das Herdfeuer sofort gelöscht. Was wohl auch besser ist wegen des geteerten Gehäuses, dem Du nicht entrinnen kannst wie etwa einer brennenden Hütte, es sei denn, Du möchtest ertrinken. Ach, so ein Sturm! Du beginnst zu wanken wie das Schiff. Du übergibst Dich, über die Bordwand würgend. Du sinkst leblos nieder. Hoffe da nicht auf irgendeine mildtätige Hand, die Dir den Kopf hält! Die Leute um Dich herum bersten vor Lachen. Und Dir ist, als müsstest Du sterben, aber nicht als frommer Christ, sondern als elendes Stück Viehzeug.«

BISCHOF GUEVARA, ehemaliger Hofprediger Karls V., Bericht von seiner Überfahrt nach Tunis (1535)

Hamburgs Feldzug gegen die Seeräuber Ostfrieslands

Auch dreißig Jahre nach der Hinrichtung Klaus Störtebekers überfielen Piraten aus den kleinen ostfriesischen Häfen immer wieder Handelsschiffe der Hanse auf ihrem Weg nach Flandern oder nach England. Hamburgs Wirtschaft litt stark unter den Seeräubern, die von den »hovetlingen«, den Häuptlingen Ostfriesland gedeckt und unterstützt wurden. Schließlich entschied sich die Hanse zum Einsatz von Gewalt. Unter der Führung Hamburgs wurde eine gewaltige Expedition ausgerüstet. Einundzwanzig Schiffe, darunter zwei mächtige Koggen und ein großer Heringsfänger, verließen im Juni des Jahres 1433 den Hamburger Hafen in Richtung Ostfriesland. An dem Unternehmen beteiligten sich Schiffe aus den holländischen Hansestädten Edam und Enkhuizen, und sogar von der Insel Sylt kam ein Boot. Der Herzog von Holstein stellte 300 Schützen zur Verfügung, die über die Stör eingeschifft wurden. Insgesamt bestand die Streitmacht unter dem Befehl der Hamburger Ratsherren Simon van Utrecht, Ludolph Meltsing, Nikolaus Lange und Dietrich Luneborg aus über 2000 Mann. Der Angriff war hervorragend geplant, elf weitere Schiffe wurden zur Versorgung der Operation eingesetzt, und ortskundige Lotsen führten die Schiffe durch die tückischen Gewässer der Jade und der Ems. An Bord der Fahrzeuge befanden sich Waffen, Ausrüstung und Verpflegung für einen langen Feldzug, sogar schweres Belagerungsgerät war, in Teile zerlegt, auf die Schiffe verladen worden. Die Lübecker steuerten eine Kanone mit Munition zu dem Unternehmen bei. 450 Speckseiten, rund 2000 Stücke Rindfleisch, 1800 Schollen, fünfzehn Tonnen Zwieback, 1159 Stück Käse und fast 8500 kg Butter gehörten zum Proviant der Expedition. Um die Männer bei Laune zu halten, führten die Schiffe über 2400 Fässer Bier mit.

Zunächst wurde die Stadt Emden angegriffen und nach kurzem Kampf am 20. Juli, nur sechs Wochen nach dem Beginn der Operation, besetzt. Dann wandten sich die hansischen Truppen in Richtung auf die Stadt Norden. In der Nähe der Stadt wurde Sibet Lubbenson, der wichtigste Heger der Seeräuber, Ende Juli in einer offenen Feldschlacht besiegt und getötet. Seine Burg, die Sibetsburg (sie lag auf dem Gebiet des heutigen Wilhelmshaven), wurde von den von Hamburg geführten Truppen belagert und gestürmt. Sie musste sich Mitte September 1433 ergeben. Damit waren die wichtigsten militärischen Ziele erreicht. Einige Seeräuber wurden gefasst und durch den Hamburger Henker

Hinrich Lowenberge hingerichtet. Hamburg besetzte Emden und versuchte so, die Seeräubergefahr zu bannen, aber der Preis war hoch. Das gesamte Unternehmen kostete die Stadt mehr als 11 500 Mark lübisch, das entsprach rund 50 Prozent der städtischen Einnahmen eines ganzen Jahres. Doch das eigentliche Ziel, die Vernichtung des Seeräuberunwesens, gelang nicht wie erwartet. Die Überfälle nahmen zwar ab, hörten aber nie ganz auf. 1457 musste die reiche Hansestadt Hamburg, kurz vor dem finanziellen Ruin stehend, die Besatzung Emdens aufgeben und die Truppen zurückziehen. Die Piraterie an der ostfriesischen Küste blieb bis ins 16. Jahrhundert eine Geißel der Schifffahrt.

Die Ausrüstung eines Piratenjägers 1492

Abrechnung für die Verpflegung und sonstige Ausrüstung auf dem zur Piratenbekämpfung eingesetzten Hamburger Schiff »Katherine« für die erste von drei Ausfahrten des Jahres 1492. Das Schiff war bei dieser Fahrt ca. viereinhalb Wochen unterwegs.

»Interste 2 Pfund für gewogenen Fisch.
Item 8 Pfund 16 Schilling für 4 Fässer Bohnengrütze.
Item 5 Pfund 18 Schilling für Brot.
Item 20 Pfund für 20 Speckseiten.
Item 18 Pfund für 300 Fische.
Item 1 Pfund 7 Schilling für 1 Tonne Essig.
Item 30 Schilling für 1 Tonne Salz.
Item 2 Pfund 17 Schilling für Öl.
Item 1 Pfund 16 Schilling für Senf, Schalen, Kannen und Körbe.
Item 12 Schilling für Backarbeiten.
Item 14 Schilling für Bootsmiete.
Item 36 Pfund 19 Schilling 4 Pfennig für 375 Stücke Rindfleisch.
Item 24 Schilling für Schaffleisch.
Summa 101 Pfund 13 Schilling 4 Pfennig.

Item 12 Pfund für 12 Speckseiten.

Item 3 Pfund 4 Schilling für 8,5 Raummeter Brennholz.

Item 26 Pfund 8 Schilling für 14 Tonnen Mehl.

Item 3 Pfund 12 Schilling für Backarbeiten.

Item 3 Pfund 12 Schilling für 3 Tonnen Zwieback.

Item 3 kleine Tonnen Butter für 26 Pfund 8 Schilling.

Item 8 Schilling 4 Pfennig für 10 Pfund Kerzen.

Item 3 Fässer Mehl für 3 Mark lübisch.

Item 6 Pfund 8 Schilling für 16 Käse.

Item 6 Pfund für 3 Tonnen Erbsen.

Item 27 Pfund 12 Schilling für 23 Tonnen Bier, die Tonne 24 Schilling.

Summa 118 Pfund 4 Pfennig.

Item 46 Pfund 15 Schilling 10 Pfennig für verschiedene Verpflegung für die Krieger und die Gefangenen, die am 21. April 1492 in die Stadt gebracht wurden.

Item 9 Pfund für 150 isländische Fische.

Summa 55 Pfund 15 Schilling 10 Pfennig.

Item hat Cord Rodemborg [der Kapitän] ausgegeben nach seiner Abrechnung:

Interste 4,5 Pfund für 200 Fische.

Item 5 Pfund für frischen Fisch.

Item 2 Pfund 5 Schilling für 15 Tonnen Bier.

Item 13 Schilling für Kurse [Küstenzeichnungen], Kompasse und Stundengläser.

Item 8 Schilling für Torf [als Brennmaterial].

Item 10 Schilling für Lotsendienste.

Item für Verschiedenes noch 1,5 Pfund 15 Schilling.

Summa 93 Pfund 6 Schilling.

Summa 312 Pfund 19 Schilling 7 Pfennig.«

Morgans List – Holzkanonen und Vogelscheuchen

Während Henry Morgan mit seinen Männern 1669 in der Bucht von Maracaibo plünderte und brandschatzte, erhielt Don Alonso de Campos y Espinosa, der Admiral der spanischen Flotte in Westindien, Nachricht von den Piratenüberfällen. Mit drei Schiffen blockierte er die Ausfahrt der Lagune. Henry Morgan musste diese Engstelle passieren, wollte er wieder nach Jamaika zurückkehren. Der Bukanier setzte auf eine List, die Drake schon knapp achtzig Jahre früher angewandt hatte. Er rüstete eine kubanische Prise als sogenannten Brander aus – ein solches Schiff hat die Funktion einer schwimmenden Brandbombe. Er wollte damit den Angriff eines Kriegsschiffes vortäuschen. Morgans Männer schnitten zusätzliche Kanonenluken in die Bordwand und bauten aus Baumstämmen einige Geschützattrappen. Das Schiff besetzten die Bukaniere mit Holzpfählen, über die sie Kleidungsstücke gehängt hatten. Zuletzt bekamen die Figuren noch Mützen aufgesetzt. Im Laderaum stapelten die Piraten mehrere Pulverfässer und legten Lunten an. Nun führte das vermeintliche Kriegsschiff unter der persönlichen Flagge Henry Morgans den Angriff an. Als das Schiff die größte spanische Galeone, die »Magdalena« (412 Tonnen) erreichte, zündeten die zwölf Seeräuber im Laderaum die Lunten an und flohen in einem kleinen Boot. Die enternden Spanier bemerkten die List zu spät, die Prise explodierte und setzte das spanische Schiff sofort in Brand. Die »Magdalena« brannte bis zur Wasserlinie nieder. Das zweite spanische Schiff flüchtete und lief dabei auf Grund. Dem dritten Kriegsschiff schließlich jagten Morgans Männer hinterher, nachdem nun die Ausfahrt frei war, und brachten es nach kurzem Kampf auf. »Rotschopf« Morgan kehrte im Triumph nach Port Royal zurück.

David gegen Goliath: Küstenpiraterie

Bis ins ausgehende Mittelalter hinein fuhren die Handelsschiffe immer in Sichtweite des Festlands, weil sie sich in den Weiten des Meeres nur sehr ungenau orientieren konnten. Seekarten gab es noch nicht, und so tastete man sich an den Küsten entlang. Damit bewegten sich die Kaufleute in Gewässern, die vom Land aus leicht zu erreichen waren.

Die Piraten der Küsten benutzten für ihre Überfälle meistens relativ kleine Boote, denn die waren billig, gut zu verstecken oder wurden offiziell als Fischerboote verwendet. Die Fahrzeuge, die zum Teil mit einer einfachen Besegelung ausgerüstet waren, trugen an den nordeuropäischen Küsten bei Nacht und Nebel oder in den frühen Morgenstunden, wenn die Bordwachen besonders müde waren, verwegene Männer zu den vor Anker liegenden Schiffen. Die Boote der Piraten waren unbewaffnet, die Taktik der Seeräuber war der überraschende Enterangriff. Wie Schatten fielen sie über die schlafende Besatzung her, und der Kampf war für die Seeleute verloren, bevor er überhaupt begonnen hatte.

An den Küsten Ostfrieslands griffen die Piraten der Störtebekerzeit zum Beispiel zu Barsen oder Bardesen, kleineren Booten von wenigen Metern Länge, die gerudert oder durch ein Segel an einem einzelnen Mast angetrieben wurden. Im Jahre 1433 gehörten mehrere dieser Boote auch zur Hamburger Flotte gegen die Seeräuber Ostfrieslands. Sie waren seetauglich und konnten unter Segel von nur zwei Seeleuten gesteuert werden. Hinzu kam dann eine Kampfbesatzung von zehn bis fünfzehn Mann.

Auch im Mittelmeer pirschten sich die Fischer, die gelegentlich zu Seeräubern wurden, mit kleinen, schnellen Ruder- oder Segelbooten an die Schiffe heran. Die Überfälle fanden manchmal schon in Häfen, immer aber in Küstennähe statt.

Die karibischen Piraten unternahmen ihre ersten Überfälle

noch mit geruderten Booten, den sogenannten Pirogen, die bei etwas Wind einen einzelnen Mast aufrichten konnten. In diesen Booten fanden aber schon bis zu dreißig Piraten Platz.

Ähnlich gingen auch die Seeräuber Asiens vor, sie benutzten in den Gewässern um Indonesien Prauen genannte Boote mit ein bis zwei Masten. Sie waren etwa fünfzehn Meter lang und vier Meter breit und trugen vierzig bis sechzig Piraten. Die aus Teakholz gebauten Boote hatten einen oder zwei Ausleger, die dem Fahrzeug mehr Stabilität im Wasser gaben. Die Boote galten als schlechte Segler. Die Piraten überfielen daher meist keine Schiffe in Fahrt, sondern griffen vor Anker liegende oder aufgelaufene Handelsfahrzeuge an. Auch diese Fahrzeuge trugen keine Waffen. Der lautlose Überfall verlegte den möglichen Kampf auf das Deck des Handelsschiffes und machte Kanonen überflüssig. In den besonders gefährlichen Seegebieten wenden Piraten diese Taktik bis heute an.

Die Felucke, ein klassisches Boot der »kleinen Piraterie«

Eine Felucke war ursprünglich ein kleines offenes Fischerboot an der spanischen Mittelmeerküste. Es trug einen Mast mit einem Lateinersegel. Die muslimischen Korsaren setzten diese Fahrzeuge dann im 18. Jahrhundert mit drei bis fünf Ruderbänken als kleinste Einheiten ihrer Kaperflotten ein.

Die Piratenschiffe der hohen See

Während die Männer in den kleinen Booten in ihrer Mehrzahl unbekannt geblieben sind, haben die Namen der großen Piraten bis heute eine Würdigung von romantischer Verklärung bis zur radikalen Verteufelung erfahren. Sie waren die Anführer von großen Banden von 200, 300 oder noch mehr Piraten, die die Meere auf großen Schiffen unsicher machten. Diese Schiffe waren zum Teil reguläre Kriegsschiffe, die den Seeräubern in die Hände gefallen waren, zum Teil waren es Handelsschiffe, die von den Piraten für ihre Zwecke umgebaut wurden. Die Schiffe mussten schnell, gut bewaffnet und sehr seetüchtig sein. Die Geschwindigkeit eines Piratenschiffes war wichtig bei der Jagd auf Beute, aber auch bei der Flucht vor Piratenjägern. Auch die Seetüchtigkeit war ein wichtiger Faktor. Schließlich erstreckte sich das Jagdgebiet der Piraten des 17. und 18. Jahrhunderts von der amerikanischen Ostküste gen Osten bis um Afrika herum in den Indischen Ozean, gen Westen über die Karibik und die Ostküste Südamerikas um Kap Hoorn bis an die Westküste des amerikanischen Doppelkontinents. Die Seeräuber legten auf ihren Beutezügen riesige Entfernungen zurück.

Die ursprüngliche Bewaffnung war dagegen nicht so entscheidend, die Seeräuber stellten oft zusätzliche Kanonen auf, um die Feuerkraft der Beuteschiffe zu erhöhen. Bartholomew Roberts ließ sein Schiff mit vierzig Geschützen ausrüsten und nahm dafür die Schotten (die inneren senkrechten Unterteilungen im Rumpf) des Handelsschiffes heraus. So erhielt der Pirat ein einziges, durch das ganze Schiff verlaufendes Geschützdeck, vergleichbar einem Kriegsschiff.

Die bekanntesten Piraten waren die mit den größten Schiffen, und sie waren auch die erfolgreichsten. Männer wie Bartholomew Roberts, Henry Avery, William Kidd, Henry Morgan und Edward Teach fuhren beeindruckende Piratenschiffe. Ihre Sloops und Galleys waren bis zu vierzig Meter lang und 300 Tonnen schwer. Ihre Bewaffnung bestand aus dreißig bis über vierzig Kanonen unterschiedlicher Kaliber. Damit waren sie Kriegsschiffen 5. Ranges der englischen Marine (eine gebräuchliche Größe in den Überseegebieten) ebenbürtig. Diese Kriegsschiffe trugen zweiunddreißig Kanonen und 220 Mann Besatzung. Ein Kriegsschiff 4. Ranges führte vierundvierzig Kanonen und hatte rund 300 Mann Besatzung. Das war mit den Mannschaftszahlen der großen Piratenschiffe vergleichbar, denn deren Kapitäne brauchten relativ große Besatzungen zur Bedienung der Geschütze (vier bis sechs Mann pro Geschütz) und zum Enterangriff, bei dem zahlenmäßige Überlegenheit über Sieg oder Niederlage entschied.

Groß und fürchterlich: die Schiffe der Kaperfahrer

Während das Geschäft der Piraterie bis auf wenige (aber berühmte) Ausnahmen mit kleinen Schiffen oder Booten betrieben wurde, waren die wirtschaftlich ausgerichteten Kaperunternehmen nur mit größeren Schiffen möglich. Die riesigen Entfernungen auf den Seerouten konnten nur mit großen Schiffen bewältigt werden, und nur diese hatten den notwendigen Raum für die Besatzung und die großen Mengen an Ausrüstung und Verpflegung. Die oft eingesetzten ehemaligen Handelsschiffe waren schwer bewaffnet und hatten sehr gute Segeleigenschaften. Das galt noch mehr für die speziell gebauten Kaperfregatten, die selbst für Kriegsschiffe eine Gefahr darstellten. Die Schiffe trugen über vierzig schwere Kanonen und noch eine Anzahl leichterer Drehbassen. Die Besatzungen wussten, dass ihre Schiffe schneller waren als kampfstärkere Kriegsschiffe, aber weit besser bewaffnet als die kleineren Fahrzeuge, die noch schneller waren als sie. Nach diesem Prinzip bauten nordamerikanische Werften noch gegen Ende des 18. Jahrhunderts die Fregatten »Constitution«, »President« und »United States«, die unter fähigen Kommandanten äußerst erfolgreich Kaperkrieg gegen England führten.

Die Schiffe des Fredrik af Chapman

Einer der bedeutendsten Schiffskonstrukteure des 18. Jahrhunderts war der 1721 im schwedischen Göteborg geborene Fredrik Henrik Chapman. Er veröffentlichte 1768 die *Architectura Navalis Mercatoria*, das wichtigste Schiffbaubuch seiner Zeit, das auch den Bau von Kaperschiffen, ihr Aussehen, ihre Abmessungen und ihre Ausrüstung beschreibt.

Die größten von Chapman konstruierten Kaperfregatten hatten eine Länge von rund achtundvierzig, eine Breite von zwölf und einen Tiefgang von sechs Metern. Sie verdrängten 950 Tonnen Wasser und trugen achtundzwanzig schwere und zwölf leichte Geschütze. Die 400 Mann starke Besatzung konnte Lebensmittel für fünf Monate und Wasservorräte für zweieinhalb Monate mitführen.

Die etwas kleinere Version war vierundvierzig Meter lang und elfeinhalb breit. Sie trug nur achtunddreißig Kanonen und hatte eine Verdrängung von rund 700 Tonnen. Damit waren diese Schiffe immer noch mehr als doppelt so groß wie die größten Piratenschiffe des frühen 18. Jahrhunderts. Auf ihnen fuhren 360 Männer.

Die kleinsten Fregatten des schwedischen Konstrukteurs hatten noch eine Länge von dreißigeinhalb Meter und waren rund acht Meter breit. Sie gingen knapp vier Meter tief und verdrängten 230 Tonnen. Diese Schiffe waren am ehesten mit den Schiffen von Kidd und Co. zu vergleichen. Ähnlich wie Kidds »Adventure Galley« konnten auch sie bei Flaute gerudert werden. Sechzehn Kanonen bildeten die Bewaffnung. Die Schiffe führten Proviant für drei Monate und Trinkwasser für anderthalb mit. 160 Mann dienten auf ihnen.

Auch die im Laufe des 18. Jahrhunderts von Piraten gerne verwendeten Schoner baute der rührige Schwede mit dem englischen Namen. Die größeren waren achtundzwanzigeinhalb Meter lang und sieben Meter breit. Der Tiefgang betrug nur dreieinviertel Meter. Der Schoner verdrängte 160 Tonnen und führte nur zwei feststehende Kanonen mit. Zusätzlich kämpfte die Besatzung aber auch mit zweiunddreißig Drehbassen, die auf dem Schanzkleid (der Relingoberkante) montiert waren. Einhundert Mann betrug die Mannschaftsstärke. Diese Schiffe waren nur für die näher liegenden Seegebiete gedacht, ihre Lade-kapazität für Proviant betrug nur zwei Monate, für Trinkwasser gar nur einen.

Die Korsarenschiffe des Mittelmeeres

Im Mittelmeer regierten ab dem Ende des 15. Jahrhunderts die muslimischen Korsaren. Chair-ad-Din, Aruj und Dragut sorgten unter den christlichen Seeleuten für Angst und Schrecken. Ihr Erfolg basierte auf ihren schnellen Ruderschiffen, den Galeeren, die in der Tradition der griechischen Ruderschiffe standen. An-gekettete christliche Sklaven trieben die Schiffe bei Windstille an, bei gutem Wind fuhren die Segler unter einem einzelnen La-teinersegel an jedem der drei bis vier Masten. Der Rammsporn lag über der Wasserlinie, und unter dem Vorderkastell waren die wenigen schweren Kanonen aufgestellt. Die Piraten benutzten als weitere Feuerwaffen einige mittschiffs installierte Drehbassen. Die Schiffe hatten keine geschlossenen Decks, die Ruderer beka-men jedes Wetter hautnah zu spüren. Auf den größten Galeeren ruderten 280 Männer in achtundzwanzig Bänken. Fünf Mann bedienten einen Riemen (ein Ruder). Als Kampfbesatzung fuh-ren 200 bis 400 Krieger mit, die mit dem Schiffsdienst nichts zu tun hatten. Beim Enterangriff legten sich die Schiffe neben den angegriffenen Kauffahrer, und die Kämpfer sprangen mit ihren Handwaffen auf das Deck des Gegners. Diesem massierten An-griff hatte die Handelsschiffbesatzung nichts entgegenzusetzen. Im 18. Jahrhundert waren die Schiffe etwas kleiner und fuhren mit rund 100 Ruderern. Jetzt trugen die Fahrzeuge neben dem Vorder- auch ein Achterkastell mit Drehbassen.

RAMMSPORN
Der Rammsporn war ein Überbleibsel der Ruderschiffe der Antike. Mit dieser sehr stabilen Verlängerung des Kiels am Bug

rammte die angreifende Galeere den Gegner möglichst von der Seite und durchbrach die Rumpfstruktur, was zu einem riesigen Wassereinbruch und damit zum Untergang des Schiffes führte. Später sorgte der nun über der Wasserlinie liegende Sporn nur noch für eine Beschädigung des Gegners und stellte die Verbindung her, über die die Entermannschaft nach dem Rammstoß angreifen konnte. Doch im Mittelalter ging mit dem vermehrten Aufkommen von Feuerwaffen auch diese Funktion verloren.

Ein Schiff mit Ladehemmung

Am 7. Juni 1877 lief in Deutschland ein Schiff vom Stapel, das von vorneherein ein grandioser Fehlschlag war. Die »Otter« war speziell für die Piratenjagd gebaut und sollte im Chinesischen Meer gegen die grassierende Küstenseeräuberei eingesetzt werden. Damit begann schon die Misere, denn die »Otter« war zu diesem Zweck ein sehr flachgehendes Schiff (d. h. mit nur wenig Tiefgang), damit sie auch in Flussmündungen eindringen konnte. Damit war sie jedoch nicht wirklich seetüchtig, eine Fahrt aus der Nordsee ins Chinesische Meer konnte das brandneue Schiff gar nicht überstehen. Ein zunächst beabsichtigter Transport in Teilen auf einem größeren Schiff war aufgrund der mangelhaften Konstruktion technisch nicht machbar. Die »Otter« konnte also gar nicht erst an ihren Einsatzort gelangen und blieb als Kanonenboot in heimischen Gewässern. Das war auch gut so, denn nach wenig mehr als zwei Jahren musste die Bewaffnung von einem 12-cm-Geschütz und zwei 8-cm-Kanonen abgebaut werden, weil die Decksbalken und Planken viel zu schwach waren und durchbrachen. Die »Otter« war mit einunddreißig Metern Länge, sechs Metern zwanzig Breite und einem Tiefgang von einem Meter sechzig das kleinste deutsche Kriegsschiff und auch das einzige, das nicht einmal Salut schießen konnte, von scharfen Schüssen ganz zu schweigen

Schoner – die schnellsten Piratenschiffe unter Segeln

Die Schoner genannten Schiffe waren eine Entwicklung des späten 18. Jahrhunderts. Ursprünglich wurde die Gaffeltakelung von den Niederländern schon im 17. Jahrhundert genutzt, doch erst die amerikanischen Schiffbauer der Nordostküste verbanden diese Besegelung mit dem schlanken Rumpf eines Schnellseglers. Das Ergebnis war ein zweimastiges Schiff, das sehr hohe Geschwindigkeit mit guter Manövrierbarkeit vereinte. Schoner dienten als Lotsenboote und als Patrouillenschiffe für die junge amerikanische Marine. Von Neufundland aus fuhren Fischer mit diesen Schiffen auf Fang aus, und mit der Verbreitung dieses Schiffstyps setzten auch einige Piraten auf die Vorteile der Schoner. Der erste verbürgte Überfall datiert auf den August 1723, als ein Frachtsegler von dem Schoner des Piraten John Philipps vor der Küste Neufundlands gekapert wurde. Als jedoch in der zweiten Hälfte des 18. Jahrhunderts die große Zeit der Schoner anbrach, war die der berühmten Piraten bereits vorbei.

Schiffe für Drake & Co – Die »racebuilt galeons«

Die Galeonen, die die englischen Entdecker und Piraten zur Zeit Hawkins, Drakes oder Frobishers verwendeten, waren andere Schiffe als die schwerfälligen spanischen Schatzschiffe. Verantwortlich für ihre Konstruktion waren Männer wie der berühmte Schiffbaumeister Matthew Baker, von dem es ein überliefertes Manuskript zum Entwurf gibt. Es waren elegante Schiffe, bei denen der vordere Aufbau deutlich niedriger ausfiel als bei den spanischen Konstruktionen. Die für den Enterkampf nötigen hohen Aufbauten wurden nicht mehr gebraucht, denn die Schiffe hatten nun wirksame Kanonen, die vor der Enterung erst das Deck des Gegners leer fegen konnten. Die englischen Galeonen waren sehr manövrierfähig, sie konnten ihre Waffen immer und

überall zur Wirkung bringen. Die Schiffe waren äußerst seetüchtig und durch ein schlankeres Unterwasserschiff für ihre
Zeit auch schnell. Die Offiziere hatten vom erhöhten Achter-
deck einen guten Überblick über das Schiff und auch über die
Situation vor dem eigenen Bug. Sie konnten die Segel der vier
Masten daher effektiv für alle Manöver einsetzen. Die erfolgreichen Konstruktionen Bakers und seiner Kollegen blieben
richtungweisend für das gesamte 17. Jahrhundert. Ihre Spuren
sind in den holländischen und französischen Schiffbauten, so
z. B. der französischen Kaperfregatte »La Couronne«, deutlich
zu sehen.

Seeräuberschiffe und ihre Namen

Die Piraten des goldenen Zeitalters der Seeräuberei gaben den
Prisen, die sie nach dem Sieg weiterverwenden wollten, klingende
Namen, die schon für sich genommen Angst und Schrecken verbreiten sollten. Dabei kamen Bezeichnungen oder Namensteile
wie »Adventure«, »Revenge«, »Prize«, »Fortune« oder »Galley«
relativ häufig vor. Das war ein Ausdruck der Geltungssucht der
Männer, aber auch des Bewusstseins, Ausgestoßene oder Glücksritter zu sein (Bartholomew Roberts bezeichnete sich und seine
Männer als »Gentlemen des Glücks«). »Galley« war ein Namens-
bestandteil bei denjenigen Piratenschiffen, die bei Windstille
notfalls auch gerudert werden konnten, eine Anlehnung an den
Ruderschiffstyp der Antike und des Mittelalters.

Paul Benekes »Peter van Danzke« (1472)

Das Schiff, das die Hansestadt Danzig in den Kaperkrieg gegen
England schickte, gehörte ursprünglich einem französischen
Reederkonsortium. Es kam 1462 als »Pierre de La Rochelle«
in Danzig an. Der Danziger Rat beschlagnahmte das Fahrzeug,

als die durchgeführten Reparaturen im Hafen der Stadt nicht bezahlt werden konnten. Das Schiff sorgte in den Gewässern der Ostsee für helle Aufregung. Es hatte im Gegensatz zu den hier gebauten Fahrzeugen riesige Ausmaße. Zudem war es kraweelbeplankt, eine völlig neue Bautechnik, die den Bau wesentlich größerer Schiffe ermöglichte. Das Schiff hatte eine Länge von gut zweiundfünfzig und eine Breite von zwölf Metern. Der Tiefgang betrug fast fünfeinhalb Meter. Das Kraweel war eine Mischung aus spanischen und portugiesischen Bauformen und verdrängte 800 Tonnen. Damit war die »Peter van Danzke« mehr als doppelt so groß wie die gebräuchlichsten Piratenschiffe des 17. Jahrhunderts. Die Bewaffnung bestand aus achtzehn Kanonen unterschiedlicher Größe. Zur Zeit Paul Benekes trug die »Peter van Danzke« 350 Mann Besatzung. Angetrieben wurde dieses riesige Fahrzeug natürlich nicht mehr mit Riemen (Rudern), sondern durch große Rechtecksegel an Fock- und Großmast sowie ein Lateinersegel am hinteren, dem Besanmast.

Nach verschiedenen Kaperunternehmen wurde das Schiff 1474 wieder zum Frachtschiff umgebaut. Es sank 1475 vor der Küste der Bretagne.

»La Couronne« (1636)

Eines der bekanntesten und zugleich rätselhaftesten Kaperschiffe Frankreichs ist »La Couronne«. Über ihre Fahrten gibt es kaum Überlieferungen, doch der Bau dieses Kaperschiffes par excellence ist dokumentiert. Das Schiff wurde 1634 als direkte Antwort auf den Bau der englischen »Sovereign of the Seas« auf Kiel gelegt und war ein Jahr früher fertig. »La Couronne« war keine langsame, waffenstarrende Festung, sondern eine schnelle und bewegliche Fregatte. Sie war rund siebzig Meter lang und fast fünfzehn Meter breit. Ihr Tiefgang betrug fünf Meter. Der Dreimaster erhielt seine hohe Geschwindigkeit aus 1500

Quadratmetern Segelfläche. Die Bewaffnung bestand aus zweiundvierzig großen und sechs kleinen Geschützen, die auch bei
schwerer See einsatzbereit blieben.

Henry Morgans Flaggschiff – die »Oxford« (1669)

Das Flaggschiff eines der berüchtigtsten Piraten der Geschichte
war ein offizielles englisches Kriegsschiff. Die »HMS Oxford«
diente dem erst vierunddreißigjährigen Henry Morgan als Basis
für seinen geplanten Angriff auf Cartagena. Insgesamt elf Schiffe
kommandierte Morgan im Auftrag seiner Majestät Charles II.
von England in der Karibik, um gegen die Spanier vorzugehen.
Die »Oxford« war mit ihren vierzig Metern Länge und einer
Verdrängung von über 200 Tonnen zu dieser Zeit das größte
britische Kriegsschiff in der Karibik. Sie fand ihr Ende vor der
kleinen Insel Ile à Vache an der Südküste Haitis durch eine
Explosion in der Pulverkammer, die das Schiff förmlich zerriss.
Durch herumfliegende Wrackteile entzündeten sich zwei in der
Nähe liegende Schiffe und wurden ebenfalls zerstört. Rund 300
Seeleute fanden den Tod. Henry Morgan und neun weitere Per-
sonen befanden sich zum Zeitpunkt der Explosion auf dem Ach-
terdeck der »Oxford« und überlebten die Katastrophe wie durch
ein Wunder. Im Jahr 2004 fand der Wracksucher Rick Haupt ein
Wrack vor Haiti, das er als Morgans »Oxford« identifizierte.

William Kidds »Adventure Galley« (1695)

Für die längste Ausfahrt des Piraten William Kidd konnte sich
der zukünftige Kapitän sein Schiff selbst aussuchen. Das finanzkräftige Konsortium im Hintergrund kaufte das Schiff dann für
das Unternehmen. Seine Wahl fiel auf einen Dreimaster, den er
auf den Namen »Adventure Galley« taufte. Kidds Schiff war mit
einer Kiellänge von rund fünfunddreißig und einer Breite von

achteinhalb Metern etwas kleiner als z. B. die »Queen Anne's Revenge« des ebenfalls legendären Piraten Blackbeard, aber immer noch eindrucksvoll. Sie verdrängte 287 Tonnen und führte 34 Kanonen. Die »Adventure Galley« war 1695 in Deptford in England gebaut worden und konnte neben der Besegelung bei Flaute mit Hilfe langer Riemen angetrieben werden, die durch Pforten im Rumpf geschoben wurden. Die Besatzung von Kidds Schiff umfasste 152 Männer, es ging also ziemlich eng zu. Nach nur vier Jahren in Fahrt ließ William Kidd die völlig marode »Adventure Galley« 1699 auf Madagaskar zurück und wechselte auf eine Prise über, mit der er nach Westindien segelte.

Sam Bellamys »Whydah« (1716)

Das einzige bisher zweifelsfrei identifizierte Wrack eines Piratenschiffes ist die 1984 vor Cape Cod in sechs Metern Tiefe entdeckte »Whydah« des Piraten Sam Bellamy. Die »Whydah« ist nach einem Handelsposten an der westafrikanischen Küste benannt. Sie wurde 1716 in England als Sklavenschiff in Dienst gestellt. Zur Zeit ihres Einsatzes als Sklaventransporter trug sie nur zehn kleinere Kanonen, denn Platz war an Bord eines Sklavenschiffes gleichbedeutend mit Profit. Eine umfangreiche Bewaffnung brauchte viel Platz und schmälerte daher den Gewinn. Nachdem Bellamy das Schiff gekapert hatte, verstärkte er als Erstes die Bordwaffen. Er ließ achtzehn zusätzliche kleine Kanonen an Bord bringen. Wann die »Whydah« sank, ist unbekannt, die Archäologen konnten sie anhand der mitgeführten Geschütze und anderer Gegenstände jedoch eindeutig identifizieren.

Blackbeards »Queen Anne's Revenge« (1717)

Das Schiff von Edward Teach, genannt »Blackbeard«, war wie die meisten Piratenschiffe eine Prise, die die Piraten am 5. Dezember

1717 vor Crab Island gekapert hatten. Die Seeräuber bauten die Sloop »Margaret« für ihr Geschäft um und nannten sie aus unbekannten Gründen »Queen Anne's Revenge«. Das Schiff führte 36 Kanonen und war damit einem der üblichen Kriegsschiffe 5. Ranges gewachsen. Es hatte eine Länge von über vierzig Metern und verdrängte 300 Tonnen. Die »Queen Anne's Revenge« war das größte Piratenschiff der goldenen Zeit der Piraterie. Sie trug eine riesige Besatzung von rund 300 Piraten. Kein angegriffenes Schiff hatte dagegen eine Chance. Ihr weiteres Schicksal ist unbekannt, der legendäre Pirat wurde auf einer der ihn begleitenden Sloops gestellt.

Die »Santa Ana«: ein Piratenschiff der Johanniter (1524)

Die »Santa Ana« war eine der legendären Galeeren des Johanniterordens auf Malta. Das Schiff wurde 1524 fertiggestellt und war mit fünfzig schweren Kanonen bewaffnet. Die starke Bordartillerie und die 600 Mitglieder der Kampfbesatzung machten die »Santa Ana« zum kampfstärksten Schiff des gesamten Mittelmeeres.

Graf von Luckners S. M. S. »Seeadler« (1916)

Das Schiff des »letzten Piraten«, wie sich Korvettenkapitän Felix Graf von Luckner selbst nannte, war ein Vollschiff, ein dreimastiger Segler mit Hilfsmotor. Es war die von dem U-Boot U-36 aufgebrachte Prise namens »Pass of Balmaha«. Das Schiff war 1878 in Glasgow gebaut worden. Es wurde auf der Werft J. C. Tecklenborg A. G., Geestemünde (heute Bremerhaven) als Hilfskreuzer für den Kaperkrieg umgebaut. Sie kam am 2. Dezember 1916 auf der Reede von Blexen (Wesermündung) in Dienst. Bei der Ausreise wurde das Schiff von einem englischen Kreuzer angehalten und untersucht, die Tarnung als Handelsschiff durchschauten die Briten aber nicht. Im Verlauf des Jahres 1917 kaperte von Luckner mit S. M. S. »Seeadler« insgesamt sechzehn Schiffe mit 30 100 Bruttoregistertonnen. Am 31. Juli 1917 ankerte das Schiff vor der Insel Mopelia (Gesellschaftsinseln), um frischen Proviant aufzunehmen. Durch plötzlich einsetzende Starkwinde strandete der »Seeadler« und musste aufgegeben werden. Ein kleiner Teil der vierundsechzig Mann starken Besatzung unter Graf von Luckner geriet bei dem Versuch, von einem motorisierten Beiboot des »Seeadler« aus ein Schiff zu kapern, in Gefangenschaft. Der Rest der Mannschaft konnte einen Segler aufbringen und gelangte mit diesem maroden Schiff bis zu den Osterinseln, wo die Männer des deutschen Hilfskreuzers interniert wurden.

Wie schießen Piraten?

Die Kampfweise der Piraten und Freibeuter unterscheidet sich völlig von der einer regulären Marine. Die Marine ist siegreich, wenn sie den Gegner vernichtet. Diese Art von Sieg liegt jedoch keinesfalls im Interesse von Kaperfahrern oder Seeräubern. Für sie ist nur eines von Bedeutung: die Beute. Die in vielen Piratenfilmen effektvoll abgefeuerten Breitseiten machen viel her, bereichern aber allenfalls die Special-Effects-Firmen. Im realen Gefecht würden sie zur Zerstörung des gegnerischen Schiffes führen, für einen echten Korsaren eine Katastrophe. Aus einer tief auf dem Grund der See liegenden Prise konnte er weder seine Mannschaft noch seine Investoren oder seinen »Schutzpatron« zu Hause bezahlen. Für ihn waren das Schiff und seine Ladung eine wertvolle Beute, die es zu erhalten galt. Piraten mussten also anders zum Erfolg kommen. Ihr Ziel war vor allem die verteidigungsbereite Mannschaft des anderen Schiffes. Diese Männer konnten das Entern verhindern, daher waren sie in erster Linie auszuschalten. Also feuerte der Kaperfahrer nur aus nächster Nähe, und zwar möglichst nicht auf den Rumpf in

Nähe der Wasserlinie. Der französische Kapitän Launay-Rasily, Kommandant der Kaperfregatte »La Couronne« notierte dazu 1636: »Im Kampf eröffnen Sie das Feuer grundsätzlich erst auf so kurze Distanz, dass Sie alle Theorien über Feinrichten und Artilleriereglements getrost über Bord werfen können. 150 Schritte höchstens, besser sind 80, und wenn Sie auf 20 Schritte herankommen, dann können Sie gar nicht mehr vorbeischießen.« Kaperfahrer und Piraten schossen also nur so auf das Opfer, dass es nicht sank. Sie versuchten, eventuell eine Beschädigung des Ruders zu erreichen, um das dann manövrierunfähige Schiff zu entern, ansonsten feuerten sie hauptsächlich auf die Geschützbedienungen des Gegners. Auch Offiziere wurden gezielt angegriffen. Um so genau schießen zu können, musste der Freibeuter also so dicht wie möglich heran.

Die Qual der Waffen: das Handwerkszeug der Piraten

Die Waffen der Piraten bestanden aus den persönlichen Handwaffen und den Bordwaffen des Schiffes. Seit der Zeit der griechischen Piraten bis weit ins 19. Jahrhundert hinein bestimmten Anzahl und Auswahl der Handwaffen über Sieg oder Niederlage. Die Kämpfe zwischen Schiffen waren Nahkämpfe zwischen Männern auf hölzernen Plattformen, die sich durchs Wasser bewegen konnten. Wer die besseren Bogen-, Armbrust- oder Musketenschützen hatte und wessen Mannschaft am verwegensten enterte, der gewann. Das Schiff galt für alle Kämpfer als wertvolle Beute, also musste es wohl oder übel mit der Waffe in der Hand erstürmt werden.

Generell verwendeten Freibeuter zu allen Zeiten Waffen, die der Beute möglichst wenig Schaden zufügten. Das bezog sich nicht nur auf Feuerwaffen. In der Antike und im frühen Mittelalter kamen »Stinktöpfe« zum Einsatz, die auf den Gegner geschleudert wurden und nach dem Zerplatzen mit schier atemberaubenden Gasen die angegriffene Besatzung kampfunfähig machten. Die Rezepte für solche Waffen wurden streng gehütet. Bestandteile waren u. a. Schwarzpulver, Schwefel und Petroleum. Auch Tongefäße mit Schlangen und Skorpionen wurden gerne geworfen, um Panik zu verbreiten. Beim Entern selbst wurde das Enterbeil verwendet, mit dessen Sporn auch eine Bordwand erstiegen werden konnte, indem man die Spitze ins Holz rammte und daran emporkletterte. Einmal an Bord gelangt, setzten die Seekrieger zunächst Hieb- und Stichwaffen von der Keule bis zum Degen ein. Mit dem Entermesser, im Mittelalter in Norddeutschland auch »korde« genannt, wurde die Besatzung niedergekämpft.

Die Waffen vor den Feuerwaffen

Als Fernwaffen fanden vor der Einführung von Handfeuerwaffen Armbrust, Bogen oder »glevien«, eine Art Wurflanze, Verwendung. Die bevorzugte Distanzwaffe war im Mittelalter jedoch der Bogen, da er in der Herstellung einfach und vergleichsweise billig war. Aus dem Wrack des englischen Schiffes »Mary Rose« wurden einige Kisten mit gut erhaltenen Bögen geborgen. In England wurden ganze Haine von Eiben eigens für die Herstellung von Langbögen angepflanzt. Ein geübter Schütze konnte mit einer solchen Waffe mehrere Pfeile pro Minute auf den Gegner abschießen. Entscheidend war dabei nicht nur die Treffsicherheit, sondern auch die schnelle Schussfolge. Der Gegner sollte mit einem Hagel von Pfeilen ausgeschaltet oder in Deckung gezwungen werden. Der wirkungsvolle Umgang mit einem sogenannten Langbogen erforderte also große Übung und eine ausgezeichnete physische Verfassung, um das Zuggewicht von bis zu 40 kg mehrmals in einer Minute zu bewältigen.

Die relativ schwierige Handhabung des Bogens führte dazu, dass er zumindest an Bord der Schiffe von der Armbrust abgelöst wurde. Ihre Schussfolge war deutlich geringer, ein Schütze konnte bis zu drei Bolzen – kurze, dickere Pfeile – pro Minute abschießen. Dieser Nachteil wurde aber durch die weitaus bessere Treffsicherheit auch für Schützen ohne jahrelanges Training aufgewogen, denn ihre Handhabung erforderte weit weniger Können und eine weniger starke Kondition. Zudem lag die Durchschlagskraft noch höher als beim Bogen, dessen Pfeile einen normalen eisernen Brustharnisch auf eine Entfernung von 80 Metern durchschlagen konnten. Im Kampf hatte die Armbrust zudem den Vorteil, dass der Schütze hinter dem Schanzkleid Deckung finden und über dasselbe hinweg schießen konnte. So bot er selbst dem Gegner nur ein vergleichsweise kleines Ziel. Die Armbrust war die Waffe der ungelernten Kämpfer.

Offenes Feuer als Waffe wurde von Piraten so gut wie nie eingesetzt, denn es war der größte Feind des Schiffes und kaum kontrollierbar. Das angegriffene Schiff konnte wie Zunder brennen, und dann bliebe keine Zeit zur Plünderung. Schlimmer noch, bei ungünstigem Wind und Unachtsamkeit konnten die Flammen auch auf das Kaperschiff überspringen, und es gab nichts, was die Seeleute mehr fürchteten als die Unberechenbarkeit des Feuers. Es diente zu allen Zeiten nur zur Vernichtung des Gegners oder eines unbrauchbaren Beutefahrzeugs.

Gefechte mit Pulver und Eisen

Im späten Mittelalter kamen Feuerwaffen auf, die neben ihrem Bedrohungspotenzial tatsächlich eine taktische Bedeutung für die Freibeuter hatten. Mit ihnen wurden die Mannschaften der Handelsschiffe bekämpft. Eine Waffe wie geschaffen für die Piraterie war zu dieser Zeit der »murderer«, eine Kanone kleineren Kalibers. Die Piraten installierten die Waffe in einer dreh- und schwenkbaren Halterung auf dem Schanzkleid. Im Spätmittelalter trug sie auch die Bezeichnung »Halsbusse« oder »busse up den hals«. In der Frühen Neuzeit, im 17. und 18. Jahrhundert, wurde daraus die Drehbasse oder das Falconet. Die Kaperfahrer luden sie entweder mit losen Eisenstücken oder Nägeln, einer Munition, die den Vorläufer der späteren Schrapnell- bzw. Kartätschmunition darstellte, oder sie arbeiteten die Metallteile in eine Kugel aus Lehm ein, die dann beim Schuss zerplatzte. Die Waffe wurde als Vorbereitung auf das Entern aus kürzester Distanz auf das gegnerische Deck abgefeuert. Das hatte eine verheerende Wirkung auf die Besatzung, richtete jedoch nur relativ geringe Schäden an Schanzkleid und Takelage des angegriffenen Schiffes an. Der »murderer« gilt als typische Piraten- bzw. Kaperwaffe, die das wertvolle Beuteschiff schont und nur gegen die Besatzung gerichtet ist.

Die Wurfgeschosse des Mittelalters entwickelten die Piraten weiter zu einfachen »Handgranaten«. Die mit Pulver und Metallstücken gefüllten Behälter waren in ihrer Wirkung ebenso tödlich wie die Ladungen der Drehbassen. Die Seeräuber konnten sie sogar durch Luken ins Schiffsinnere werfen, wo sie ihre mörderische Wirkung entfalteten. Einige Augenzeugen berichteten von »Decks, die in Blut schwammen«.

Die wenigen schwereren Schiffswaffen des ausgehenden Mittelalters dienten eher zur Unterstützung oder zur Einschüchterung. Der Anblick einiger feuerbereiter großer Geschütze wird manch einer angegriffenen Mannschaft die Entscheidung aufzugeben erleichtert haben, zumindest, wenn sie die Aussicht hatte, mit dem Leben davonzukommen. Und auch Kaperfahrer waren zwar bereit, ihre Haut zu Markte zu tragen, aber versessen auf eine riskante Enteraktion waren sie nicht, wenn sie ihr Ziel auch durch eine bloße Drohung erreichen konnten.

Piraten setzten selten große Geldmengen für die Bewaffnung ein, es ging schließlich um Gewinn, nicht um Investitionen. Sie kauften also in der Regel keine Waffen. Eine bunt zusammengewürfelte Artillerie aus Kanonen zweifelhafter Herkunft und unbekannten Alters war keine Seltenheit an Bord. Beutestücke wurden schnell integriert, soweit passende Munition vorhanden oder erreichbar war. Die Finanziers dieser Unternehmen gingen einfach davon aus, dass die Prämiengier der Besatzungen eine dürftige Ausstattung wettmachte. Meist lagen sie damit richtig.

Mit dem vermehrten Aufkommen der offiziell genehmigten und anerkannten Kaperfahrten in Gestalt von Wirtschaftsunternehmen im späten 17. Jahrhundert rüsteten die Investoren Schiffe speziell für ihre Aufgaben aus, und die Feuerwaffen entsprachen dabei in Art und Anzahl durchaus denen auf Kampfschiffen einer regulären staatlichen Marine. Jetzt dienten Bordwaffen zur Bedrohung potenzieller Opfer, aber auch zur Verteidigung bei Angriffen durch andere Kaper oder Schiffe zur Piratenbekämpfung.

Entern mit der Waffe in der Hand

Die Handwaffen waren die wichtigsten Ausrüstungsteile der Seeräuber. Im Laufe der Jahrhunderte änderten sich die Kampfgewohnheiten wie auch die Waffen. An die Stelle des Schwertes traten das machetenartige Entermesser und eine Vielzahl von regionalen Säbelformen. Die Feuerwaffen nahmen in der Größe ab und in der Wirksamkeit zu, sie hielten in Form von Musketen, kurzläufigen Musketons oder Pistolen Einzug in die Arsenale der Piraten. Gerade die Pistolen waren beliebte Waffen und wurden gern paarweise getragen. Von Edward »Blackbeard« Teach wird sogar berichtet, er habe bei seinen Enterungen bis zu sechs Pistolen mitgeführt. Sie waren meist mit Knäufen versehen, die sie nach dem einzig abzufeuernden Schuss auch als Hiebwaffe im Handgemenge einsetzbar machten. Für die Piraten des 17. bis 19. Jahrhunderts waren Pistolen Waffe, Statussymbol, Belohnung und Einschüchterungsobjekt zugleich.

Im Jahre 67 n. Chr. ging Rom gegen die Seeräuber im gesamten Mittelmeer vor. Pompejus ließ in kürzester Zeit eine gewaltige Flotte bauen, ausrüsten und bemannen. Die Geschwader durchkämmten das ganze Mittelmeer, brachten viele einzelne Piratenschiffe auf und griffen auch gut ausgebaute und befestigte Schlupfwinkel an. Für den westlichen Teil brauchten die Geschwader des Römischen Reiches gerade einmal vierzig Tage. Der Ostteil mit Kilikien und Kreta war weitere achtundvierzig Tage später gesäubert. Den Verbänden fielen über 1600 Piratenschiffe in die Hände, von denen 1300 zerstört und fast 400 erbeutet wurden. Pompejus erwies sich als milder Sieger und amnestierte die meisten der Piraten, er schuf ihnen sogar Möglichkeiten für eine »normale« Existenz. Dies war ein Grund für seinen schnellen Erfolg. Die Piraterie im Mittelmeer wurde durch diesen Feldzug fast ausgerottet und blieb bis zum Ende der römischen Seeherrschaft auf einige kleine Banden beschränkt. Im Zuge des Zerfalls des römischen Imperiums nahm die Piraterie jedoch wieder zu.

Eine malaiische Ansicht

»Die Piraterie ist unser Geburtsrecht und daher keine Schande.« Der SULTAN VON JOHOR auf die Frage des englischen Regierungsbeamten Raffles, warum der Sultan Handelstätigkeit als entwürdigend ansehe, aber Piraterie offen dulde (1823).

Francis Drake löst einen Seeräuberboom aus

Die Erfolge Drakes stellten alles bis dahin Dagewesene in den Schatten. Sie sorgten in der Folge für einen wahren Boom bei der Ausrüstung von Kaperunternehmen. Schätzungen zufolge brachen in den fünfzehn Jahren nach dem Untergang der spanischen Armada 1588 jährlich 100 bis 200 Kaperfahrer von England aus gegen spanische Besitzungen in der ganzen Welt auf. Die Beute betrug zwischen 150 000 und 300 000 Pfund im Jahr. Die Kaperfahrer waren zur Zeit Elizabeths I. ein Wirtschafts-, aber auch ein militärischer Machtfaktor geworden.

Der »Jolly Roger« – Gesichter eines Markenzeichens

Wer kennt sie nicht, die furchteinflößende Piratenflagge mit Totenkopf und gekreuzten Knochen? Sie ist das Symbol der Seeräuberei in der Karibik, wenn nicht sogar der Piraterie schlechthin. Die Flagge kam erst Anfang des 18. Jahrhunderts im Seegebiet zwischen der Nordostküste Südamerikas, der Küste des heutigen Floridas und der Inselgruppe der Bahamas auf. Bis dahin verwendeten Freibeuter und Piraten oft eine einfache blutrote Flagge ohne Insignien, einige wenige Flaggen waren auch schon mit Zeichen versehen: Herzen mit Blutstropfen, Waffen oder Stundengläsern. Die Farbe versinnbildlichte den bedingungslosen Siegeswillen der Angreifer und das Schicksal der Opfer im Falle der Gegenwehr. Die Motive auf den Flaggen deuteten entweder auf Tod (begrenzte Zeit) oder Gewalt. Damit war die Botschaft eindeutig: Wer sich nicht sofort ergab, verlor sein Leben.

Den Totenkopf als Symbol für den Tod findet man bereits seit dem Mittelalter, auch auf Grabsteinen. Auf See malten Kapitäne einen Totenkopf hinter den Namen eines getöteten Seemannes in der Mannschaftsliste. Diesen Brauch übernahmen Piraten in den ersten Jahren des 18. Jahrhunderts, um ihre Opfer einzuschüchtern. Die bekanntesten Seeräuber legten sich nun individuelle Embleme zu, die während ihrer meist kurzen Karriere zu ihrem Markenzeichen wurden. Doch mit dem Untergang der großen Piraten ab den 1730er Jahren verschwanden diese Individualflaggen wieder, und die meisten Piraten zeigten nun die klassische Piratenflagge, einen Totenschädel in Frontalansicht mit zwei gekreuzten großen Knochen (der Größe nach Schenkelknochen). Zudem kehrten einige zu blutroten oder sogar schwarzen Tüchern zurück. Die bedeuteten, dass die Piraten keine Gnade walten lassen würden. Die Herkunft des Namens »Jolly Roger« ist übrigens unbekannt.

Die Flagge Bartholomew Roberts

Der größte Pirat der Blütezeit der Seeräuberei führte eine sehr individuelle Flagge: Ein Pirat steht mit gezücktem Entermesser (Roberts bevorzugter Nahkampfwaffe) auf zwei Totenschädeln. Unter dem linken sind die Buchstaben ABH, unter dem rechten die Buchstaben AMH zu sehen. Roberts verhöhnt damit die Bevölkerung der Inseln Barbados und Martinique, deren Gouverneure lange versuchten, Roberts zu fassen. Die erste Abkürzung steht für: A Barbadian's Head (Kopf eines Barbadiers), die zweite für: A Martinicians Head (Kopf eines Martinikaners).

Eine andere Version von Roberts Insignien zeigt ein Skelett, das einem Seemann ein Stundenglas überreicht. Die Symbolik ist klar: Der Tod gibt den Seeleuten nur wenig Zeit, sich zu ergeben.

Das Zeichen eines romantischen Piraten

Die Flagge des Piraten Major Stede Bonnet zeigt den üblichen Totenschädel über einem einzelnen liegenden Knochen. Links neben dem Schädel ist ein Dolch und rechts ein Herz zu sehen. Auch hier ist die Botschaft unmissverständlich: Die Piraten entscheiden über Leben und Tod der Seeleute des angegriffenen Schiffes.

Angst und Schrecken – Blackbeards Flagge

Blackbeards Flagge ziert ein Skelett, bei dem bei näherem Hinsehen die Hörner am Schädel auffallen. Der Teufel (= der Tod), symbolisiert durch das Knochengerüst, hält in der rechten Hand ein Stundenglas, das für die verrinnende Zeit steht, und in der Linken einen Speer, dessen Spitze auf ein blutendes Herz zeigt.

Die Flagge des Thomas Tew

Thomas Tew war ein Pirat, der in den besten Häusern der nordamerikanischen Kolonien ein gerngesehener Gast war. Er verzichtete bei seiner Flagge auf alle piratentypischen Embleme und führte ein schwarzes Tuch, auf dem lediglich ein Arm abgebildet ist, der einen Säbel schwingt. Anscheinend war Tew Linkshänder, der abgebildete Waffenarm jedenfalls ist ein linker.

Die Zeichen von Calico Jack

John Rackam, ein Durchschnittspirat, der jedoch als Geliebter von Anne Bonny, bzw. als ihr (und Mary Reads) Kapitän bekannt wurde, verwendete ebenfalls das klassische Piratensymbol, den Totenschädel. Doch anstelle der gekreuzten Knochen verwendete Calico Jack zwei geschwungene Säbel.

Die Flagge des Freibeuters der Königin

Nicht alle Piraten fuhren unter dem Jolly Roger, der Totenkopfflagge. Francis Drake, der berühmte Seeheld und Seeräuber, zog bei seinen Aktionen gegen die spanischen Schiffe oder Häfen meist die Unionsflagge, den Union Jack oder das St.-Georgs-Kreuz auf. Das entsprach seiner Auffassung, dass er kein Pirat, sondern »freier Unternehmer im Dienste der Königin Elisabeth I. und seines Landes« war. Ein Kaperbrief für Drake ist jedoch bis heute nicht aufgetaucht.

Eine Quittung vom Seeräuber

»Hiermit wird bestätigt, dass wir Fortunatsjäger 8 Pfund Goldstaub für die Rückgabe des Schiffes Hardey, Captain Dittwitt, erhielten. Von uns unterfertigt den 13. Januar 1722

Barth. Roberts   Harri Glasby«

Quittung des Piraten BARTHOLOMEW ROBERTS als Nachweis für eine Lösegeldzahlung. Roberts stellte die Bescheinigung zur Entlastung des Kapitäns in der Heimat aus. Die »Hardey« war eins von elf französischen, englischen und portugiesischen Schiffen, die Roberts an einem einzigen Tag vor der afrikanischen Küste bei Whydah kaperte. Er forderte – und erhielt – von fast jedem Schiff acht Pfund Goldstaub als Lösegeld. Der zweite Unterzeichner, Glasby, war Roberts Quartermeister.

Der König der Seeräuber schlägt zu

Im Juni 1720 sichtete der letzte der großen Piratenkapitäne, Bartholomew Roberts, in der Trepassey Bay an der Küste Neufundlands zweiundzwanzig vor Anker liegende Schiffe. Seine eigene Streitmacht bestand nur aus einer einzigen Schaluppe mit zehn Kanonen und sechzig Mann Besatzung, trotzdem griff er ohne zu zögern an. Seine Männer enterten ein Schiff nach dem anderen, ohne auf Gegenwehr zu stoßen. Im Gegenteil, die meisten der 1200 Männer an Bord der Handelsschiffe stiegen beim Anblick der berüchtigten Flagge panikerfüllt in die Boote und flüchteten an Land. Die Piraten raubten die Schiffe aus und verbrannten sie bis auf eines, das sie zum Abtransport der Beute brauchten. Ein französisches Geschwader, das Roberts und seine Bande daraufhin fassen sollte, fiel der Piratenführer auch noch an und zerstörte es fast völlig. Auch hier verschonte er nur ein Schiff, eine Brigantine, die er auf den Namen »Royal Fortune« umtaufte und zu seinem neuen Flaggschiff machte.

Die Chauken und Sachsen –
400 Jahre Seeräuberei an den Kanalküsten

Im Jahre 41 n. Chr. überfiel ein desertierter ehemaliger römischer Soldat namens Ganascus mit einer Piratenflotte aus dem Volksstamm der Chauken die gallische Küste. Die Chauken lebten eigentlich im Gebiet zwischen Elbe und Ems, doch ihre Raubzüge führten sie bis weit in den Ärmelkanal. Der römische Befehlshaber Corbulo ließ Ganascus im Jahre 47 ermorden, und die Piraten wurden für die nächsten 120 Jahre zurückgedrängt. Doch schon 170 n. Chr. nahmen die Räubereien des aufsässigen Volksstammes wieder überhand. Die wilden Männer aus dem Norden des heutigen Niedersachsen fuhren in ihren zehn bis zwölf Meter langen Einbäumen an die gallische und britannische Küste und plünderten ganze Küstenstriche. Jedes Boot trug dabei bis zu dreißig Piraten. Das römische Weltreich hatte den Angriffen der Chauken und später der mit ihnen verbündeten Sachsen (im 3. und 4. Jahrhundert) nichts entgegenzusetzen. Gallien wurde 285/286 Opfer eines riesigen Raubzuges, die Provinz Britannien in den Jahren 367 bis 369. Die nordgallische Küste (das heutige Belgien und der Nordosten Frankreichs) war 370 und 388 erneut Ziel verheerender Piratenzüge. Rom handelte im 4. Jahrhundert n. Chr., und der zuständige Militärbefehlshaber ließ eine Kette von Küstenkastellen von der Girondemündung bis in die Nähe von Ostende bauen. Auf britannischer Seite reichten die Befestigungen von Washby bis zur Isle of Wight. Dieses System aus Kastellen, Wachtürmen und Erdwällen gab den Küstenbewohnern Schutz bis zum Ende der römischen Herrschaft über den Süden Britanniens im Jahre 407 n. Chr.

»A furore normannorum libera nos, Domine!«
(Vor dem Grimme der Normannen schütz uns, lieber Herre Gott!)
Aus einer Kirchenlitanei 850

Die Wikinger kommen!

In der Morgendämmerung des 8. Juni 793 hämmerten Fischer wild an die Pforte des Klosters Lindisfarne auf der Insel Holy Island in Northumberland an der Grenze zu Schottland. Den herbeieilenden Mönchen erzählten sie, Schiffe mit Drachenköpfen und blutroten Segeln ankerten vor der Küste. Wilde Riesen mit langen blonden Haaren seien an Land gekommen und hätten die Hütten der Fischer verwüstet. Es müsse sich um Geister aus der Hölle handeln. Doch bevor die entsetzten Küstenbewohner ihren verworrenen Bericht beendet hatten, waren die unheimlichen Fremdlinge bis zum Kloster gekommen. Sie brachen mit langen Äxten bewaffnet durch das Tor und drangen in Windeseile in alle Räume des Klosters vor. Mit ihren Schwertern töteten sie alle Mönche, die sich nicht schnell genug verstecken konnten, einige Flüchtende ertränkten sie im flachen Wasser der nahe liegenden Bucht. Sie schlachteten erst die Menschen ab, dann das gesamte Vieh. Dann legten sie an einigen Stellen Feuer. Zuletzt trugen sie ihre Beute, die Monstranz, Goldgefäße und goldene Kruzifixe zu ihren Schiffen. Aus den Kellerräumen des geplünderten Klosters luden die wilden Gestalten Wein, Fleisch und Mehl dazu und lichteten die Anker. Nur wenige Mönche überlebten das Massaker. Sie flüchteten aus den rauchenden Trümmern der Abtei und suchten sich eine neue Heimstatt in vermeintlich sichereren Gefilden im Landesinneren.

Sturm über Europa

Der Überfall auf das Kloster Lindisfarne war nur der Beginn einer beispiellosen Reihe von Überfällen der wilden, blondhaarigen Krieger aus dem Norden Europas, die 118 Jahre andauern sollte und die die Christenheit vor diesem Zorn Gottes erzittern ließ. Im selben Jahr 793 plünderten Wikinger außer Lindisfarne noch das Kloster Egferth in Irland. 799 griff eine Flotte Wikingerschiffe die Mündungsgebiete der Seine und der Loire an. In den drei aufeinanderfolgenden Jahren 834, 835 und 836 raubten sie die niederländische Handelsmetropole Dorestad aus und brannten sie jedes Mal nieder.

Nantes, eine französische Stadt im Wikingersturm

Es war der Johannestag 843. Die Stadt an der Loire war voll von Menschen, die zum Fest des Saint Jean gekommen waren. Die Kirche war zum Bersten gefüllt, als sich einige Mönche in blutverschmierten zerrissenen Kutten mit letzter Kraft einen Weg durch die Menge bahnten. Sie kamen aus dem Kloster auf der Loire-Insel Indret. Sie berichteten, eine riesige Flotte von Drachenschiffen nähere sich der Stadt. Die Einwohner und Besucher erstarrten, denn bisher hatten die Barbaren aus dem Norden noch nie eine befestigte Stadt angegriffen. Sie schlossen in höchster Eile die Tore und holten ihre Waffen. Doch die Wirklichkeit übertraf ihre schlimmsten Befürchtungen. Mehr als siebzig Wikingerschiffe gingen im Fluss vor der Stadt vor Anker. Bevor eine Verteidigung organisiert war, hatten die nordischen Krieger schon Sturmleitern an die Mauern gelegt und waren in die Stadt eingedrungen. Andere brachen die Tore auf, und die Bevölkerung wandte sich in Panik zur Flucht. Doch wohin? Die Menschen rannten verzweifelt zur Kirche, doch die Wikinger waren plötzlich mitten unter ihnen und metzelten alles nieder.

Die Piraten drangen in die Kirche ein und töteten den Bischof Gunthard über dem Altar. Die Eindringlinge rafften Beute zusammen und zündeten die Kirche an. Mord, Raub und Brand regierten in den nächsten Stunden in der ganzen Stadt. Als die Dunkelheit über das brennende Nantes hereinbrach und das Inferno ausklang, zogen sich die Nordmänner mit ihrer Beute und ihren Gefangenen auf die Schiffe zurück. In der darauffolgenden Woche plünderten und verbrannten sie das ganze Gebiet am Unterlauf der Loire.

Hamburg brennt

»Der Herr Bischof wollte zuerst mit denen, die in der Burg zugegen waren und in der Vorstadt wohnten, die Stadt halten, bis größere Hilfe herankäme. Dann aber, als die Heiden vordrangen und die Burg schon belagerten, sah er ein, dass er mit seinen Leuten keinen Widerstand leisten konnte. Deshalb trug er Sorge, dass die heiligen Reliquienschätze fortgeschafft wurden, und entkam darauf mit knapper Not und ohne Kopfbedeckung [!], während seine Geistlichen nach allen Richtungen zerstreut wurden. Auch die Bewohner verließen den Ort und irrten überall umher. Manche entkamen, einige wurden gefangen genommen, die meisten erschlagen. Als die Feinde die Burg eingenommen hatten, plünderten sie und nahmen alles, was sie vorfanden. Dann blieben sie noch die ganze Nacht und die folgenden vierundzwanzig Stunden daselbst. Nachdem sie alles in Brand gesetzt hatten, zogen sie wieder ab. Damals ging sowohl die unter Erzbischof Ansgar erbaute Kirche als auch das allgemein bewunderte Kloster in Flammen auf.«
Bericht des Chronisten RIMBERT vom Überfall der Wikinger auf Hamburg (845)

Der Untergang Kölns

Im Sommer des Jahres 883 strömten Tausende durch die engen Straßen Kölns. Die Stadt am Rhein war ein riesiges Flüchtlingslager für diejenigen, die vor den entsetzlichen Nordmännern den Fluss hinaufgeflohen waren. Für viele wurde es zur letzten Station, die Glücklicheren flüchteten weiter bis nach Mainz. Seit dem Frühjahr hatte sich die Drachenflotte unaufhaltsam den Rhein hinaufgeschoben. Xanten war bereits geplündert, und die Schiffe näherten sich Köln. Das auf dem Weg liegende Duisburg wurde vollständig niedergebrannt. Bald sahen die verängstigten Menschen die Rauchsäulen der brennenden Burgen Jülich und Neuss. Die alten Mauern Kölns aus der Römerzeit konnten die Nordmänner nicht aufhalten. Sie plünderten, vergewaltigten und verbrannten die Stadt. Die Kirche Sankt Peter wurde ebenso verwüstet wie das Nonnenkloster. Der erste Kölner Dom, um 800 gegründet, wurde ein Opfer der Flammen, seine Schätze landeten im Laderaum eines Wikingerschiffes.

Der Sieg über die Wikinger

»Die Christen erhoben ein Schlachtgeschrei bis zum Himmel. Nicht weniger schrien nach ihrer Sitte die Heiden. Mit gezückten Schwertern stürmten die Krieger aufeinander los. Nach kurzem, hartnäckigem Kampf fiel der Sieg durch Gottes helfende Gnade den Christen zu. Als die Normannen Schutz in der Flucht suchten, trat ihnen zum Verderben der Fluss entgegen, der ihnen vorher im Rücken als Mauer gedient hatte. Weil von der anderen Seite die Christen tötend auf sie eindrangen, waren sie jetzt gezwungen, sich in den Fluss zu stürzen. Zu Hunderten und Tausenden sanken sie in die Fluten, sodass, von Toten bedeckt, das Bett des Flusses trocken schien.«
Bericht aus den Annalen des Klosters Fulda über den Sieg

Arnulfs von Kärnten über die Wikinger bei Leuwen/Brabant
(891)

Die Nordmänner auf der Seine

Im harten Winter des Jahres 845 drangen rund 120 norman-
nische Drachenschiffe die Seine hinauf bis Paris vor. Sie setzten
sich auf einer Insel im Fluss nördlich der Stadt fest. Vor den
Augen eines Heeres des Frankenherrschers Karl des Kahlen
hängten die Piraten aus dem Norden 111 Gefangene an die
Bäume der Insel oder schnitten ihnen in Sichtweite die Kehlen
durch. Da Karls Heer nicht ausreichte, die Wikinger zu vertreiben, machte er einen Handel. Er bot dem Anführer Ragnar
Lodbrog die Summe von 7000 Pfund Silber an. Lodbrog musste dafür schwören, sich zurückzuziehen. Vor einer Kirche im
Norden des heutigen Paris trafen sich die Herren zum Schwur.
Doch bei welchem Gott sollte der heidnische Pirat schwören? Er
legte den Eid schließlich vor der christlichen Kirche im Namen
Odins ab. Tatsächlich kehrte die Normannenflotte um und fuhr
flussabwärts. Diesen Überfall hatte Paris überstanden.

Die Normannen kommen wieder! – Der große Angriff auf Paris

Genau vierzig Jahre später brach der Normannensturm mit seiner größten Gewalt über die Stadt an der Seine herein. Mehrere
hundert Drachenschiffe, angeführt von dem Piratenhäuptling
Siegfried, fuhren den Fluss hinauf. Stoßtrupps auf gestohlenen
Pferden brachten links und rechts des Stromes Entsetzen über
die Menschen. Die Normannen plünderten Rouen und brannten
die Stadt ab. Die Nachrichten überschlugen sich: Mehr als zwei
Meilen weit sei der Fluss von Drachenschiffen bedeckt. Am 24.
November 885 schließlich erreichte die Flotte Paris und ankerte
am Ufer, dort, wo heute der Louvre steht. Siegfried verlangte die

freie Durchfahrt für seine Flotte weiter flussaufwärts. Dazu hätten die Pariser eine der Seinebrücken abbrechen müssen. Sie lehnten daher ab, und nur zwei Tage später kam der erste Angriff. Er wurde abgewehrt, und noch in derselben Nacht baute man den Brückenturm am Pons major auf die doppelte Höhe aus. Am nächsten Tag griffen die Piraten den Turm mit Brandpfeilen an, aber das Feuer konnte gelöscht werden. Graf Odo von Paris führte einen Ausfall an, bei dem die Männer der Stadt 200 Normannen töteten. Die Wikinger mussten sich nun auf eine ungewohnte Belagerung einstellen. Im Januar 886 brachten die Seekrieger aus dem Norden sogar Belagerungsmaschinen zum Einsatz, die Bedienungsmannschaften fielen aber den Bogenschützen der Stadt zum Opfer. Am 31. Januar kam es zum großen Angriff auf die Befestigung des Turms am Pons major. Die Angreifer stürmten mit einem Hagel aus Wurfspießen, Pfeilen, Steinkugeln und Pechfackeln. Die Verteidiger schütteten kochendes Öl auf die Normannen herunter. Der Kampf um den Turm dauerte den ganzen Tag und endete ohne Ergebnis. Während die Normannen am Abend ihre Toten am Ufer des Flusses verbrannten, besserten die Pariser ihre beschädigten Mauern aus. Am nächsten Tag warfen die Nordmänner Reisig, Steine, Tierkadaver, Stroh und Leichen von Gefangenen in den Graben um den Turm, um an die Mauern herankommen zu können. Doch der Angriff blieb stecken. Der Piratenführer ließ einige seiner Schiffe anzünden und gegen eine hölzerne Brücke treiben, doch die Schiffe blieben an den steinernen Wellenbrechern der Brücke hängen und brannten aus. Für die Verteidiger, die mit Entsetzen zuschauen mussten, war das ein Zeichen des Himmels.

In der Nacht zum 6. Februar 886 ließ Hochwasser eine der Brücken zusammenbrechen. Es gelang den Verteidigern nicht, die Verbindung zum Turm am anderen Ufer wiederherzustellen. Der Turm wurde in Brand gesteckt und die Besatzung vor den Augen der Stadtbevölkerung getötet.

Während der Belagerung brachen unter der Bevölkerung Seuchen aus, und die Zahl der Toten stieg unaufhaltsam. Die Einwohner konnten die Leichen nicht mehr bestatten, es gab einfach keinen Platz mehr. Die Lage wurde immer verzweifelter.

Die Forderung, die Brücken abzubrechen, wurde immer noch nicht erfüllt und war auch mit Gewalt nicht durchzusetzen. So transportierten die Wikinger ihre Flotte über Land. Sie legten Rollen aus Baumstämmen unter die Schiffe und zogen sie an den Brücken vorbei zum Fluss oberhalb der Stadt. Die Piraten gaben die sinnlose Belagerung auf und fuhren weiter stromaufwärts. Bei ihrem Rückweg sahen sie schon von weitem die verteidigungsbereiten Türme der Stadt und eine Unzahl von Bewaffneten. Diesmal wählten sie gleich den Landweg für ihre Drachenschiffe, und die Stadt blieb unbehelligt. Dieser vergebliche Angriff war das letzte Mal, dass sich Normannenschiffe auf der Seine sehen ließen.

Nach dem Bericht des Mönchs ABBON VON SAINT-GERMAIN-DES-PRÉS (886)

Die Kaperung durch »legale Piraten«

Zur ersten Blütezeit der legitimierten Piraterie, im 15. und 16. Jahrhundert, griffen »legale« Freibeuter nicht immer sofort an. Wenn eine potenzielle Prise in Sicht kam, nahm das Kaperschiff eine gute Angriffsposition ein, und die Mannschaft machte sich und das Schiff gefechtsbereit. Man führte dann zunächst offizielle Verhandlungen über den Status der Anwesenden auf dem angehaltenen Schiff, den Bestimmungsort der Ladung sowie deren Art. Dafür entsandte der Befehlshaber des Kaperschiffes nun ein Untersuchungskommando im Beiboot. War die Besatzung des angehaltenen Schiffes zu dieser Untersuchung bereit, überprüften die Kaperfahrer die Frachtbriefe. Dass solche regelgerechten Untersuchungen tatsächlich stattgefunden haben, ist belegt. Dabei kam es natürlich gelegentlich zu Übergriffen, die Zivilisiertheit hielt sich auch am Ende des Mittelalters durchaus in Grenzen. Durch diese Kontaktaufnahme wussten diejenigen Opfer, die später wegen unrechtmäßiger Kaperung Klagen führten, wer die Angreifer waren – zum Teil sogar den Namen des Anführers –, denn diese hatten sich in den persönlichen Verhandlungen vor einer Auseinandersetzung vorgestellt. Bei den Gesprächen verhandelten die Kaperfahrer mit den Kapitänen der Schiffe oder den Bevollmächtigten der Handelshäuser. Die bedrohten Kaufleute konnten sich sogar als Geiseln für die ungehinderte Weiterfahrt des Schiffes und damit der Ware anbieten. Den Kaperfahrern blieb dann die Aussicht auf ein gutes Lösegeld. Erst wenn alle Verhandlungen zu keiner Einigung führten und sich die Besatzung weigerte, eine Überprüfung zu gestatten, oder sogar ihrerseits Angriffsabsichten bekundete, kamen die mitgeführten Geschütze zum Einsatz.

Die Kaperschiffe bevorzugten bei der Annäherung die sogenannte Dwarslinie oder die Sichel bzw. den geöffneten Halbmond. Eine solche Aufstellung bietet große Vorteile, wenn man eine Enterung beabsichtigt.

Angriffsformationen von Kaperschiffen

Sichel oder Halbmond:

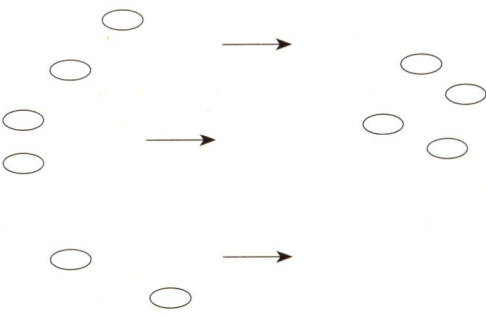

Dwarslinie:

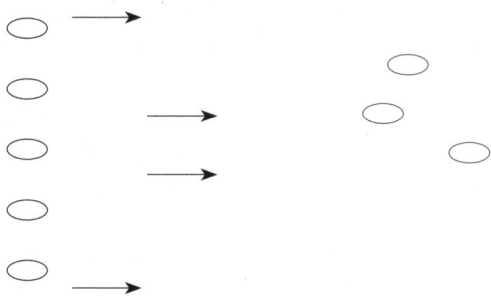

Die Minute der Wahrheit: Der Enterkampf

Oft kreuzten Piraten- und Kaperschiffe tagelang auf den Schiff-fahrtsrouten, ohne ein geeignetes Opfer zu finden. Doch wenn ein Segel in Sicht kam, wurde die Besatzung munter. Zuerst nahmen die Anführer die potenzielle Prise auf Distanz in Augenschein, um unangenehmen Überraschungen durch schwerbewaffnete Kriegsschiffe aus dem Weg zu gehen. Wenn alles unverdächtig aussah, näherte sich das Freibeuterschiff dem Opfer oft unter Verwendung einer vertrauenerweckenden Flagge. Auf und unter Deck liefen gleichzeitig alle Vorbereitungen. Die Geschützmann-schaften machten die Kanonen und Drehbassen feuerbereit. See-leute streuten Sand aufs Deck, um die Feuergefahr zu reduzieren, aber auch, um beim Enterkampf ein Ausrutschen in Wasser- oder Blutlachen zu vermeiden. Weitere Sandeimer wurden zur Bekämpfung von kleineren Bränden bereitgestellt. Alle losen Gegenstände wurden verzurrt, alle Leinen belegt. Der Schiffs-zimmermann legte Werkzeuge und verschiedene Holzteile wie Keile und Pflöcke zur Lecksicherung, aber auch zum Angriff bereit. Auch der Segelmacher stellte sich und sein Material auf die bevorstehende Auseinandersetzung ein, ebenso wie der Schiffs-arzt – oder derjenige, der diese Aufgabe an Bord erfüllte –, der mit wenigen Handgriffen einen Raum unter Deck als Lazarett herrichtete und seine Instrumente ausbreitete. Die übrige Besatzung überprüfte und lud ihre Feuerwaffen und nahm im Verborgenen ihre Enterpositionen ein. Das Schiff war klar zum Angriff.

Während die Männer auf dem Freibeuterschiff dem Kampf und der erwarteten Beute mit gespannter Erwartung entgegensahen, war die Mannschaft des anderen Schiffes grundsätzlich mit den gleichen Verrichtungen beschäftigt. Sicher legte sie dabei kaum weniger Eifer an den Tag, schließlich ging es nicht nur um die Ladung, sondern mit hoher Wahrscheinlichkeit um das eigene Leben. Außerdem konnten die Männer bei guter Vorbereitung den bevorstehenden Enterkampf durch einen schnellen eigenen Angriff auf das Deck des Angreifers verlegen. Bei kaum einer anderen kriegerischen Auseinandersetzung war der Grundsatz »Wer wagt, gewinnt« so zutreffend wie bei einem Enterangriff durch Piraten oder Kaperfahrer.

Der Angriff im Mittelalter

An der Wende zur Neuzeit, im ausgehenden 15. Jahrhundert, griffen Kaperkapitäne und Piraten so an, dass die noch neuen und anfälligen Feuergeschütze nur zur Vorbereitung des Enterns dienten. Der Kaper eröffnete auf kurze Distanz das Feuer mit Geschützen, die vergleichsweise ungenau auf das Deck des angegriffenen Schiffes gerichtet waren, um ein Sinken auszuschließen. Mit dem Beschuss sollte die gegnerische Mannschaft dezimiert und das Schiff am Manövrieren gehindert werden. Dabei war den Piraten jeder Einschlag beim Opfer von Nutzen, denn ein Teil der Verteidiger wurde ohne direkte Treffer nur durch die Wolken geschossartig herumfliegender Holzsplitter des Schiffes verletzt oder getötet.

Das Kaperschiff ging dann längsseits zum angegriffenen Schiff, und die Besatzung zog das Opfer mit Hilfe von Enterhaken oder

eisernen Wurfankern an die eigene Bordwand, um die Entermannschaft überzusetzen. Das gelang am besten aus einer sogenannten Luv-Position heraus, die die eigene Manövrierfähig-
keit sicherstellte. Durch dieses Manöver wurde dem Gegner der
Wind genommen. Dann brachte man das Kaperschiff mit dem
hohen Aufbau am Heck zuerst dicht an den Gegner heran. So
konnten die dort oben aufgestellten Schützen die gegnerische
Besatzung attackieren. Das verlangte großes seemännisches Können, doch nur so hatten die Angreifer die besseren Chancen.

Auf kurze Entfernung kamen Handwaffen zum Einsatz,
die über das Schanzkleid (die Bordwand oberhalb des Decks)
hinweg abgefeuert wurden. Auch aus den Mastkörben, den sogenannten Marsen, heraus wurde geschossen. Der wichtige Vorteil der überlegenen Höhe konnte so voll ausgespielt und die
gegnerische Mannschaft bekämpft werden. Für die auf der Reling angebrachten Drehbassen wurde bis in die Neuzeit kurz vor
dem Entervorgang »hagelschrot« als Waffe gegen die Takelage
und die Besatzung verwendet. Die Streuwirkung eines solchen
Schrotschusses machte die auf dem Deck stehenden Verteidiger kampfunfähig, durchlöcherte Segel und zerfetzte Taue und
Leinen.

Lag das Kaperschiff schließlich längsseits seines Gegners,
wurde die verbleibende Besatzung desselben durch Pfeil- und
Armbrustbeschuss in Deckung gehalten, während die Entermannschaft auf das angegriffene Schiff übersprang. Zu diesem
Zweck befanden sich im 15. Jahrhundert, als die Schanzkleider
der Schiffe noch übermannshoch waren, an der Innenseite des
Schanzkleides beidseitige Laufgänge, die als Kampfplattform und
Absprung dienten. Diese Konstruktion ist auf verschiedenen Ab-
bildungen von Schiffen des späten 15. Jahrhunderts zu sehen.

War die eigene Entermannschaft an Bord des gegnerischen
Schiffes, wurde dessen Besatzung im Kampf Mann gegen Mann,
der durchaus in einem Handgemenge enden konnte, nieder-

gekämpft. Auf »Augendistanz« benutzten die Freibeuter im ausgehenden Mittelalter Schwerter, Äxte und säbel- oder machetenartige Entermesser als Hiebwaffen. Schutzwaffen wie Schilde oder Harnische trugen die Männer im 15. und 16. Jahrhundert nur gegen Pfeil- und Armbrustbolzenbeschuss, als es noch keine Faustfeuerwaffen gab. Nach der Überwältigung des Gegners erfolgte eine genaue Untersuchung von Schiff und Ladung. War das Schiff in gutem Zustand und durch den Angriff nicht zu sehr beschädigt, wurde es mit neuer – und teilweise auch alter – Besatzung als Freibeuterschiff den eigenen Kräften einverleibt. Bot das eroberte Schiff diese Möglichkeiten aufgrund des Zustandes oder der Beschädigungen nicht, verbrannten die Kaperfahrer es kurzerhand. Gelegentlich mit dem nicht kooperativen Teil der besiegten Besatzung.

Die drei Phasen des Angriffs

Phase 1: Gewinnen der Luvposition   Phase 2: Annäherung   Phase 3: Enterung

Der Angriff zu Zeiten William Kidds oder Bartholomew Roberts

In späteren Zeiten war die Verteidigungsbereitschaft unter anderem davon abhängig, wem man im Kampf gegenüberstand. Einige Piraten hatten einen furchtbaren Ruf. Niemand wollte einem Lowther oder einem L'Olonnois lebend in die Hände fallen, denn dann konnte das eigene Schicksal schlimmer sein als ein schneller Tod. Sahen die Besatzungen der angegriffenen Schiffe die Flaggen dieser Piraten, waren sie entweder vor Schreck gelähmt oder zu erbittertem Widerstand bereit. Andere Seeräuberkapitäne waren als »human« bekannt und boten den Seeleuten immerhin die Möglichkeit, als neue Mitglieder ins Piratenlager zu wechseln. Das taten sie aber natürlich nur, wenn sie nicht zuvor durch heftigen, aber letztlich erfolglosen Widerstand gereizt worden waren.

Die Piraten hielten ständig nach lohnenden Prisen Ausschau. Für das Sichten eines möglichen Opfers gab es sogar Belohnungen, so bekam unter Captain Lowther derjenige Pirat, der als Erster ein Segel erspähte, die beste Pistole zugesprochen, die auf dem Beuteschiff zu finden war. Der Gegner wurde genau beobachtet, um nicht in eine Falle zu tappen. Erst wenn das Schiff unverdächtig und überwindbar erschien, entschloss man sich zum Angriff. Dabei wagten sich Piraten durchaus auch an weit größere, besser bewaffnete und stärker bemannte Fahrzeuge heran.

Der eigentliche Angriff erfolgte meist von hinten, da im Heck des Opfers nur wenige Geschütze aufgestellt sein konnten, hier konnte man sich beinahe ungefährdet nähern. Der Steuermann des Freibeuters brauchte dabei viel Geschick und eine schnelle Reaktion, denn jede plötzliche Wendung des angegriffenen Schiffes konnte dessen Breitseite in Feuerposition bringen, was das Ende des Angriffs – und vielleicht der Piraten – bedeuten würde. Das Piratenschiff, oft eine relativ flach gebaute Schaluppe, konnte in dieser heckseitigen Position mit großen Geschützen nicht wirksam bekämpft werden. So verteidigten sich die Angegriffenen mit Handfeuerwaffen und Drehbassen auf kurze Distanz. Während einige Piraten unter dem Heck der potenziellen Prise die ersten Enterhaken hinüberwarfen, trieben andere große Holzkeile zwischen Ruder und Achtersteven. Das Ruder wurde so festgeklemmt, und das Schiff war nicht mehr

Die drei Phasen des Angriffs

Windrichtung

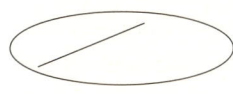

Phase 1: Annäherung von achtern

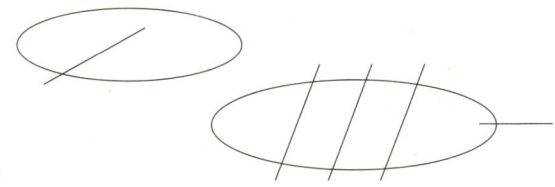

Phase 2: Vorbereitung zum Entern

Phase 3: Enterung

manövrierfähig. In dem Moment, in dem die Fahrzeuge dann längsseits lagen, kletterten die Seeräuber, angetrieben von der Gier nach Beute, unaufhaltsam an Bord und fielen über die durch das wilde Vordringen oft eingeschüchterte Besatzung und die Passagiere her. Begleitet wurde der Angriff z. B. bei Captain Bartholomew Roberts durch Musikanten, die die Verteidiger durch ein nervenzerfetzendes Konzert demoralisierten. Die Enterung ging blitzschnell vor sich, denn derjenige Pirat, der das andere Schiff als Erster erklomm, hatte ein Anrecht auf einen Extraanteil an der Beute, ebenso wie der unter ihnen, der die gegnerische Flagge herunterholte. Die Männer der angegriffenen Besatzung wussten: Wer sich wehrte, wurde sicher getötet, wer sich ergab, nur vielleicht. Einem solchen Angriff hätte nur eine gut organisierte Abwehr standhalten können, doch die gab es auf Handelsschiffen nicht. Die auf manchen Handelsfahrern eingeschifften wenigen Seesoldaten hatten dem geballten Sturmangriff der Seeräuber nicht das Geringste entgegenzusetzen, sondern sorgten nur für eine zusätzliche Brutalisierung. Die meisten Enterangriffe waren daher erfolgreich. Der finale Kampf wurde dann auf dem Deck der Prise in einem wilden Gefecht zwischen Säbel und Enterbeil, zwischen Bootshaken und Keule, zwischen Pistole und allem, was als Waffe dienen konnte, und oft genug zwischen Männern mit bloßen Fäusten ausgetragen. Der Ausgang dieses Kampfes bestimmte in der Regel das Schicksal der Überlebenden. Bei geringer oder keiner Gegenwehr ließen die Piraten oft Gnade walten, gelegentlich erlaubten sie sogar das Verlassen des Schiffes mit einem Beiboot. Doch es gab auch andere Fälle. Kapitän Averys Männer richteten 1695 auf dem Schiff des Großmoguls ein Blutbad an, obwohl sie bei der Enterung keinen einzigen Toten zu beklagen hatten.

Opfer waren nicht nur Schiffe – Gran Monts Überfall auf Vera Cruz

Die großen Piraten mussten ihren Mannschaften immer mehr Beute verschaffen, um sie halten zu können. Dafür waren einzelne Schiffe einfach nicht ausreichend, und so überfielen die Piraten zunehmend Küstenorte und kleine Städte und plünderten sie völlig aus. Der Überfall auf Vera Cruz 1683 wurde von einer ganzen Seeräuberarmee durchgeführt. Neben dem

Franzosen Gran Mont nahmen die Holländer Van Hoorn und De Graff und die Kapitäne Godefroy und Jonque teil. Mit vier Schiffen und rund 1000 Piraten kreuzte Gran Mont vor der mexikanischen Küste auf und ging unter spanischer Flagge seelenruhig und ungestört im Hafen von Vera Cruz vor Anker. Um Mitternacht gingen 800 Piraten heimlich an Land, überwältigten die spanische Garnison in der Stadt und trieben die Einwohner in den Kirchen (das waren die größten geschlossenen Räume) zusammen. Sie schichteten Feuerholz vor die Türen, das beim kleinsten Ausbruchsversuch angezündet werden konnte. Vier Tage wüteten die Piraten in der Stadt. Sie jagten die Menschen durch die Straßen, folterten, vergewaltigten und plünderten erbarmungslos. Die reiche Stadt diente den Spaniern als Hafen für die Silberflotten ins Mutterland, die Beute fiel dementsprechend groß aus. Im Jahr 1950 errechnete man einen Wert von rund sechs Millionen US-Dollar. Als aus dem Landesinneren herannahende Truppen gemeldet wurden, erpressten die Seeräuber eine weitere Million von den vom Tode bedrohten Einwohnern. Der Bischof beschaffte dieses Lösegeld innerhalb weniger Stunden. Daraufhin zogen die Piraten beutebeladen und mit 1300 Sklaven vor den näher kommenden Soldaten ab und ließen eine ausgeplünderte, zerschlagene Stadt zurück. Jeder der 1000 Piraten erhielt 800 Piaster (Ochos Reales). Auf der Rückfahrt nach Tortuga sanken zwei der vier Schiffe im Sturm, eines eroberten spanische Schiffsbesatzungen zurück. Gran Monts eigene Mannschaft hatte im Beutefieber nicht auf ausreichenden Proviant geachtet und wäre beinahe auf einem riesigen Berg wertvoller Ladung verhungert. Im letzten Moment brachten sie ein spanisches Getreideschiff auf und erreichten mit Mühe Tortuga.

Gegen zehnfache Übermacht – John Davis überfällt eine Stadt

»Da er sie [einige Schiffe zwischen Cartagena und Nicaragua] aber verfehlte, beschloss er mit seinen Leuten zum Fluss von Nicaragua zu fahren, das Schiff an der Mündung zu verankern und mit Kanus in der Nacht stromaufwärts zur Stadt zu gelangen, um dort Kirchen und vornehme Kaufleute auszuplündern. Die Räuber waren neunzig Mann stark und hatten drei Kanus bei sich. Zehn Mann blieben auf dem Schiff zurück, die anderen ruderten in Kanus bei Nacht den Fluss hinauf, tagsüber hielten sie sich unter Bäumen verborgen. Drei Tage später kamen sie mitten in der Nacht zur Stadt. Da einige von ihnen sehr gut Spanisch sprachen, hielt sie die Schildwache für Fischer. Sie hatten einen Indianer aus dieser Stadt bei sich, der geflohen war, weil ihn die Spanier zum Sklaven machen wollten. Dieser Indianer sprang an Land, stürzte auf die Schildwache zu und ermordete sie. Darauf holten die Räuber die reichsten Bürger aus den Betten und raubten alles Geld, das im Haus war, wonach sie die Kirchen plünderten. Da ihnen einige Bürger entwischten und die ganze Stadt alarmierten, waren sie gezwungen, die Beute zusammenzuraffen und zu flüchten. Da sie befürchteten, eingeholt zu werden, nahmen sie einige Geiseln mit. Sie beeilten sich, auf ihr Schiff zu gelangen und in See zu stechen, vorher aber mussten ihnen die Gefangenen als Lösegeld so viel Fleisch beschaffen, wie sie benötigten, um nach Jamaika zu kommen. Sie befanden sich noch in der Flussmündung, als plötzlich fünfhundert bewaffnete Männer auftauchten, auf welche sie sogleich das Feuer eröffneten. So mussten die Spanier also mit ansehen, wie die Räuber mit ihrer Beute davonsegelten. Achtzig Männer hatten eine Stadt mit achthundert Mann Besatzung, die mehr als vierzig Meilen von der Küste entfernt lag, in unglaublich kurzer Zeit überrumpelt. Die Räuber konnten etwa vierzigtausend Piaster sowie silberne Gefäße und Juwelen erbeuten.«

ALEXANDER EXQUEMELIN über John Davis' Überfall auf Nicaragua (um 1670)

Die Fugger – Keine Verhandlungen mit Piraten

Als deutsche Landsknechte 1527 Rom plünderten, verschonten sie seltsamerweise die dortige Niederlassung des Bankhauses der Augsburger Familie Fugger. Dabei überfielen die marodierenden Truppen die Stadt nur, weil Kaiser Karl V. den Söldnern ihren Lohn nicht zahlen konnte, weil ihm eben dieses Bankhaus keine weiteren Kredite mehr einräumte, die der Kaiser in kriegerischen Abenteuern verschleudert hätte. Die konsequente Haltung seines Arbeitgebers hätte dem Leiter der Fuggerschen Filiale im südlicher gelegenen Neapel eine Warnung sein sollen. Als sarazenische Piraten diese italienische Stadt 1540 überfielen, verwüsteten sie zwar das Gebäude der Bank nicht, sie nahmen aber alle Wertgegenstände mit – und den Leiter des Büros namens Schauer. Für die nicht unerhebliche Summe von 3000 Goldgulden bot man ihn dem Augsburger Bankhaus zum Rückkauf an. Die Fugger kamen – ganz Bankleute – zu dem Schluss, dass sie für diesen Betrag einem Büroleiter ein halbes Jahrhundert lang ein Gehalt zahlen konnten, und entschieden sich konsequent gegen den Freikauf. Schauer starb als Sklave in Nordafrika.

Die Beute eines Piraten

1692 wurde ein Pirat aus der Karibik wegen des Raubes von 500 gesalzenen Fischen, vierzig Scheffel Getreide und 400 Piastern (Ochos Reales) zum Tod durch den Strang verurteilt und hingerichtet. Über diese Beute hätte noch fünfzehn Jahre früher jeder Bukanier nur gelacht.

Seeräuber im Pech

Der Kaperkapitän Bartholomew Sharp überfiel um 1685 an der Ostküste Mittelamerikas mehrere Schiffe, darunter auch die »Il

Santo Rosario«. Neben einer Ladung Wein hatte der Kauffahrer für die Piraten auf den ersten Blick nur wenig Wertvolles an Bord, doch irgendwie verirrten sich auch 700 Barren Metall in den Laderaum des Piratenschiffes. Als das Schiff den Hafen von Nevis auf Barbados erreichte, lag dort ein Handelssegler aus Dartmouth, dessen Handelsbevollmächtigter reges Interesse an dem Metall zeigte. Die Seeräuber erzählten, sie hätten das »Zinn« zum Kugelgießen verwenden wollen, doch das habe nicht gut funktioniert, und so hätten sie die restlichen 699 Baren über Bord geworfen. Die Antwort war niederschmetternd: »Schade – pures Silber.« Damit hatten die Piraten Silber im Wert von 150 000 Pfund Sterling im Meer versenkt.

Glück im Unglück

Bei der Enterung der »Il Santo Rosario« fiel den Kaperfahrern unter Kapitän Sharp aber auch ein Band mit Karten und schriftlichen Aufzeichnungen in die Hände. Der Freibeuter berichtete später: »Ich habe ein Manuskript von unschätzbarem Wert – es verzeichnet alle Häfen, Straßen, Buchten, Sandbänke, Riffe und Landerhebungen sowie Anweisungen, wie jeder Hafen anzulaufen sei.« Der Londoner Kartograph William Hack erhielt den Auftrag, das Buch zu kopieren. Das Titelblatt trägt die Aufschrift: »A Wagoner of the South Sea describing the sea coast from Acapulco to Albemarle Isle«.

Die Sicherstellung dieses Buches rettete Bartholomew Sharp den Kopf, denn der Pirat saß bereits wegen Seeräuberei im Marshalsea Gefängnis in Southwark, wo er auf seinen Prozess wartete. Als König Charles II. von England erfuhr, wie wichtig die erbeuteten Unterlagen für die britische Admiralität waren, wurde die Gerichtsverhandlung massiv beeinflusst und Sharp und seine Männer am 10. Juni 1682 vom High Court der Admiralität freigesprochen.

~*4*~

Extrem und vogelfrei

DER MYTHOS DER SEERÄUBER

»... se segghen, se weren Godes Vrende unde al der Werlt vyande«
(Sie sagten, sie wären Gottes Freunde und aller Welt Feinde)

Bericht eines Kaperopfers über die Vitalienbrüder, 1398

Wie ist das mit dem Holzbein und dem Stahlhaken?

Ein hartnäckiges Klischee ist das des holzbeinigen, bärtigen Freibeuters mit wettergegerbtem Gesicht, Augenklappe und/oder Stahlhaken anstelle einer Hand. In Wirklichkeit können nur sehr wenige aktive Piraten so ausgesehen haben.

Bei gewaltsamen Auseinandersetzungen kam es vor allem durch die eingesetzten Hieb-, Stich- und Feuerwaffen zu schweren Verletzungen. Die scharfkantigen Bestandteile einer Hagelschotladung verursachten stark blutende, tiefe Wunden mit unscharfen Rändern, die kaum zu behandeln waren, selbst wenn die Wunden nicht infiziert waren. Gleiches galt für die geschossartig herumfliegenden, bis zu unterarmlangen Holzsplitter beim Einschlag der großen Kaliber. Eine Musketenkugel zerschmetterte selbst einen Oberschenkelknochen, was oft zum Tode durch Schock oder Verbluten führte. Überstanden die Männer das Gefecht, blieb bei derartigen Verletzungen eine Amputation oft die einzige Möglichkeit, allerdings mit geringen Erfolgsaussichten, das Leben eines Schwerstverwundeten zu retten. Diejenigen, die eine solche »Operation«, nur betäubt von einer großen Menge hochprozentigen Alkohols, überlebten und auch keiner Wundinfektion zum Opfer fielen, waren Krüppel. Selbst wenn sie ein

Holzbein oder einen metallenen Haken angepasst bekamen, war ihre Karriere an Bord eines Piraten- oder Kaperschiffes in den allermeisten Fällen vorbei. Denn die nach dem alten Seemannsspruch notwendige »eine Hand fürs Schiff« hatten sie nicht mehr. Und wie sollten sie mit einem Holzbein einen Kauffahrer entern oder auf dem gegnerischen Deck kämpfen? Anstellung fanden diese Invaliden allenfalls als Smutje, als Schiffskoch. Der Verlust eines Auges schloss hingegen eine weitere Beteiligung an Enterungen nicht völlig aus, wenn die Sehkraft des verbleibenden Auges ausreichte. Doch konnte auch diese Sichteinschränkung beim Kampf Mann gegen Mann tödliche Folgen haben. Für eine Piratenbesatzung hatten die Kampfversehrten daher so gut wie keinen Wert mehr. In den organisierten Seeräubergruppen wurden diese Männer aus einem gemeinsamen Beutefonds entschädigt und konnten ihr Leben an Land fristen.

Die Bukaniere der Karibik legten dafür 1640 folgende Tarife fest:

Verlust einer Hand	400 Piaster oder vier Sklaven
Verlust des rechten Armes	600 Piaster oder sechs Sklaven
Verlust des linken Armes	500 Piaster oder fünf Sklaven
Für das rechte Bein	500 Piaster oder fünf Sklaven
Für das linke Bein	400 Piaster oder vier Sklaven
Für ein Auge oder einen Finger	100 Piaster oder einen Sklaven
Für beide Augen	1000 Piaster oder zehn Sklaven
Für beide Beine	1500 Piaster oder 15 Sklaven
Für beide Hände	1800 Piaster oder 18 Sklaven.

Mit dem Begriff »Sklaven« waren im Sprachgebrauch der Piraten Gefangene gemeint, die Hautfarbe war dabei völlig unerheblich.

Piraten und Papageien: ausnahmsweise kein Klischee

Spätestens seit Stevensons *Schatzinsel* wissen wir, dass richtige Piraten meistens einen Papagei auf der Schulter hatten. Käpt'n Flint, wie der Vogel des Kochs Long John Silver in der Erzählung hieß, war laut Stevenson steinalt und hatte die große Zeit der Bukaniere in der zweiten Hälfte des 17. Jahrhunderts noch miterlebt.

Natürlich besaß nicht jeder Pirat einen Papagei, aber die Vorliebe der Seeleute für Vögel entspricht durchaus der Realität. Vor allem Sittiche und Papageien waren bei Matrosen beliebt, weil sie – im Gegensatz z. B. zu Affen – an Bord leicht zu halten waren. Sie waren anspruchslos in der Ernährung und machten während des Bordbetriebes keinerlei Schwierigkeiten. Außerdem waren sie unterhaltsam, weil man ihnen das Sprechen beibringen konnte. Im 18. Jahrhundert waren Papageien, wie andere exotische Tiere auch, in Europa sehr begehrt und ziemlich teuer. In Londoner Zeitungen wurden Vögel angeboten, die angeblich Englisch, Holländisch, Französisch und Spanisch beherrschten, gleichzeitig, wohlgemerkt.

»Gottes Freund und aller Welt Feind« – *Die Öffentlichkeitsarbeit der Freibeuter*

Die berühmten Piraten setzten auch auf Propaganda. Zum einen, um damit ihre Unangreifbarkeit, ihr Selbstbewusstsein und manchmal auch ihre Motive zu zeigen, aber auch, um Angst und Schrecken zu verbreiten und die Seeleute auf den Handelsschiffen einzuschüchtern.

Der bekannte Ausspruch von Störtebekers Bande, sie seien Gottes Freunde und aller Welt Feinde, zeigt in seiner Fortsetzung klar, wie geschickt Klaus Störtebeker Zwietracht unter seinen Gegnern säte. Der weniger bekannte Teil des Ausspruchs lautet: »... außer denen von Bremen und Hamburg, bei denen wir kommen und gehen können, wie wir wollen.« Die Piraten behaupteten also, dass die Kaufleute dieser beiden Hansestädte als Hehler arbeiteten. Eine glatte Lüge, die jedoch für einige Verstimmung unter den Städten der Hanse sorgte und die Bekämpfung der Seeräuber für eine gewisse Zeit wirksam behinderte.

Der Freibeuter Henry Avery übergab einem Handelsschiff einen Brief, der unter den englischen Mannschaften bekannt werden sollte. Dieses Schreiben ist so konfus, dass kaum jemand davon Notiz genommen hat. Es sagt jedoch einiges über den Verfasser aus: »Ich führe das Kriegsschiff ›Fancy‹, die ehemalige ›Charley II.‹ ... das Schiff war und ist mit 46 Kanonen bestückt, hat 150 Mann Besatzung, und mit ihm werden wir unser Glück machen. Ich habe noch nie den Engländern oder Holländern Schaden zugefügt und beabsichtige auch in Zukunft nicht, das zu tun ... Wenn Ihr, oder ein Jeder, den Ihr davon unterrichtet, Euch uns aus der Entfernung zu erkennen geben wollt, dann bindet Eure Flagge zu einem Bündel zusammen und zieht sie am Besanmast hoch, dann refft Ihr das Besansegel. Ich werde durch gleiches Vorgehen antworten und Euch nicht belästigen, doch meine Männer sind hungrig, kräftig und entschlossen, und sollten sie mich überstimmen, kann ich nicht mehr helfen ... Zur Zeit noch Freund der Engländer ... Henry Avery.«

Die Behauptung, weder Engländer noch Holländer geschädigt zu haben, ist eindeutig unwahr. Avery stellt sich als »humaner« Freibeuter dar, der selbst lohnende Prisen entkommen ließe, falls das merkwürdige Manöver mit dem Besanmast gezeigt würde. Das ist eine völlig unglaubwürdige Aussage, die der »Erzpirat« ja auch gleich faktisch widerruft. Mit dem möglichen Schicksal der angegriffenen Besatzung sollte der Kaperkapitän mit fast unbegrenzten Befugnissen im Kampf nichts zu tun gehabt haben? Das ist eine Schutzbehauptung, die dem Kapitän erlaubt hätte, alle Verantwortung auf eine renitente Mannschaft abzuwälzen.

Das hätte zwar nicht funktioniert, aber Avery musste auch nie auf die Wirkung des Briefes setzen, er selbst wurde nie gefasst.

»Blackbeard« Edward Teachs Propaganda bestand aus Augenzeugenberichten über sein furchterregendes Äußeres und seine Brutalität im Kampf. Überlebende schilderten ihn als eine wahre Ausgeburt der Hölle. So manche Besatzung wehrte sich, vor Angst erstarrt, überhaupt nicht gegen seinen Überfall. Auch die bekannt gewordene Unberechenbarkeit und Gefühllosigkeit seiner Mannschaft gegenüber prägten Teachs Image vom Ungeheuer in Menschengestalt.

Männer wie L'Olonnois und Lowther schließlich setzten ebenfalls auf Mundpropaganda, die ihre Unbarmherzigkeit und Grausamkeit in allen Einzelheiten beschrieb und den Mut zur Gegenwehr nahm. Sie verzichteten, ebenso wie »Blackbeard«, völlig auf eine Rechtfertigung ihrer Taten. Einige dieser skrupellosen Sadisten waren, wie »Blackbeard«, so bekannt, dass die Besatzungen angegriffener Schiffe sich beim Anblick ihrer Flaggen vor Angst nicht wehrten und nicht wenige Matrosen in die Dienste der Seeräuber traten, um ihr Leben zu retten.

Der vergrabene Piratenschatz – fast immer eine schöne Legende

In der Regel legten Seeräuber keine Verstecke für irgendwelche Beute an. Das hatte praktische, aber auch psychologische Gründe. Die Piraten brauchten keine Rücklagen für schlechte Zeiten, denn schlechte Zeiten waren bei ihrem Lebenswandel häufig. Eine Pechsträhne bedeutete meist, dass sie kein Schiff hatten, und ohne Schiff wären sie an ihre Ersparnisse auf irgendeiner weit entfernten Insel kaum herangekommen. Außerdem hätte kein Pirat sein Versteck alleine aufsuchen können, es wäre innerhalb der Mannschaft schnell zu Mord und Totschlag gekommen. Nein, Reichtümer wurden unter den Piraten schnell verdient und schnell verloren, das Bild von vergrabenen Schatzkisten voller Münzen und Geschmeide ist eine Fiktion. Seeräuber vergruben keine Schätze, sie gaben das Geld lieber aus, solange sie lebten. Und sie lebten für den Augenblick, für das schnelle Vergnügen, und ohne Blick aufs Morgen, auch wenn das hieß, dass sie immer wieder völlig mittellos auf Raubfahrt gehen und ihre Haut zu Markte tragen mussten.

Einige der großen Piraten, wie zum Beispiel William Kidd oder William Dampier, hinterlegten jedoch ihre Einnahmen bei ihren Investoren, wo sie sich das Geld später auszahlen lassen oder – wie in Kidds Fall – wo die jeweiligen Strafverfolgungsbehörden die Beute beschlagnahmen konnten. Andere, wie beispielsweise »Blackbeard«, hinterließen außer ihrem Schiff und den darauf befindlichen Gegenständen kaum etwas von Wert. Die meisten starben verarmt oder verschwanden einfach.

Der Ausnahmefall

Doch wie fast immer gibt es auch hier die Ausnahme von der Regel. Gerade einer der berüchtigtsten und grausamsten Piraten des goldenen Zeitalters der Brüder der Küste, der Kapitän Rock Brasiliano, hatte eine beträchtliche Summe für sich in Sicherheit gebracht. Als er in Campeche gefasst und von der Inquisition gefoltert wurde, gab er zu, einen Schatz auf der Isla de Los Pinos vergraben zu haben. Die Soldaten, die nach den Angaben Brasilianos auf der Insel suchten, fanden tatsächlich über 100 000 Piaster (Stücke von Achten) in einer Kiste.

Piraten und Kirche – ein besonderes Verhältnis

Einige der Piraten hatten trotz ihres Geschäfts Sinn für Religion und die dazugehörigen Rituale. Bartholomew Roberts hielt seine Männer zum Beten an und verbot lästerliches Fluchen auf seinen Schiffen. Ein französischer Piratenkapitän namens Daniel ging noch viel weiter. Er zwang einen als Geisel genommenen Geistlichen, eine Messe auf seinem Schiff abzuhalten. Auf dem Deck wurde ein Altar aufgebaut, und die vorher aus der Kirche gestohlenen liturgischen Gerätschaften herbeigeholt. Anstelle des Glockengeläuts donnerten die Schiffsgeschütze, und zuletzt betete die Mannschaft gemeinsam und ließ den französischen König hochleben. Nur einer betete nicht mit: Ein Seemann ging während des Gebets zur Reling, um sein Wasser abzuschlagen. Auf den Befehl des Kapitäns, sofort zurückzutreten, antwortete der Pirat mit einem gotteslästerlichen Fluch, worauf Daniel seine Pistole zog und den Mann durch den Kopf schoss. Der Schuss hatte den Geistlichen vor Angst erstarren lassen, aber Daniel beruhigte ihn: »Seien Sie unbesorgt, mein Vater, es handelt sich nur um einen Schuft, der die Pflicht des Anstandes verletzt hat; ich habe ihn bestraft, um ihn eines Besseren zu belehren.« Diese Methode, jemanden von der Wiederholung eines Fehlers abzuhalten, wurde von dem Dominikanerpater Labat überliefert, der als Augenzeuge zugegen war.

Libertalia – Seeräubers Traum vom freien Leben

Laut Captain Johnson hatte ein Piratenanführer namens Misson an der Küste Madagaskars einen Traum verwirklicht und eine Seeräuberrepublik gegründet, eine Gemeinschaft, in der keine Standes-, Rassen- oder Herkunftsunterschiede existieren sollten. Eine Gemeinschaft von Menschen gleichen Rechts und gleicher Chancen. Die Seeräuberei wurde neben der Fischerei und dem Handwerk zur »Einkommenssicherung« betrieben, die Sklaven von gekaperten Schiffen freigelassen und in die Gesellschaft Libertalias aufgenommen.

Libertalia ist nur eine Legende. Weder die Existenz Kapitän Missons noch die seiner kleinen Kolonie sind nachweisbar. Die sozialen Ideen, die Johnson in seiner Geschichte verarbeitet hat, sind innerhalb des Piratenkosmos im beginnenden 18. Jahrhundert aber durchaus präsent. Ähnlich wie die Legenden von Atlantis oder Thomas Morus *Utopia* spiegelt Libertalia die Sehnsucht der Menschen nach einem selbstbestimmten Leben in einer Gemeinschaft, in der es keine Monarchie, keinen ständigen Herrschaftsanspruch und keine Unterdrückung gibt. Gerade den Piraten, die sich aus dem »Bodensatz« der damaligen Gesellschaft rekrutierten, stellte Johnson dieses alternative Gesellschaftsmodell zur Verfügung. Und wie die anderen Utopien scheitert auch Libertalia an den niederen menschlichen Eigenschaften (Neid, Gier und Eifersucht) und an den äußeren Umständen (Krankheiten und Missernten). Misson und seine wenigen überlebenden Getreuen müssen aufs Meer fliehen und verschwinden spurlos.

»Blackbeard« und Israel Hands

Von »Blackbeard« Edward Teach ist eine Geschichte überliefert, die den tiefschwarzen zynischen Humor und die Menschenverachtung des Piraten zeigt. Eines Abends saß Teach mit zwei seiner Leute am Tisch in seiner Kajüte und sprach dem Alkohol zu. Scheinbar gelangweilt zog der Piratenanführer zwei seiner Pistolen, hielt sie unter den Tisch und spannte deutlich hörbar die Hähne der Waffen. Der eine Pirat kannte seinen Kapitän und traute ihm alles zu, so verließ er schnellstmöglich die Kajüte. Der andere, der Kanonier Israel Hands, blieb sitzen und trank weiter mit dem unheimlichen Seeräuber. Plötzlich löschte »Blackbeard« das wenige Licht und feuerte seine Pistolen in der Dunkelheit ab. Eine Kugel traf den Kanonier ins Knie. Hands war damit ein Krüppel. Auf die Frage seiner Männer nach dem Grund seines Handelns antwortete Teach wutentbrannt, er habe einen seiner Leute töten wollen, damit der Rest nicht vergäße, wer er sei.

»Blackbeards« Hölle auf Erden

Als der berühmte Pirat sich wieder einmal in einem Vollrausch befand, entschloss er sich, auf seinem Schiff eine »Hölle« anzulegen, um zu sehen, wie es wohl im Fegefeuer sei. Er selbst stieg mit einigen seiner Männer, sozusagen »Freiwilligen«, in den untersten Schiffsraum, wo der Ballast lagerte. Das Klima in diesem dunklen, engen und feuchten Raum war schon schlimm genug, doch Teach ließ noch Behälter mit brennendem Schwefel hineinstellen und dann die Luken fest verschließen. So saß der Piratenkapitän mit seinen Schicksalsgenossen in dem finsteren Loch und atmete die giftigen Dämpfe ein, bis einer nach dem anderen mit letzter Kraft um Atem ringend bat, die Luken zu öffnen. Kurz bevor der Erste im Kielraum des Schiffes erstickte, öffnete »Blackbeard« die Luke und verließ die »Hölle«, zufrieden, die Tortur am besten überstanden zu haben.

~*5*~

Von Captain Hook bis zum Roten Korsar
Piraten in Literatur und Film

»Fifteen men on the dead man's chest –
Yo-ho-ho and a bottle of rum!«

Robert Louis Stevenson, *Die Schatzinsel*

Hamlet – Ein Seeräuber als Dramenheld

Die Zusammenstellung alter nordischer Überlieferungen und Geschichten, die Sakse, die der Schreiber des Bischofs von Lund am Ende des 12. Jahrhunderts aufgeschrieben hat, wurde in Teilen von William Shakespeare zu einem seiner berühmtesten Dramen verarbeitet: Aus Amleth, einem jungen Adligen von der Küste Jütlands, der sich im 1. Jahrhundert n. Chr. als Anführer einer Gruppe Seeräuber vor der britannischen Küste einen Namen gemacht hatte, wurde bei Shakespeare Hamlet. Den Ort des Geschehens verlegte der englische Dichter von der West- an die Ostküste Jütlands, nach Schloss Kronborg. Hier setzte sich der Legende nach der edle Jüngling gegen seinen bösartigen und intriganten Onkel Fengo durch, den er schließlich eigenhändig tötete.

Robinson Crusoe war ein Seeräuber

Auf William Dampiers vorletzter Reise meuterte vor den Juan-Fernandez-Inseln (Südamerika) die Besatzung seiner Kaperschiffe »St. George« und »Cinque Ports«. Zweiundvierzig Mann desertierten und kehrten erst nach zähen Verhandlungen wieder auf die Schiffe zurück. Außer einem: Der schottische Seemann Alexander Selkirk, ehemals Segelmeister auf der »Cinque Ports«, blieb an Land zurück. Fünf Jahre vergingen, bevor er von der »Duke«, einem Schiff unter dem Kommando des bekannten Kaperkapitäns Woodes Rogers, aufgenommen wurde. Man kann es nur als eine Ironie des Schicksals bezeichnen, dass auch auf diesem Schiff wieder William Dampier – diesmal als Steuermann und Navigator auf seiner dritten Reise – zur Besatzung gehörte. Dampier erkannte den völlig verwilderten Selkirk, und Rogers nahm ihn in seine Mannschaft auf. Der einsame Mann hatte seine Sprache zum Teil verlernt und sich nur von Krebsen, Ziegenfleisch und Früchten ernährt. Er kleidete sich in Ziegenfelle und stank nach Augenzeugenberichten »wie die ursprünglichen Träger seiner Kleidung«. Dies war des Piraten William Dampiers Begegnung mit der Weltliteratur, denn Alexander Selkirk war die lebendige Vorlage für das berühmteste Werk des englischen Schriftstellers Daniel Defoe, für den Roman *Robinson Crusoe*.

Der Seeräuber William Kidd im Film

Das Leben William Kidds, obwohl als Vorlage für einen Piratenfilm wie geschaffen, wurde nur sehr mittelmäßig filmisch umgesetzt. Unter dem Titel *Unter schwarzer Flagge* aus dem Jahr 1945 spielte Charles Laughton den berühmten Piraten völlig abseits der historischen Gestalt und mit wenig Fortune. Bis heute wurde keine weitere Verfilmung der Biographie Kidds versucht.

Coopers »Kaperkapitän« – kein »Lederstrumpf« auf See

James Fenimore Cooper wurde durch seine Erzählungen um den Trapper »Lederstrumpf« weltberühmt. Der Schriftsteller aus Cooperstown schloss sich aber auch der allgemeinen Pirateneuphorie des 19. Jahrhunderts an und veröffentlichte die Erzählung *Der Kaperkapitän*, die von einem Korsaren handelt, für den offensichtlich der Bretone Robert Surcouf als Vorbild diente. Das Buch erzählt die Lebensgeschichte des Korsaren bis zu seinem Ende. Stellenweise ist der Roman ziemlich düster und melancholisch. *Der Kaperkapitän* wird heute zwar als Jugendbuch eingeordnet, ist jedoch als Erzählung für Erwachsene geschrieben.

Pirat statt Winnetou – Karl Mays Seeräubererzählung

Auch der bedeutendste deutsche Volksschriftsteller des ausgehenden 19. Jahrhunderts, der sächsische Ex-Lehrer und Ex-Häftling Karl May, schrieb neben seinen bekannten Erzählungen aus dem Wilden Westen, der arabischen Halbinsel und Nordafrika, Südosteuropa und Südamerika auch eine Piratengeschichte. Er veröffentlichte die Erzählung unter dem Titel *Kapitän Kaiman*. Auch sein Hauptprotagonist war ein französischer Freibeuter, dem die berühmten Kaperkapitäne St. Malos, Dieppes oder Dünkirchens Pate gestanden haben. Der Kapitän Kaiman Mays ist jedoch eindeutig ein Pirat und findet – wie alle Bösewichte bei Karl May – ein gewaltsames Ende.

Aus dem Sattel aufs Achterdeck

Selbst der für seine Rollen als Marshal, Sheriff oder Treckführer berühmt gewordene Westernheld John Wayne spielte in einem Film mit Seeräubern mit. Unter dem deutschen Titel *Piraten im karibischen Meer* spielt Wayne 1942 einen Ex-Kapitän, der im Kampf um eine Frau das Schiff seines Konkurrenten versenkt, sich aber zuletzt im Einsatz als Helmtaucher für den erfolgreichen Nebenbuhler opfert. Waynes Partner in diesem Film waren Ray Milland und Paulette Goddard. Der im gleichen Jahr gedrehte und unter dem deutschen Titel *Die Freibeuterin* in die Kinos gekommene John-Wayne-Film hat nichts mit Piraterie zu tun.

Ein Piratenschiff literarisch

»Dort lag er in bewegungsloser Schönheit. Der untere Teil seiner Seite war schwarz gestrichen, nur von einem schmalen roten Streifen durchzogen, die hoch aufstrebenden Masten waren zierlich glatt gehobelt, Stengen, Kreuzhölzer, Kappen und sogar Blöcke waren schneeweiß bemalt. Vorn und hinten waren Planen aufgespannt, um die Schiffsmannschaft vor den sengenden Strahlen der Sonne zu schützen; die Taue strafften, und überall zeigte sich deutlich, dass das Schiff mit kundiger Hand und strenger Disziplin geleitet wurde. Durch das klare, spiegelglatte Wasser funkelte der Kupferbeschlag [...]«
Beschreibung des Piratenschoners »Avenger« aus der Erzählung *Der Pirat* von Kapitän Marryat, dem Autor von *Sigismund Rüstig* und *Mr. Midshipman Easy* (1836).

Das berühmteste Piratenschiff der Literatur

»Die Hispaniola wurde in diesem ungebrochenen Spiegel bis ins kleinste Detail abgebildet, vom Topp [der Mastspitze, d. Verf.] bis zur Wasserlinie, die Piratenflagge hing schlaff am Mast.«

Das berühmteste Seeräuberschiff der Weltliteratur ist sicher die »Hispaniola« aus Robert Louis Stevensons *Schatzinsel*. In der 1883 erstmals erschienenen Erzählung kauft Squire Trelawny den Schoner in England und segelt nach Westindien, wo er vor der Schatzinsel liegend von den Piraten unter Long John Silver geentert wird.

Wer war Long John Silver?

Die Figur des einbeinigen Schiffskochs aus Stevensons *Schatzinsel* hat das Piratenbild ganzer Generationen geprägt, weit mehr als jede historische Piratengestalt. Doch wer war das Vorbild für den bärbeißigen Seeräuber? Stevenson behauptete zeit seines Lebens, er habe einen guten Freund, den Verleger William Ernest Henley, bei der Kreation der Gestalt Silvers vor Augen gehabt. Henley war offensichtlich ein Mann von bemerkenswerter Art, lebendig und voller Lebensfreude. Stevenson muss von dem rotbärtigen, großgewachsenen Mann fasziniert gewesen sein. Mehr jedenfalls als von den Beschreibungen echter Piraten, die er natürlich aus Kapitän Johnsons *Allgemeiner Geschichte der Piraten* kannte. Er schrieb später, die Stärke Henleys, mit seiner Versehrtheit zu leben, habe seine Phantasie dazu angeregt, eine Figur zu schaffen, die als Behinderter Macht über andere ausübt und deren bloße Anwesenheit furchteinflößend ist. Dies ist Stevenson mit einer Intensität gelungen, die für dieses Genre einzigartig geblieben ist.

Unser Bild von Piraten – die erdichtete Realität

Seit Stevensons Roman verbinden wir Seeräuberei mit Piraten mit Holzbein, bunten Vögeln, eleganten Schonern, Schatzkarten und exotischen Buchten. Stevenson hat die Realität (die Schiffsköche der Royal Navy waren tatsächlich zumeist Versehrte, exotische Vögel waren bei Seeleuten oft zu finden, die malerischen Buchten gab es in Westindien auch, und Schoner waren im ausgehenden 18. Jahrhundert durchaus beliebte Piratenschiffe) meisterhaft mit der Fiktion verbunden.

Der berühmteste Bühnenpirat: Kapitän Hook

J. M. Barrie schrieb 1904 in dem Bühnenstück *Peter Pan* von einem Jungen, der nicht erwachsen wird, von einer Zauberinsel und einem Piratenschiff. Dessen Kapitän ist der furchterregende Kapitän Hook, benannt nach dem Stahlhaken, der ihm eine Hand ersetzt. Barrie hatte kein konkretes Vorbild für die Gestalt, doch einzelne Elemente entstammen seiner Begeisterung für Stevensons *Schatzinsel* ebenso wie für die Beschreibungen in Kapitän Johnsons *Geschichte der Piraten*. Die Darstellung des Kapitän Hook ist heute eine Traumrolle für jeden Schauspieler. Viele Stars von Boris Karloff bis Dustin Hoffman haben den elegant gekleideten Schurken gespielt, die Bühnenversion ist jedes Jahr in unzähligen Aufführungen weltweit zu sehen. Die letzte bedeutende Verfilmung nach Motiven Barries drehte Steven Spielberg unter dem Titel *Hook*.

Pirates of the Caribbean – Schöne bunte Kinowelt

Die aktuellste cineastische Bearbeitung des Themas Piraten ist die mittlerweile dreiteilige Filmreihe *Pirates of the Caribbean*, mit Johnny Depp als Jack Sparrow in der Hauptrolle. Die Filme sind tricktechnisch auf dem allerhöchsten Niveau, inhaltlich pendeln sie ständig zwischen Fantasy- und Piratenfilm hin und her. Im Gegensatz zu den vorherigen Piratenfilmen kam man bei den *Pirates* ohne aufwendige echte Schiffe aus, die Seegefechte und Manöver entstanden fast ausschließlich in den Special-Effect-Studios. Die Story hat mit der realen Geschichte irgendwelcher Piraten nichts zu tun, sondern setzt nur die üblichen Klischees über karibische Seeräuber ein, um eine fesselnde Handlung zu erzählen. Das Rezept ging auf, die drei Teile spielten mehrere hundert Millionen Dollar ein, und um die Filme herum entstand eine umfangreiche Merchandising-Palette von Büchern, Puppen und Videospielen bis hin zu Kalendern und Frühstücksdosen für Kinder.

Piratenschiffe auf der Leinwand

Anders als in der Wirklichkeit sind die meisten Piratenschiffe auf der Leinwand turmhohe Galeonen oder beeindruckende Dreimaster mit schwerer Bewaffnung. Das war für die Filmgesellschaften mit hohen Kosten verbunden, denn nicht immer konnten Modelle hinreichend realistisch eingesetzt werden, und die Tricktechnik erlaubt wirklichkeitsgetreue Animationen erst seit wenigen Jahren. So war man gezwungen, Schiffe in Originalgröße nachzubauen. Und doch nahmen die Produktionsfirmen den immensen Aufwand in Kauf, und zwar aus dramaturgischen Gründen. Nur auf diesen großen Decks konnten Massenszenen und wilde Gefechte mit Hunderten von Komparsen gedreht werden, und nur die Takelage eines Dreimasters bot Helden wie Errol Flynn, Douglas Fairbanks oder Burt Lancaster die Möglichkeit, sich artistisch von Deck zu Deck zu schwingen.

Der rote Korsar – Burt Lancaster in engen Hosen

Einer der bekanntesten Piratenfilme aller Zeiten ist zweifellos der 1952 von Robert Siodmak inszenierte Film *Der rote Korsar (The Crimson Pirate)* mit dem unvergesslichen, immer lächelnden Burt Lancaster in der Hauptrolle. Die Figur des Kapitän Vallo war eine Paraderolle für Lancaster, der als ehemaliger Zirkusartist seine Fähigkeiten voll einsetzen konnte. Der mit humoristischen Einlagen gespickte Film war beinahe eine Parodie der Seeräuberei und hatte mit der Realität irgendeines Piratenlebens nichts zu tun, er bescherte den Kinobesuchern aber ein farbenprächtiges Abenteuer und begeistert selbst heute noch Zuschauer. Die Innenaufnahmen wurden in den Londoner Filmstudios gedreht, für die Außenaufnahmen reiste das Team auf eine kleine Insel im Golf von Neapel.

Der Herr der sieben Meere – Errol Flynn gibt den Francis Drake

Ein weiterer Klassiker des Piratenfilms, der viele Klischees über Freibeuter genährt hat, war die Verfilmung des Rafael Sabatini-Romans *The Sea Hawk* von Michael Curtiz aus dem Jahre 1940. Dies war der zweite Piratenfilm mit dem Schauspieler Errol Flynn, der mit dem Film *Unter Piratenflagge* (Original: *Captain Blood*) seinen Durchbruch in Hollywood schaffte. Das Drehbuch zu *Der Herr der sieben Meere* schrieb Howard Koch, Autor des weltberühmten Hörspiels *War of the Worlds* von Orson Wells. Flynn verkörpert den Kapitän Geoffrey Thorpe, der anders als die Romanvorlage frappierende Ähnlichkeit mit der histori-schen Gestalt des Francis Drake hat. Trotz einiger dramaturgi-scher Schwachstellen bietet der Film gute Unterhaltung und viel Spaß ... nur Realität darf man nicht erwarten.

~*6*~

Ohne Augenklappe, aber mit GPS
Piraten heute

»Seeräuberei ist von jeher betrieben worden und wird stets
betrieben werden, solange die menschliche Natur dieselbe bleibt.«

Cassius Dio xxxvi. 20

Was ist Seeräuberei?

Seeräuberei ist jeder ungesetzliche Akt von Gewalttätigkeit, Freiheitsberaubung oder Plünderung, der zu privaten Zwecken von der Besatzung oder den Fahrgästen eines privaten Schiffes oder privaten Flugzeuges gegen ein anderes Schiff oder Flugzeug oder dort an Bord befindliche Personen oder Güter begangen wird: a) auf offenem Meere, b) an einem außerhalb der Hoheitsgewalt eines Staates gelegenen Orte.«
(Artikel 15 des Abkommens über die hohe See, Seerechtskonferenz der Vereinten Nationen, Genf 1958)

Nach dieser Definition würde ein Großteil der aktuellen Überfälle in den Gewässern um Indonesien und in der Straße von Malakka wie auch die Angriffe auf Schiffe in südamerikanischen Häfen nicht als Piraterie gelten, da sie innerhalb der Hoheitsgewässer der jeweiligen Nationalstaaten stattfanden.

Wo Piraten heute zuschlagen

Die Meere sind wieder unsicherer geworden. Das ist eine Tatsache, die irgendwie nicht so richtig in das Bewusstsein der Menschen dringt, die ohne groß nachzudenken in 33 000 Fuß

Höhe von einem Kontinent zum anderen jetten. Doch weder Reedereien noch Touristikunternehmen können die Augen vor dieser Entwicklung verschließen.

Auch wenn Passagiere und Mannschaften noch im 19. Jahrhundert mit Überfällen auf den internationalen Schifffahrtsrouten rechnen mussten, ging die Piraterie seit den großen Seeräuberverfolgungen ab Mitte des 18. Jahrhunderts stark zurück. Bedingt wurde dieser Rückgang nicht allein durch das kompromisslose Vorgehen der westlichen Kolonialmächte auf beinahe allen Ozeanen bis ins 20. Jahrhundert, sondern auch durch das größere Verkehrsaufkommen auf See sowie die technische Weiterentwicklung im Schifffahrts-, Navigations- und Funkwesen. Die Zeit der Seeräuber schien endgültig vorbei. Doch entgegen allen Prognosen ließ sich das wahrscheinlich zweitälteste Gewerbe der Welt zu keiner Zeit völlig ausrotten. Am Ende des 20. Jahrhunderts ist sogar ein deutlicher, von der Öffentlichkeit jedoch weitgehend unbeachteter Anstieg zu verzeichnen. Die Seeräuberei erlebt eine an moderne Zeiten angepasste Renaissance. Sogar die gefährlichsten Gebiete sind beinahe dieselben wie zu Zeiten von Roberts, Kidd und Co.

Das berüchtigtste Seegebiet sind heute die Gewässer um Indonesien mit einem der am meisten befahrenen Verkehrswege der Welt, der Straße von Malakka. Rund 30 Prozent der Überfälle ereignen sich dort. Weitere 15 Prozent entfallen auf die Küsten Indiens und Bangladeschs. Eine Ironie der Geschichte, denn gerade dort, wo vor rund 300 Jahren europäische und nordamerikanische Piraten Jagd auf indische und arabische Schiffe machten, plündern heute einheimische Banden auch Schiffe europäischer oder US-Reeder. Das Gleiche gilt für das Land am Horn von Afrika, das bitterarme Somalia. Wo Avery und Tew im 17. Jahrhundert ihre großen Erfolge feierten, ist nach dem International Maritime Bureau (IMB) im Jahre 2002 die Wahrscheinlichkeit eines Angriffs durch Piraten von »möglich«

auf »sicher« gestiegen. Stark im Kommen auf der Hitliste der gefährlichsten Seegebiete sind die Küsten Südamerikas und – man glaubt es kaum – die Karibik. 300 Jahre nach dem Ende der Bukaniere werden hier wieder Schiffe geplündert oder entführt. Waren es damals goldbeladene Frachtschiffe, sind die Opfer heute sehr oft Privatjachten, die an diesem Tummelplatz der Reichen kreuzen, dabei ist Haiti eines der ärmsten Länder der Welt. Wie damals gehört neben dem bekannt umfangreichen Schmuggel, der sich auch hier mit der Zeit gehend in Drogen-, Menschen- und Waffenschmuggel unterteilt, auch wieder die Piraterie zum Broterwerb.

Die Renaissance der wilden Männer – und Frauen – mit den leichten, schnellen Booten ist am deutlichsten wahrzunehmen in Gewässern und an Küsten von Staaten mit schwachen Regierungen oder korrupten Machthabern und ohne staatliches Gewaltmonopol. Nur hier finden Kriminelle die geographischen Gegebenheiten, die richtigen Geschäftspartner und das nötige Maß an Bestechlichkeit innerhalb der Strafverfolgungsbehörden. Regionale Machthaber mit ihren Milizen ersetzen vielerorts die Staatsgewalt und benutzen unter anderem die Piraterie zur Finanzierung. Hinzu kommt, dass eine effektive Piratenabwehr sehr aufwendig und damit teuer ist, was die Begeisterung für die erforderlichen Maßnahmen innerhalb der betroffenen Regierungen in engen Grenzen hält. Die Gefahr an diesen Küsten wird also auch in Zukunft kaum geringer.

Ausgerottet wurde die Piraterie augenscheinlich in den Seegebieten vor der nordamerikanischen Küste, den europäischen Gewässern und nicht zuletzt im Mittelmeer. Doch die Situation kann sich ja auch wieder ändern …

Die »Tenyu«

Im Jahre 1998 verschwand der Frachter »Tenyu« mit seiner ganzen Besatzung im Südchinesischen Meer. Drei Monate später erschien er mit vollständig neuer Besatzung im chinesischen Hafen Zhangjigang, um seine Ladung aus 3000 Tonnen Aluminiumbarren zu löschen. Von der ursprünglichen Mannschaft der »Tenyu« fehlt bis heute jede Spur.

Indonesien – ein Paradies für moderne Piraten

Indonesien ist ein Land der Superlative: 200 Millionen Einwohner leben auf 6000 der insgesamt 17 000 Inseln, die das Staatsgebiet bilden. Es verfügt über eine Küstenlinie von 54 000 km Länge. Zum Vergleich: Die Supermacht USA braucht mit knapp 20 000 km wenig mehr als ein Drittel der Küstenlinie zu überwachen.

Nicht nur in alten Zeiten ...

»Bei der Feindseligkeit der Küstenbewohner ist es nicht ausgeschlossen, dass Angriffe auf kleine in der Nähe des Landes versetzte Segler auch heutzutage noch stattfinden, wie es vor nicht allzu langer Zeit noch häufig genug vorkam [...] Segelschiffe müssen in großem Abstand von diesem Küstenstrich (Nordafrika) bleiben, weil [...] sie auch Angriffe der Eingeborenen befürchten müssen.«
Segelhandbuch für das Mittelmeer (1905)

Im gleichen Buch weist das herausgebende Reichsmarineamt auch auf die Gefahr hin, dass an dieser Küste falsche Leuchtfeuer gezeigt werden und Schiffe dadurch stranden können.

Eine Kaperung im 20. Jahrhundert

»Kurz nach dem Passieren des Hecks ›S. M. S. Seeadler‹ setzte der Dampfer die englische Flagge. ›Seeadler‹ wurde auf Parallelkurs gebracht und Klarschiff angeschlagen [Kampfbereitschaft hergestellt]. 11 Uhr 15 Minuten wurde zugleich mit der Kriegsflagge das internationale Signal gesetzt: Stoppen Sie sofort. Ein Warnschuss wurde abgefeuert. Aus dem Schornstein des Dampfers quoll hiernach dichter Rauch, auch der Schraubenwirbel im Kielwasser verringerte sich nicht. Abstand der beiden Schiffe voneinander um diese Zeit: ungefähr 800 Meter. Ein zweiter Warnschuss wurde ebenfalls wirkungslos abgefeuert. ›S. M. S. Seeadler‹ nahm nun mit Motor: äußerste Kraft die Verfolgung auf. Der dritte und vierte Schuss wurden über den Dampfer hinweg gefeuert. Ebenfalls ohne Wirkung. Der fünfte Schuss war Treffer im Achterschiff. Er schlug an Backbordseite des Hecks ein und zerstörte mehrere Kammern, darunter diejenige des 1. Steuermannes völlig und rief Brandwirkung hervor. Hierauf stoppte der Dampfer und setzte unaufgefordert ein Boot aus. Mit diesem erschien der Führer des Schiffes (englischer Dampfer ›Gladys Royle‹, Heimathafen Sunderland, 3268 Brutto Register Tonnen) an Bord ›S. M. S. Seeadler‹ und brachte die Schiffs- und Ladungspapiere an Bord. 11 Uhr 45 Minuten setzte ›S. M. S. Seeadler‹ ein Motorboot aus und sandte ein Prisenkommando unter Befehl des Hilfsleutnants zur See Pries auf die Prise, mit der Anweisung, dem Kreuzer bis zum Anbruch der Dunkelheit zu folgen. Das geschah zum Zwecke, aus der Route der Schiffe zu gelangen, da ›S. M. S. Seeadler‹ Proviant benötigte und die Übernahme längere Zeit erforderte. ›Gladys Royle‹ folgte dem Kreuzer in einem Abstand von 3 sm [Seemeilen, 1 sm = 1852 m]. Um 5 Uhr 45 Minuten wurde gestoppt, und es erfolgte die Abgabe der gewünschten Materialien und des Proviants. Nachdem die Besatzung unter Mitnahme ihrer Privateffekten das Schiff verlas-

sen hatte, wurde die ›Gladys Royle‹ durch Sprengpatronen auf 37 Grad 57 Minuten nördlicher Breite und 21 Grad 11 Minuten westlicher Länge versenkt. Die Besatzung bestand aus Farbigen (Barbadosnegern), auch waren zwei Russen, ein Portugiese und ein Spanier darunter. Nur die Schiffsoffiziere waren Engländer. Getötet oder verletzt wurde keiner.«
Aus dem Logbuch des Segelkaperschiffes »S. M. S. Seeadler« vom 9. Januar 1917

Der Kampf gegen die moderne Piraterie

Das International Maritime Bureau in Kuala Lumpur ist die wichtigste Sammelstelle für Nachrichten über Piratenüberfälle weltweit. Hier werden Warnungen an die globale Schifffahrt herausgegeben, und das IMB bietet die von Regierungen, Reedern, Gewerkschaften, Versicherungen und Strafverfolgungsbehörden anerkannte Kooperationsbasis für den Kampf gegen das organisierte Verbrechen auf See. Das Büro veröffentlicht jährliche Berichte über versuchte oder ausgeführte Piratenüberfälle und erstellt laufende Statistiken zur Piraterie weltweit.

Tragische Vorfälle

Im September 1998 enterten Piraten in der Straße von Malakka den Chemikalientanker »Louise«. Nach sechseinhalb Tagen gaben sie das Schiff mit seiner Besatzung wieder frei. Sie konnten mit der Fracht, mehreren tausend Tonnen Palmitinsäure, nichts anfangen. Die Mannschaft der »Louise« hatte Glück, denn sie überlebte.

Im November des gleichen Jahres wurde der Frachter »Cheung Son« Opfer eines Überfalles. Die Piraten töten die 23-köpfige Besatzung des Schiffes, obwohl auch diese Ladung, Hochofenschlacke, für die Seeräuber wertlos war.

Was suchen die Piraten des 20./21. Jahrhunderts?

Die Beute der Piraten heute: der Schiffstresor und die Habseligkeiten der Crew. Aber es ging auch schon mehr: Im Januar 1998 pumpten Piraten seelenruhig eine Million Liter Diesel aus einem nördlich von Singapur gekaperten Supertanker um.

Im November 1997 kaperten Piraten den unter indonesischer Flagge fahrenden Tanker »Atlanta« und entführten ihn samt seiner Besatzung. Die Seeräuber zwangen den Kapitän, das Schiff in den Golf von Thailand zu steuern, wo ein kleinerer Tanker auf sie wartete. Die Banditen luden 3000 Tonnen Diesel um und verschwanden spurlos.

In den Häfen Südamerikas brechen Seeräuberbanden Container mit wertvollem, aber leicht zu transportierendem Inhalt (Unterhaltungselektronik, Computer, hochwertige Maschinen, Waffen etc.) auf. Offenbar verfügen sie in vielen Fällen über Informationen, in welchen der vielen hundert Container eines Schiffes sich ertragreiche Beute befindet.

Die deutsche Marine – im Notfall hilflos?

Eine deutsche Marineeinheit käme zur Piratenbekämpfung vermutlich meist zu spät. Jedes Schiff benötigt für einen Einsatz gegen Piraten – auch innerhalb einer denkbaren Kooperation mit anderen Staaten – eine Ermächtigung durch den deutschen Bundestag. Und zwar für jeden Einzelfall.

Überfälle im »sicheren« Hafen an der Tagesordnung

Der Verband deutscher Reeder stuft die brasilianischen Häfen von Rio de Janeiro und Santos als die gefährlichsten der Welt ein, was Piraten betrifft. (1999)

Ohne Augenklappe, aber mit GPS – Piraterie im dritten Jahrtausend

Die Piraterie heute ist eine zeitgemäße Version der Seeräuberei vergangener Jahrhunderte. Statt Gold, Silber oder Juwelen ist heute Bargeld die Beute. Wertvolle Rohstoffe haben die kostbaren Waren des 16. bis 19. Jahrhunderts abgelöst. Rohöl wird ebenso gestohlen wie Aluminium oder andere teure Metalle. Zunehmend rauben Piratenbanden in den Häfen aber auch hochwertige Technologieprodukte, indem sie Container oder Laderäume aufbrechen und mit ihrer Beute schnell verschwinden. Statt 24-Pfündern kommen Panzerabwehrwaffen, statt Entermesser und Steinschlosspistole Schnellfeuergewehre und Kommandomesser zum Einsatz. Waffen wie Maschinenpistolen und Handgranaten sind leicht zu beschaffen, zu bedienen und vergleichsweise billig. Eine Kalaschnikow AKS-74 kostet in Somalia nicht mehr als 25 US-Dollar. Schwerere Waffen wie Raketenwerfer werden kaum eingesetzt, sie dienen meist nur zur Einschüchterung bei den blitzschnellen, oft nächtlichen Überfällen.

Die Piraten unserer Tage verwenden GPS und Radar ebenso selbstverständlich wie Internet oder Telekommunikation. Sie knacken Firmencomputer, um Informationen über lohnende Ladungen zu bekommen, und schmieren heute ebenso wie früher Zollbeamte und Hafenangestellte, um ihre Bewegungsfreiheit zu behalten. Sie verfügen über Geschäftsverbindungen, um selbst Tausende von Tonnen Rohöl oder ein ganzes Schiff verschwinden zu lassen.

Statt auf knarrenden Segelschiffen fahren Piraten heute moderne Speedboote mit starken Außenbordmotoren und aufmontierten Maschinengewehren. Auch heute benutzen manche Piraten ihre Boote tagsüber zum Fischfang, nachts zum Beutefang. Nur die Zeit der kanonenstarrenden großen Schiffe ist endgültig vorbei.

Die amerikanische Antwort auf Piraten: SWAT und Phalanx

Die amerikanischen Behörden haben zur Abwehr von Piraten oder von Terroranschlägen auf Schiffe mögliche Szenarien durchgespielt und folgende Strategien entworfen: Angriffe auf Handelsschiffe durch Boote oder Flugzeuge (auch Hubschrauber) sollten durch die Ausrüstung der Schiffe mit Phalanx, einem Abwehrsystem bestehend aus einem Hochleistungsradar und einer computergesteuerten Schnellfeuerkanone, abgewehrt werden. Das würde jedoch eine Bewaffnung von Zivilschiffen bedeuten, die gegen internationales Recht verstößt und daher momentan nicht durchsetzbar ist. Der Selbstmordangriff auf den US-Zerstörer »Cole« und der Angriff auf den französischen Tanker »Limbourg« hätten mit diesem System jedoch abgefangen werden können.

Den Angriffen durch Piraten, die von kleinen Booten aus Schiffe entern, sollte nach den Überlegungen der Amerikaner dadurch entgegengetreten werden, dass bewaffnete Polizeikräfte, sogenannte SWAT-Einheiten (Special weapons and tactics, vergleichbar den SEKs der deutschen Polizei), als Objektschutz auf den Schiffen mitfahren. Der Vorschlag scheiterte u. a. an der Anzahl der zu besetzenden Schiffe und dem dafür benötigten Personalaufwand.

Ausgewählte Literatur

Folgend ein Überblick über die wichtigsten Bücher. Die meisten von ihnen enthalten ihrerseits ein Verzeichnis weiterer Titel. Neben den unten stehenden Büchern wurden auch Originaldokumente verwendet.

ANDREWS, KENNETH R: *Elizabethan Privateering.* English Privateering during the Spanish War 1585–1603, Cambridge 1964.

BARDELLE, FRANK: *Freibeuter in der karibischen See.* Zur Entstehung und gesellschaftlichen Transformation einer historischen »Randbewegung«, Münster 1986.

BIALUSCHEWSKI, ARNE: *Piratenleben.* Die abenteuerlichen Fahrten des Seeräubers Richard Sievers, Frankfurt/M./New York 1997.

BLOND, GEORGES: *Musketiere der Meere.* Logbuch der Freibeuterei, Herrsching 1975.

BOEHNCKE, HEINER/SARKOWICZ, HANS (Hgg.): *Mit Totenkopf und Enterhaken.* Die Abenteuer der Seeräuber in Nord- und Ostsee, Frankfurt/M. 1994.

BRACKER, JÖRGEN (Hg.): *»Gottes Freund und aller Welt Feind« – von Seeraub und Konvoifahrt.* Störtebeker und die Folgen, Bremen 2001.

BÜHNAU, LUDWIG: *Piraten und Korsaren der Weltgeschichte,* Würzburg 1963.

CHAPMAN, FREDRIK HENRIK AF: *Architectura Navalis Mercatoria,* Stockholm 1768.

CIPOLLA, CARLO M.: *Die Odyssee des spanischen Silbers.* Conquistadores, Piraten, Kaufleute, Berlin 1998.

CIPOLLA, CARLO M.: *Segel und Kanonen.* Die europäische Expansion zur See, Berlin 1999.

CORDINGLY, DAVID: *Life Among the Pirates,* London 1995.

CORDINGLY, DAVID (Ed.): *Pirates.* An Illustrated History of Privateers, Buccaneers, and Pirates from the Sixteenth Century to the Present, London 1996.

DAMPIER, WILLIAM: *Freibeuter 1683-1691.* Das abenteuerliche Tagebuch eines Weltumseglers und Piraten, dt. Ausg., Darmstadt 1977.

Die Danziger Chronik des Caspar Weinreich, in: HIRSCH, THEODOR/TÖPPEN, MAX/STREHLKE, ERNST (Hgg.): *Scriptores Rerum Prussicarum.* Die Geschichtsquellen der preußischen Vorzeit bis zum Untergange der Ordensherrschaft (IV. Band), Leipzig 1870, unveränd. Nachdruck Frankfurt/M. 1965.

DE SOUZA, PHILIP: *Piracy in the Graeco-Roman World,* Cambridge 1999.

EICKHOFF, EKKEHARD: *Seekrieg und Seepolitik zwischen Islam und Abendland,* Berlin 1966.

EXQUEMELIN, ALEXANDER (= Hendrik Barentzoon Smeeks): *De americaensche Zee-Roovers,* Behelsende een Partinent Verhaet van alle de Roverye En Ommenselycke Vreetheeden die de de Engelsche en Franse Roovers Tegens de Spanijaerden in America Gepleeght Hebben, Amsterdam 1678.

Hanserecesse, Abt. I, Bände 2–5, hrsg. v. KARL KOPPMANN, Leipzig 1872–80.

Hansisches Urkundenbuch, bearbeitet v. K. HÖHLBAUM, K. KUNZE u. a., Halle/Saale 1876–1939.

HOWARD, FRANK: *Segelkriegsschiffe 1400–1860,* dt. Ausg., Augsburg 1996.

JACOBSEN, FRIEDERICH JOHANN: *Seerecht des Friedens und des Krieges in Bezug auf die Kauffahrteischiffahrt,* Altona 1815.

JAMESON, FRANKLIN J.: *Privateering and Piracy in the Colonial Period.* Illustrated Documents, Ndr. der Ausgabe von 1923, New York 1970.

JOHNSON, CHARLES (= Daniel Defoe): *A General History of the Robberies and Murders of the most notorious Pyrates and also their policies, discipline and government,* London 1724.

Kämmereirechnungen der Stadt Hamburg 1350–1470, Bände 1–3, bearbeitet v. KARL KOPPMANN, Hamburg 1869 u. 1873.

KAMMLER, ANDREAS: *Up Eventur.* Untersuchungen zur Kaperschifffahrt 1471–1512, vornehmlich nach Hamburger und Lübecker Quellen, St. Katharinen 2004.

KLÜVER, HARTMUT (Hg.): *Piraterie – einst und jetzt.* (Beiträge zur Schifffahrtsgeschichte, Band 3), Düsseldorf 2001.

Koerner, Angelika: *Piraterie vor der Nordseeküste.* Reportagen aus 1000 Jahren, Heide 1991.

Landström, Björn: *Das Schiff.* Vom Einbaum zum Atomboot, Gütersloh 1973.

Larsen, Sofus: *The Discovery of North America Twenty Years before Columbus,* Copenhagen/London 1924.

Leip, Hans: *Bordbuch des Satans.* Geschichte der Piraterie, Herford 1977.

Lucie-Smith, Edward: *Outcasts of the Sea,* London 1978.

Marley, David F.: *Pirates and Privateers of the Americas,* Santa Barbara 1994.

Mitchell, David: *Piraten.* Geschichte und Abenteuer der Seeräuber auf den Weltmeeren, Wien u. a. 1977.

Neukirchen, Heinz: *Piraten.* Seeraub auf allen Meeren, Berlin 1976.

Ortenburg, Georg: »Waffe und Waffengebrauch im Zeitalter der Landsknechte« (*Heerwesen der Neuzeit,* Hg. Georg Ortenburg, Abt. 1: Das Zeitalter der Landsknechte, Band 1), Koblenz 1984.

Pasfield, Oliver (Ed.): *Madagascar; or Robert Drury's Journal During Fifteen Years' Captivity on that Island,* London 1897.

Petrie, Donald A.: *The Prize Game.* Lawful Looting on the High Seas in the Days of Fighting Sail, Annapolis 1999.

Piekalkiewicz, Janusz: *Freibeuter in der karibischen See,* München 1973.

Puhle, Matthias: *Die Vitalienbrüder.* Klaus Störtebeker und die Seeräuber der Hansezeit, Frankfurt/M./New York 1992.

Records of the High Court of Admiralty (HCA), Public Record Office, London.

Admiralitäts- und Convoyrechnungen, Staatsarchiv Hamburg.

Roder, Hartmut (Hg.): *Piraten.* Abenteuer oder Bedrohung, Bremen 2002.

Schenk, Hans D. (Hg.): *Graf Luckners »Seeadler«.* Das Kriegstagebuch einer berühmten Kaperfahrt, Hamburg 1999.

Techen, Friedrich: *Die blaue Flagge.* Störtebeker, Klaus Kniphof, Martin Pechelyn, Bremen 1923.

Thomson, Janice E.: *Mercenaries, Pirates and Sovereigns.* Statebuilding and extraterritorial violence in early modern Europe, Princeton 1994.

Unger, Richard W. (Ed.): *Cogs, Caravels and Galleons,* The sailing ship 1000–1650 (Conway's History of the Ship), London 1994.

Urkundenbuch der Stadt Lübeck, hrsg. v. Verein für Lübeckische Geschichte, 11 Bände, Reg.-Band bearb. v. Friedrich Techen, Lübeck 1843–1932.

Wasserzieher, Ernst: *Woher? Ableitendes Wörterbuch,* Berlin 1918.

WENCKER-WILDBERG, FRIEDRICH: *Raubritter des Meeres.* Eine Weltgeschichte der Seeräuber, Hamburg 1935.

WILLIAMS, NEVILLE: *The Sea Dogs: Privateers, Plunder and Piracy in the Elizabethan Age,* London 1975.

ZEDLER, JOHANN HEINRICH: *Großes vollständiges Universal-Lexicon aller Wissenschaften und Künste,* Halle/Leipzig 1732–1754.

ZIMMERLING, DIETER: *Störtebeker und Co.* Die Blütezeit der Seeräuber in Nord- und Ostsee, Frankfurt/M./Berlin 1988.

ZUMBACH, FRANK T.: *William Kidd,* Hamburg 1999.